Verfassungs- und Verwaltungsprobleme der Raumordnung und Landesplanung

Schriftenreihe der Hochschule Speyer

Band 27

Verfassungs- und Verwaltungsprobleme der Raumordnung und Landesplanung

Vorträge und Diskussionsbeiträge
des 33. Staatswissenschaftlichen Fortbildungskursus
der Hochschule für Verwaltungswissenschaften Speyer
1965

DUNCKER & HUMBLOT / BERLIN

Gedruckt 1965 bei Alb. Sayffaerth, Berlin 61
Printed in Germany

Inhalt

Ziele der Raumordnung und Landesplanung

Eine Übersicht über die Planungsaufgaben

Von Fritz Duppré

Wer in seiner täglichen Arbeit, wie ich — auf der „aussichtsreichen" aber nicht ganz risikofreien Grenzscheide zwischen Verwaltungsvollzug und Regierungspolitik stehend —, dank der freundlichen Aufforderung und Ermunterung dieser Hochschule dann und wann zur wissenschaftlichen Reflexion angehalten wird, dem mag es leicht passieren, daß er vor lauter Bäumen den Wald nicht sieht. In dieser Situation und in der recht knapp bemessenen Zeit tut man dann den etwas verlegenen Griff nach einem Hand- oder Lehrbuch, in der Hoffnung, dort zu finden, was in der Vielfalt der Alltagseindrücke der eigenen Orientierung abzugehen scheint. In diesem Falle griff ich zu dem 1961 erschienenen Sechsten Band des von der Görres-Gesellschaft herausgegebenen Staatslexikons, um unter dem Stichwort „Raum" nachzulesen, was noch vor wenigen Jahren als der neueste Stand der Dinge ausgegeben wurde. Dietrich Storbeck schreibt in seinem Artikel unter anderem:

„Die Organisation der Raumordnung und der Landesplanung ist also im ganzen noch sehr unvollkommen. Der umfassende Ordnungsanspruch gegenüber den Interessen der Fachressorts und der Raumverbände, der Streit um die Zuständigkeit und schließlich die mangelnde Fundierung des Raumordnungsgedankens durch klare Zielsetzungen haben bisher das Zustandekommen einer Bundesraumordnungsstelle, die Entwicklung eines Bundesraumordnungsplans und die gesetzliche Verankerung der Raumordnung verhindert." Diese Formulierung soll — mit einigen Einschränkungen — als Situationsbericht aus dem Jahre 1961 gelten können, da sich noch alles im Fluß befand und die Chancen eines Raumordnungsgesetzes nach Art. 75 Ziff. 4 GG nicht allzu günstig beurteilt wurden. Zwischenzeitlich haben wir allerdings einen entscheidenden Schritt vorwärts getan, der es nunmehr gestattet, über die Ziele der Raumordnung und Landesplanung in concreto zu diskutieren.

Vor der Einleitung dieser Diskussion sei mir jedoch ein kleiner Exkurs in nunmehr schon historische Gefilde gestattet, zumal er mir zum Verständnis des heutigen Standortes unerläßlich erscheint. Auch bin ich der

Meinung, daß der weite und sehr schwierige Weg von der dem staatlichen Zusammenbruch anheimgefallenen „Reichsstelle für Raumordnung" zu einem Bundesraumordnungsgesetz zu den interessantesten Kapiteln der Rechts- und Verwaltungsgeschichte der Nachkriegszeit gehört, denen in subtilerer Weise nachzugehen die Zeitnot uns heute allerdings nicht gestattet.

Entgegen der landläufigen Annahme, daß der NS-Staat eine ganz besondere Initiative auf dem Gebiet der Raumordnung und Landesplanung entfaltet habe, ist vielmehr richtig, daß die aus der Weimarer Zeit bestehenden Landesplanungsgemeinschaften bis zu ihrer aus Kriegsgründen veranlaßten Stillegung zwar ungehindert, aber ohne neue Initiativen und Inspirationen weiter arbeiten konnten, daß jedoch die Reichsstelle für Raumordnung ihre Tätigkeit im wesentlichen auf die Befriedigung des Landbedarfs der öffentlichen Hand beschränkt hat. Die nach dem Zusammenbruch noch vorhandenen Restbestände der früheren Verwaltungsorganisation vermochten sich zwar durchweg in den neuerstandenen Ländern zu Landesplanungsbehörden zu formieren, ihre Tätigkeit stand jedoch nicht im Brennpunkt des Verwaltungshandelns. Die mit der Bewältigung der Kriegsfolgen vollauf beschäftigte Verwaltung hätte zwar gutgetan, sich der Existenz dieser Fachbehörde schon im ersten Augenblick des Neubeginns zu erinnern; dann wäre so mancher Ansatz neuer planerischer Konzeptionen in gewissen Teilräumen und Teilbereichen nicht verpfuscht worden. Lediglich in einigen von vorausschauenden Verwaltungschefs geleiteten Städten kam der Gedanke auf, den notwendigen Wiederaufbau zur Erarbeitung neuer städteplanerischer Konzeptionen zu nutzen. Ähnliches kann für die Landesplanung insgesamt nicht gesagt werden, worin sich der alte Grundsatz des „primum vivere, deinde philosophari" erneut bestätigt haben dürfte.

Die Wiedererweckung der Tätigkeit der Landesplanung erfolgte erst in dem Zeitpunkt, in dem die Impulse der Währungsreform und der Auslandshilfen unsere Wirtschaft zu den ersten Expansionen mit raumbeanspruchenden und raumbedeutsamen Folgewirkungen führten. Hinzu kam dann die unter dem Eindruck der Aufnahme vieler Millionen Neubürger innerhalb der Bundesrepublik jäh durchbrechende Erkenntnis, daß der Raum als die naturgegebene Voraussetzung aller menschlichen Behausung und Betätigung sehr eng geworden war. Daß die Bundesrepublik zu den am dichtesten besiedelten Ländern der Erde gehört, in der im Jahre 1962 auf einen Quadratkilometer 221 Menschen lebten, während im gleichen Zeitpunkt in unserem Nachbarland Frankreich sich nur 85 Personen damit zu begnügen brauchten, läßt ebenso aufmerken, wie die Tatsache, daß bei uns zu Lande alljährlich 260 qkm Bodenfläche verbaut und damit der land- und forstwirtschaftlichen Nutzung entzogen werden[1]. Eine von mir im vergangenen Jahre veranlaßte Vorausberechnung der Bevölkerungsentwicklung ergab, daß wir in unserem kleinen Land von zur Zeit 3,5 Millionen Einwohnern in den nächsten zehn Jahren mit einer natürlichen Bevölkerungszunahme von 200 000 Menschen zu rechnen haben. Bleiben wir von umstürzenden Ereignissen verschont, so werden wir im Jahre 2000 — also innerhalb der nächsten 35 Jahre — mit einem natürlichen Bevölkerungszuwachs von einer runden Million rechnen müssen.

Der kolossale Wohnungsbau der Nachkriegszeit mit seinem Trend zum Eigenheim, der Umschichtungsprozeß in der Landwirtschaft, die aus den verschiedensten Ansätzen und Anlässen betriebene Wirtschaftsförderung und die auf die Schaffung von Dauerarbeitsplätzen in ländlichen, schwach strukturierten Gebieten gerichteten Maßnahmen regionaler Strukturverbesserung stellten uns eines Tages vor die Notwendigkeit, die Erfordernisse der Raumordnung und ihre Methoden zu überdenken, um die ständig größer werdenden Interessenkollisionen im Raume, die Reibungsverluste und die Raumverschwendung zu vermeiden und die Vielzahl der raumrelevanten Maßnahmen recht unterschiedlichen Gewichts und verschiedenartiger Auswirkung in den weitgespannten Rahmen einer zielstrebigen Raumordnungspolitik einzupassen. Der letzte, vielleicht entscheidende Anstoß zu planerischer Aktivität in Bund und Ländern kam aus jenem Bereich, den man vor einigen Jahren mit dem etwas marktschreierischen Etikett von der zweiten industriellen Revolution versehen hat und worunter in gleicher Weise das Vordringen des Öls aus der Sahara in das Zentrum des europäischen Kontinents und meinetwegen die Nutzung der Kernenergie für friedliche Zwecke begriffen werden kann — einschließlich der nachteiligen Folgen, die sich spür- und sichtbar als Schmutz im Wasser oder Staub in der Luft niederschlagen. Wer die Durchführung eines Raumplanungsverfahrens zum Zwecke des Baues einer Treibstoff- oder Produktenleitung in praxi erlebt oder die Abmessungen der Raumerfordernisse jeder Art für die Errichtung eines Kernenergiebeschleunigers kennt, der ahnt, welche Anforderungen in Zukunft noch an den Raum und seine Kraft gestellt werden.

In dem ersten Stadium der geschilderten Entwicklung sah man jedoch entsprechend den primär erkennbaren Kausalitäten im Raum die Fragen der Raumordnung und Landesplanung noch im wesentlichen als technisch-administratives Problem. So erklärt sich, daß die ersten Landesplanungsgesetze, die Anfang der 50er Jahre entstanden, fast ausschließlich Organisations- und Verfahrensvorschriften enthielten. Auch ein am 6. September 1955 von 107 Abgeordneten aller Fraktionen im Bundestag

---

[1] Nach Hans Apel: „Raumordnung und Regionalpolitik", in: Deutschland 1975, herausgegeben von Ulrich Lohmar, München 1965.

eingebrachter Entwurf eines Rahmengesetzes über Raumordnung[2] gelangte über allgemeine Organisations- und Verfahrensvorschriften nicht hinaus. An dieser Gesetzesinitiative aus der Mitte des Bundestages ist im übrigen für die gesamte Entwicklungstendenz bemerkenswert, daß die Antragsteller alle miteinander der interparlamentarischen Arbeitsgemeinschaft für naturgemäße Wirtschaft angehörten.

Als sich im Jahre 1952 auf Bundesebene erste Erwägungen um ein Rahmengesetz über die Raumordnung regten, richtete der damals federführende Bundesminister des Innern in seinem Schreiben vom 23. Dezember 1952 an die Ministerpräsidenten die Frage, „welche Problempunkte Gegenstand der gesetzlichen Regelung sein könnten und ob für die gegebenenfalls zu treffende Regelung ein Bedürfnis nach Art. 72 Abs. 2 GG besteht". In dem Gedankenaustausch, der von 1952 bis 1955 zwischen Bund und Ländern über die zweckmäßige Ausgestaltung eines Bundesrahmengesetzes hin- und herging, zeigte es sich immer deutlicher, daß man durch die technisch-administrative Ebene immer noch nicht durchgestoßen war, weil die gesamte Problematik der Raumordnung und der Landesplanung gedanklich noch nicht in vollem Umfang erfaßt und verarbeitet war. So braucht es eigentlich nicht zu verwundern, daß der Bundesinnenminister unter dem 25. November 1955 den Ländern mitteilte, daß die Bundesregierung zu dem Ergebnis gelangt sei, „daß zweckmäßigerweise versucht werden sollte, die Probleme der Raumordnung nicht durch gesetzgeberische Maßnahmen, die ohnehin nach Art. 75 Ziff. 4 GG nur in Rahmenvorschriften Gestalt gewinnen könnten, sondern durch administrative Mittel zu lösen".

Mit dieser Entscheidung kam die Bundesregierung den Vorstellungen der Länder entgegen, die wohl insgesamt dem Erlaß von Rahmenvorschriften über die Raumordnung nicht mit besonderer Bereitschaft entgegenkamen. Über ein vorläufiges Verwaltungsabkommen zur Regelung der überregionalen Landesplanung, das die Regierungen der Länder der Bundesrepublik zur Forcierung der ihnen sympathischeren administrativen Lösung am 3. Mai 1956 in Bad Pyrmont abschlossen, führte dann der Weg über langwierige Verhandlungen zu einem Verwaltungsabkommen zwischen dem Bund und den Ländern über die Zusammenarbeit auf dem Gebiet der Raumordnung, das von den Ministerpräsidenten am 1 März 1957 in Wiesbaden endgültig gebilligt und am 16. Dezember 1957 unterzeichnet wurde. In diesem Abkommen bekunden die Vertragschließenden ihren Willen, Angelegenheiten der Raumordnung, die das Bundesgebiet in seiner Struktur betreffen, gemeinschaftlich zu erörtern und im Rahmen ihrer Zuständigkeiten den Erfordernissen der Raumordnung Rechnung zu tragen. Zur Erörterung grundsätzlicher Fragen der Raumord-

[2] II. Wahlperiode, Drucksache 1656.

nung wurde die Konferenz für Raumordnung gebildet, womit der Streit um eine Bundesstelle für Raumordnung zugunsten einer anderen Organisationsform entschieden war. Immerhin hatte man mit diesem Bund-Länder-Abkommen eine praktikable Lösung gefunden, die prima vista zur praktischen Lösung der anstehenden größeren raumordnerischen Probleme geeignet erschien.

Zwischendurch war jedoch noch eine weitere Maßnahme in die Wege geleitet worden, die uns im Ergebnis einen sehr wesentlichen Schritt der gesetzgeberischen Bewältigung der Raumordnungsproblematik näherbrachte, weil damit — wohl erstmalig in der Bundesrepublik — der Versuch einer gedanklichen Erfassung und wissenschaftlichen Durchdringung der Fragen geleistet wurde. Am 25. November 1955 wurde nämlich von der Bundesregierung der Sachverständigenausschuß für Raumordnung errichtet und mit folgendem Auftrag versehen: „Für eine fruchtbare Tätigkeit des Bundes auf dem Gebiet der Raumordnung ist eine klare raumpolitische Zielsetzung der Bundesregierung und eine Einigung über die hierfür anzuwendenden Methoden erforderlich, zumal die bisherigen Äußerungen einzelner Ressorts und die aus Wissenschaft und Praxis kommenden Forderungen nach einer zweckmäßigen Ordnung des deutschen Raumes noch weitgehende Divergenzen aufweisen." Allerdings sollte sich herausstellen, daß dieser Sachverständigenausschuß für Raumordnung sich eine schwere Arbeit aufgeladen hatte. Erst am 6. Mai 1961 konnte er die Arbeit abschließen und sein Gutachten dem Auftraggeber vorlegen[3].

Ende der 50er Jahre waren also auf dem Gebiet der Raumordnung einige Fortschritte erzielt, jedoch hatte keiner der Beteiligten das Gefühl, daß die endgültige Lösung bereits geglückt sei. Auch lieferte die Praxis des Alltags immer neue Probleme, die immer mehr bewiesen, daß mit den bislang gehandhabten Mitteln keine erfolgreiche Raumpolitik in Bund und Ländern zu machen war.

„Soll und Haben der Raumordnung" — wie der damals im Bundesinnenministerium zuständige Abteilungsleiter Erich Keßler einen Aufsatz[4] überschrieb — stellten sich also Ende 1959 nicht sonderlich befriedigend dar. In bewegten Worten beklagte Keßler, daß der Sachverständigenausschuß sein raumpolitisches Leitbild für das Gebiet der Bundesrepublik noch immer nicht geliefert habe. Solange dies aber nicht der Fall sei, erscheine es unvermeidlich, daß auf dem Gebiet einer Bundesraumordnung manche Ratlosigkeit bestehe. Die raumpolitischen

[3] Die Raumordnung in der Bundesrepublik Deutschland, Gutachten des Sachverständigenausschusses für Raumordnung, Stuttgart 1961.

[4] Dr. Erich Keßler, Bonn: „Soll und Haben der Raumordnung", in: Der Landkreis, Zeitschrift für kommunale Selbstverwaltung 11/1959.

Entschließungen und Maßnahmen einzelner Bundesressorts machten insgesamt noch kein Raumordnungsprogramm der Bundesregierung aus; sie wiesen sogar mangels Koordinierung manche Gegenläufigkeiten auf. Auch seien sie nicht zu Richtlinien der Politik bestimmt und gäben somit keine für alle Bundesressorts verbindliche Kraft. Auch dem interministeriellen Ausschuß, der die raumrelevanten Maßnahmen innerhalb der Bundesregierung koordinieren solle, fehle mit dem Leitbild des Sachverständigenausschusses einfach das Koordinierungsziel. Obwohl Keßler noch für die administrative Lösung plädiert, werden hier schon die Ansätze sichtbar, die in den kommenden Jahren mit einer gewissen Zwangsläufigkeit der Ausschöpfung der Rahmenkompetenz des Bundes zutreiben.

Als dann das Gutachten über die Raumordnung in der Bundesrepublik im April 1961 herauskam, gingen von ihm sehr starke Impulse für die wissenschaftliche, politische und administrative Arbeit aus. Wenn dort als die Prinzipien des Leitbildes der Raumordnung als Teil des gesellschaftspolitischen Leitbildes Freiheit, sozialer Ausgleich und Sicherheit herausgestellt werden, dann spürt man, daß endlich der Durchbruch durch die technisch-administrative Schicht bis zu den eigentlichen Grundlagen der Raumordnungspolitik gelungen ist. Es wird zum ersten Mal mit aller Deutlichkeit der sozialstaatliche Boden unserer Verfassungsordnung sichtbar.

Dieser denkerische Durchbruch zu den Grundlagen der Raumordnungspolitik war aber auch von einer neuen Phase der inneren Entwicklung begleitet. Zu den eingangs aufgezählten Komponenten der Einwirkung von außen, die den Gedanken der Notwendigkeit von Raumordnung und Landesplanung beflügelten, kam als letzter und entscheidender Antrieb die Verhaltensweise des Menschen selbst. Wenn Ernest Zahn[5] in seiner „Soziologie der Prosperität" die Hauptmerkmale des höheren Lebensstandards in unserer fortgeschrittenen Industriegesellschaft mit der Einkommenszunahme der breiten Bevölkerung, dem gestiegenen Aktionsradius möglicher Geldausgaben und Konsumentscheidungen, der Verlängerung der Freizeit, der größeren sozialen Sicherheit, der höheren Lebenserwartung, der zunehmenden Eigentumsbildung insbesondere in der Form von Gebrauchsgütern wie Fahrzeugen aller Art, der wachsenden Kommunikationsmöglichkeiten und der wachsenden Freizügigkeit durch weltweite Verkehrsverbindungen, Reisemöglichkeiten und Geschäftsverflechtungen beschreibt, so wird in der Komplexität dieser Schilderung deutlich, wie stark sich plötzlich die Bedürfnisse des Menschen in den Vordergrund schoben, so daß auf einmal die „menschengerechte Raumordnung" mit ihrer Forderung nach der „Gleichwertigkeit der Lebens-

[5] Ernest Zahn: Soziologie der Prosperität, München 1964, S. 12/13.

verhältnisse in Stadt und Land" als Leitbild der Raumordnung — gewissermaßen als eine neue Entdeckung — vor unseren Augen stand. Mit dieser Erkenntnis hatte man aber zugleich die Möglichkeit gewonnen, materielle Raumordnungsgrundsätze zu schaffen, um deren Ausprägung ein Jahrzehnt lang vergeblich gerungen worden war. Wie Schuppen fiel es scheinbar jetzt von den Augen der Beflissenen, als sie plötzlich erkannten, daß auch die Raumordnungspolitik sich mit gar nichts anderem zu befassen habe als mit der Wohlfahrt des Menschen in seiner ganz bestimmten Gegenwartssituation — wie es im übrigen in unserer freiheitlichen Grundordnung Sinn und Zweck einer jeglichen staatlichen Betätigung ist.

Ohne Einschränkung kann behauptet werden, daß es gerade in den letzten Jahren gelungen ist, die Aspekte der Raumordnung und Raumordnungspolitik von den verschiedensten Seiten her aufzuhellen. Nicht nur die technisch orientierten Wissenschaften haben sich um die exakte Erkundung dieses Gebietes moderner Staatsbetätigung bemüht, auch die Geisteswissenschaften haben hervorragenden Anteil genommen. Diplomingenieure, Geographen, Juristen, Volkswirte, Soziologen und Philosophen haben in einer immer zielstrebiger werdenden Arbeit Raumordnung und Raumordnungspolitik sowie die damit zusammenhängenden Techniken der Landesplanung zu einer universitätsreifen Wissenschaft entwickelt. Daß dann auch sofort der Wunsch entstand, eine neue wissenschaftliche Laufbahn für die Landesplaner zu kreieren, sei dann wiederum als Zeichen deutscher Gründlichkeit ebenfalls an dieser Stelle angemerkt.

Trotz dieser erfreulichen Fortschritte auf dem Feld der Wissenschaft war noch ein weiter Weg zurückzulegen, bis auch die Gesetzgebung die Materie in den Griff bekam. Das lag nur zum geringen Teil an der formalen Schwierigkeit, die die Bewältigung von Neuland dem juristischen Zugriff immer bereitet, sondern vielmehr an den politischen Widerständen, die sich aus den verschiedensten Spitzenorganisationen unserer vielbeschriebenen pluralistischen Gesellschaft — aber auch von den Ländern — erhoben, als erkennbar wurde, daß eine Gesetzesinitiative des Bundes bevorstand, die auch die materiellen Grundsätze der Raumordnung zu formulieren entschlossen war. Im sogenannten ersten Durchgang machte der Bundesrat gegen den Gesetzentwurf verfassungsrechtliche, verfassungspolitische und fachliche Bedenken geltend, so daß eine Mehrheit für dieses zustimmungsbedürftige Gesetz nicht vorhanden war. Entgegen der Auffassung des Bundesrates vertrat jedoch die Bundesregierung die Meinung, daß ihr Entwurf keine Richtlinien der Politik, sondern Richtlinien für den Landesgesetzgeber enthalte und diese zum Kernbestand der Rahmenkompetenz gehörten.

Der vom Bundesrat bevorzugten administrativen Lösung hielt die Bundesregierung entgegen, daß ein Verwaltungsabkommen keine unmittelbare Wirkung gegenüber dritten Planungsträgern zu erzeugen vermöge und durch dieses Fehlen die einheitliche Linie in der Raumordnung nicht gewährleistet sei. Um das Ergebnis vorwegzunehmen: Am 5. März dieses Jahres hat der Bundesrat dem Raumordnungsgesetz mit großer Mehrheit zugestimmt, nachdem sich allerdings während der Ausschußberatungen im Bundestag der Bundeswohnungsbauminister zu nicht unerheblichen Zugeständnissen gegenüber den Ländern bereit erklärt und die im § 2 des Gesetzes enthaltenen Raumordnungsgrundsätze so ausgestaltet hat, daß dem Landesgesetzgeber hinreichend Raum für substantielle Regelungen bleibt.

Hinter dieser Auseinandersetzung, die mit verfassungspolitischen und fachlichen Argumenten drapiert war, stand ein echter politischer Gegensatz. Er wird sofort deutlich, wenn man berücksichtigt, daß der Gesetzesinitiative des Bundes auf Grund des Artikels 74 Ziff. 4 GG von Länderseite entgegengehalten wurde, er dringe in die Richtlinienkompetenz der Regierungschefs der Länder ein. Dieses Argument schlägt natürlich nicht durch, denn selbst die weitestgehende Auslegung dieser Richtlinienkompetenz, die auch in den politischen Einzelentscheidungen des Regierungschefs Maßnahmen normativen Charakters sehen möchte, kann nicht bestreiten, daß sich diese Befugnis zur Bestimmung der Richtlinien der Politik nur im Rahmen des geltenden Rechtes entfalten kann. Ich möchte daher an dieser Stelle ruhig aussprechen, daß selbstverständlich die materiellen Raumordnungsgrundsätze ganz konkrete politische Entscheidungen zur Gestaltung unserer Gesellschaftsordnung zum Gegenstand haben. Sie sind also Politik in konzentrierter Form.

Und nun möchte ich wiederum zurückkommen zu der Feststellung, daß sich aus der jahrelangen wissenschaftlichen und politischen Diskussion als das eigentliche Ziel der Raumordnungspolitik „die menschengerechte Raumordnung" herausgestellt hat, die ihre Verwirklichung durch und über die materiellen Raumordnungsgrundsätze erfahren soll.

Ist es nun möglich, Maximen der Raumordnung in Normen festzulegen? Man wäre nur daran gehindert, wenn geeignete Richtlinien wegen der Unterschiedlichkeit der räumlichen Verhältnisse nicht für das Gesamtgebiet oder wegen der zu schnell fortschreitenden Entwicklung nicht für eine gewisse Dauer aufgestellt werden könnten. Wenn man sich aber darüber im klaren ist, daß diese Richtlinien nur den Rahmen für die Gesamtplanung abgeben sollen, daß die Gesamtplanungen selbst in gebietlichen Abstufungen, d. h. für größere Gebiete und für die darin aufgehenden Teilräume und Regionen, erarbeitet werden sollen, wenn man sich weiterhin die grundgesetzliche Forderung nach „Einheitlichkeit der Lebensverhältnisse" vergegenwärtigt, dann sollte es eigentlich nicht zweifelhaft sein, daß für das ganze Bundesgebiet gültige Grundsätze der Raumordnung festgelegt werden können, ja, daß sie statuiert werden müssen, um — wie ich es bereits 1963 an dieser Stelle formuliert habe — „wertgleiche Lebensverhältnisse" zu erreichen.

Ich rechne mit dem Einwand, daß solche materiellen Raumordnungsgrundsätze mangels ausreichender Elastizität eine unerwünschte Einengung der Landesplanung zur Folge haben könnten oder — umgekehrt — mangels hinreichender Präzision der praktischen Anwendbarkeit entbehrten. Das zu vermeiden ist jedoch — wie ich meine — zum größten Teil ein Formulierungsproblem. Ich gebe zu, daß es nicht einfach ist, bei der Vielzahl der raumstrukturellen Gegebenheiten einerseits dem Gebot Rechnung zu tragen, wünschenswerte Entwicklungen nicht zu hemmen, andererseits der Versuchung zu widerstehen, lediglich sehr allgemein gehaltene und daher in der Praxis leicht zu umgehende, also weitgehend wertlose Aussagen zu treffen. Dieser Gefahr kann man aber begegnen, wenn man sich stets Sinn und Zweck der raumordnerischen Grundsätze als Maximen, an denen sich die raumrelevanten Maßnahmen der öffentlichen Hand ausrichten sollen, vergegenwärtigt.

Im ganzen gesehen bin ich der Meinung, daß der im Bundesraumordnungsgesetz gefundene Kompromiß gerade diejenigen Lösungen enthält, die sowohl dem begrenzten Zweck, einheitliche Richtlinien für die Raumordnung im Bundesgebiet festzulegen, als auch der verfassungsmäßigen Kompetenzverteilung auf dem Gebiete der Raumordnung Rechnung tragen.

Welches sind nun die Erwägungen, die beim Erlaß von Grundsätzen für die Raumordnung beim Bund und bei den Ländern im Vordergrund stehen müssen?

Es ist selbstverständlich, daß für ein Sachgebiet, dem als Hauptaufgabe die Erarbeitung einer Gesamtschau gestellt ist, alle dabei mitzubetrachtenden planerischen Einzelbereiche, also die Belange der Fach- und Ortsplanung, erfaßt sein müssen. Das bedeutet jedoch nicht, daß jeweils sämtliche Aufgaben, die einem Fachbereich gestellt sind, in die raumordnerischen Maximen aufzunehmen wären. Ebensowenig wie die Aufgabe der Raumordnung und Landesplanung lediglich in einem Zusammentragen der Fachplanungen gesehen werden darf, geht es an, ein Kompendium der Aufgaben und Zielsetzungen aller Fachressorts als Grundsätze der Raumordnung deklarieren zu wollen. Das wäre einerseits zu viel, andererseits zu wenig. Zu viel, weil nur diejenigen fachlichen Ziele zugleich für raumordnerische Grundsätze etwas hergeben, die für die räumliche Struktur mitbestimmend sind, mit anderen Worten, die die Gestaltung eines hier allein interessierenden großflächigen Gebiets beeinflussen. Die Aufnahme dieser fachlichen Ziele in die Grundsätze der Raumordnung geht dann in ihrer Bedeutung über eine Wiederholung weit hinaus; denn mit der Aufnahme als Grundsatz wird zugleich eine Abwägung der betreffenden fachlichen Gesichtspunkte im Rahmen der für die räumliche Gesamtgestaltung maßgebenden Faktoren vorgeschrieben.

Zu wenig wäre die Aufnahme ausschließlich fachlich raumbestimmender Ziele, weil dann die allgemeine gesellschaftspolitische Zielsetzung fehlen würde. Sie ist vorgezeichnet — wenn auch keineswegs ausschließlich, so doch vorrangig — in den fundamentalen Prinzipien unserer verfassungsmäßigen Grundordnung. An der Spitze steht die Forderung auf optimale Entwicklung des Raumes zum Wohle des Menschen. Das Grundrecht auf freie Entfaltung der Persönlichkeit, das zutreffend als sogenanntes „Muttergrundrecht" für alle im Grundgesetz nachfolgenden Grundrechte genannt worden ist, muß auch von der Raumordnung — m. E. gerade von ihr — beachtet und besonders herausgestellt werden. Der schon wiederholt gebrachte Begriff der „menschengerechten Raumordnung" ist dahin zu verstehen, daß ein räumlicher Zustand angestrebt werden muß, der die besten Voraussetzungen für das menschliche Leben in Freiheit, Gesundheit und Wohlstand bietet. Zutreffend hat daher das Bundesraumordnungsgesetz in seiner einleitenden Bestimmung, die den Grundsätzen der Raumordnung vorangestellt ist, die Forderung aufgenommen — ich darf hier wegen der elementaren Bedeutung wörtlich zitieren —, daß „das Bundesgebiet in seiner allgemeinen räumlichen Struktur einer Entwicklung zuzuführen ist, die der freien Entfaltung der Persönlichkeit in der Gemeinschaft am besten dient".

Es ist auch folgerichtig, daß in diesem Fundamentalsatz die etwa erforderliche Abwägung der nachfolgenden Raumordnungsgrundsätze gegeneinander und untereinander erfolgen soll, wie es § 2 Abs. 2 ausdrücklich anordnet. Daß bei dieser Abwägung auch die Belange der Wiedervereinigung und der Zusammenarbeit im europäischen Raum mit berücksichtigt werden sollen — wie es § 1 Abs. 2 und 3 bestimmt —, beeinträchtigt nicht die Feststellung, daß in der Forderung nach einer auf den Menschen und seine Entfaltung ausgerichteten räumlichen Entwicklung der Kernsatz für alle raumordnerischen Einflußnahmen zu sehen ist.

Wenn ich mich nunmehr den Raumordnungsgrundsätzen des § 2 des Bundesgesetzes zuwende, so beabsichtige ich keineswegs eine Auseinandersetzung mit jedem einzelnen dieser — nach den Beratungen im Bundestag zum Teil recht ausgedehnt gestalteten — Grundsätze.

Mir geht es hauptsächlich um die Einteilung der Grundsätze sowohl nach der Art der darin angesprochenen Planungsziele als auch der zugrunde liegenden verfassungsrechtlichen Regelungsmöglichkeiten im Bund-Länder-Verhältnis. Hinsichtlich ihrer Sachbezogenheit möchte ich zwischen vorwiegend gesellschafts- und raumpolitisch bestimmten Grundsätzen und solchen unterscheiden, die überwiegend fachplanerischen Vorstellungen und Aufgaben entsprechen. Ihrem Umfang nach möchte ich die Grundsätze in Vollregelungen und solche einteilen, die einer näheren Ergänzung durch die Länder bedürfen, zumindest dafür Spielraum lassen. Die vorwiegend gesellschafts- und raumpolitisch bestimmten Erkenntnisse stehen zu Recht am Anfang des Katalogs. Es sind allgemeine, nicht durch bestimmte Fachbereiche veranlaßte Zielsetzungen. Man könnte darüber streiten, ob in einem Rahmengesetz zur Raumordnung, das durch die bestehende Gefahr schwerer räumlicher und struktureller Mängel veranlaßt worden ist, die Erhaltung der gesunden Struktur besonders herausgestellt werden muß, wie es der Bundestag durch die neueingefügte Ziffer 1 getan hat. Es ist eine reine Zweckmäßigkeitsfrage, die man im Hinblick auf die dadurch erreichte größere Vollständigkeit des Katalogs bejahen kann.

Der an zweiter Stelle angeführte Verdichtungsgrundsatz erscheint nicht unproblematisch. Ich meine damit die vom Bundestag in Ergänzung der Regierungsvorlage hinzugefügte Forderung, die gesunde Verdichtung — wie man wohl zusammenfassend sagen kann — zu fördern. Es kann zwar nicht bestritten werden, daß der Verdichtungsprozeß als solcher, d. h. die fortschreitende Konzentration von Wohn- und Arbeitsstätten an bestimmten Orten oder in flächenmäßig kleinen Gebietsteilen, ein seit Jahrzehnten zu beobachtender Vorgang ist, dem eine gewisse Zwangsläufigkeit innewohnt und der daher nicht ohne weiteres aufgehalten werden kann. Es soll auch nicht in Abrede gestellt werden, daß diese Tendenz verschiedentlich durchaus wünschenswerte Wirkungen ausgelöst hat. Dies gilt insbesondere für die sogenannten „zentralen Orte", die durch ihre Verwaltungseinrichtungen, aber auch durch ihre kulturellen und sozialen Veranstaltungen und durch ihre wirtschaftliche Bedeutung eine Ausstrahlungskraft in ein mehr oder weniger großes Umland und damit eine notwendige Betreuungsfunktion ausüben. Die Weiterentwicklung dieser Gemeinden durch die Verstärkung der zentralörtlichen Einrichtungen stellt m. E. einen der beiden Hauptfälle gesunder und förderungswürdiger Verdichtung dar. Als zweiten Hauptfall wird man die Herausbildung sogenannter Entwicklungsachsen oder Entwicklungsbänder anzusehen haben, die ihren Ursprung darin haben, daß entlang der großen Verkehrsadern die Wohnsiedlungen und der gewerbliche Besatz verstärkt sowie das Versorgungsnetz in parallelem Zuge ausgebaut werden. Diese Form weiterer Verdichtung, die sich im hamburgisch-schleswig-holsteinischen Raum schon länger bewährt hat und die auch das vor einigen Monaten veröffentlichte Landesentwicklungsprogramm von Nordrhein-Westfalen anstrebt, wird wahrscheinlich für die künftige Struktur in den dichter besiedelten Gebieten kennzeichnend sein, während für die ländlichen Bereiche, die nicht im Strahlungsfeld größerer Städte liegen, die Verdichtung in der Form von zentralen Orten angestrebt werden muß.

Mit der Herausstellung dieser beiden Verdichtungsfälle soll nun nicht etwa die Weiterentwicklung der großen Städte als wenig wünschenswert bezeichnet werden, die ja ohnehin zentrale Orte höherer Stufen sind. Zweifellos wird auch weiterhin die Notwendigkeit bestehen, zentralörtliche Einrichtungen, die ihrer Eigenart und Ausdehnung nach nur für größere Städte in Betracht kommen und dementsprechend auch in ein weites Umland ausstrahlen, neu zu schaffen und fortzuentwickeln. Damit wird zwangsläufig auch ein Wachstum der Bevölkerung verbunden sein. Diese Orte werden weiterhin als Standort der gewerblichen Wirtschaft bevorzugt, weil der Vorteil des unmittelbaren Kontakts und die Teilhabe an den begehrten zentralörtlichen Einrichtungen einen nicht zu übersehenden Anreiz für die Führungskräfte darstellt. Im übrigen dürfte für das weitere Wachstum der großen Städte ihre Weiterentwicklung in die achsen- bzw. bänderförmige Ausdehnung in das Umland in Zukunft in Betracht kommen.

Man kann daran zweifeln, ob es notwendig war, die Förderung der gesunden Verdichtung als einen besonderen Grundsatz an die Spitze des Katalogs zu stellen, zumal in den Ziffern 3 bis 5 die zentralen Orte und in der Ziffer 6 die besonderen Maßnahmen für Verdichtungsräume behandelt werden. Man kann schließlich nicht übersehen, daß im Mittelpunkt der raumordnerischen Bemühungen zwei andere große Anliegen stehen, nämlich eine weitere Entleerung der wirtschaftsschwachen und ländlichen Gebiete zu vermeiden und andererseits unharmonischen Lebens- und Arbeitsbedingungen in wenigen großen Ballungsräumen entgegenzuwirken.

Auch diese beiden Aufgaben sind vorwiegend gesellschaftspolitischer Natur. Sie haben ihren Niederschlag in den Ziffern 3 bis 6 des Katalogs gefunden. Dabei sind allerdings in der Ziffer, die sich mit der Landwirtschaft befaßt, gesellschaftspolitische und fachliche Ziele enthalten: Das Gebot, in den ländlichen Gebieten eine ausreichende Bevölkerungsdichte und angemessene wirtschaftliche Leistungsfähigkeit anzustreben, andererseits aber auch die Verpflichtung, die land- und forstwirtschaftliche Bodennutzung als wesentlichen Produktionszweig der Gesamtwirtschaft zu erhalten und hierfür geeignete Böden zur Verfügung zu stellen.

Von den weiteren Ziffern des Katalogs trägt nur noch die Ziffer 8 teilweise gesellschaftspolitische Züge insoweit, als sie die Berücksichtigung der „landsmannschaftlichen Verbundenheit" fordert. Diese während der

Beratung etwas strittige Formulierung will — richtig verstanden — sicherstellen, daß die räumliche Entwicklung auf die landsmannschaftlichen Zusammenschlüsse angemessen Rücksicht nimmt, die sich gebietlich etwa in der Form weitgehend landsmannschaftlich strukturierter Siedlungen gebildet haben.

Wenn ich mich nunmehr denjenigen Grundsätzen zuwende, die vorwiegend von den speziellen Aufgaben und Vorstellungen der Fachplanungsträger bestimmt sind, so kommen hier außer den schon genannten Postulaten für die Landwirtschaft die Ziffer 7, in der die Landschaft, vor allem die Wasserversorgung, die Luftreinhaltung und die Lärmbelästigung angesprochen werden, sowie die Ziffer 9, die die Respektierung der Verteidigungsbelange fordert, in Frage. Während die für die Landwirtschaft geltenden Regelungen sehr ausführlich gehalten sind, wird die Landschaftserhaltung und die Wasserversorgung sowie der Emissionsschutz nur ganz allgemein behandelt; sie sind nicht viel mehr als ein genereller Hinweis für die Bundesbehörden, daß bei ihren Einwirkungen in den Raum diese Sachbereiche mit zu beachten sind sowie ein an die Adresse der Länder gerichteter Appell, sich insbesondere innerhalb dieser Bereiche weiterer Detailregelungen anzunehmen. Daß dabei zusammen mit der Landschaft auch das vorwiegend gesellschaftspolitische Anliegen der „Sicherung und Gestaltung von Erholungsgebieten“ ebenfalls angeführt wurde, erscheint mir besonders bemerkenswert, weil damit erstmalig bundesrechtlich die Ausweisung von Erholungsgebieten gefordert wird.

Die Belange des Verkehrs und der Versorgung werden ziemlich ausführlich und an zwei verschiedenen Stellen des Katalogs behandelt. Einmal erscheinen sie unter den Maßnahmen, die zur Verbesserung der Lebens- und Arbeitsbedingungen in den Verdichtungsräumen geeignet sind, aber auch in dem einleitenden Grundsatz über die Erhaltung und Verbesserung der Gesamtstruktur ist bestimmt, daß die verkehrs- und versorgungsmäßige Aufschließung sowie die Bedienung mit Verkehrs- und Versorgungsleistungen miteinander in Einklang zu bringen sind. Es handelt sich also um die Harmonisierung von Verkehrswegen und Versorgungsnetzen mit der Fahrplangestaltung und Verkehrsdichte der öffentlichen Transportmittel. Damit ist zwar keine allgemeine Anpassung der Verkehrs- und Versorgungsplanungen an die Gesamtentwicklung normiert, aber doch gefordert, daß auch diese sehr kostspieligen Planungen im Rahmen der technischen und finanziellen Möglichkeiten sowie ihrer speziellen Zielsetzungen der angestrebten Gesamtentwicklung Rechnung tragen sollen. Die Formulierung ermöglicht es den Ländern, eingehendere Regelungen zu treffen.

Aber damit habe ich die weitere Frage angeschnitten, die zu behandeln ich mir vorgenommen habe, ich meine den Umfang der in den einzelnen Grundsätzen getroffenen Regelungen im Hinblick auf ihre Ergänzungsfähigkeit und -bedürftigkeit durch die Landesgesetzgebung.

Eine Vollregelung in der Weise, daß eine leitsatzmäßige Vertiefung durch die Länder nicht mehr möglich wäre, scheint mir für keinen der Grundsätze des Katalogs anzunehmen zu sein. Am ehesten könnte bei der Berücksichtigung der Verteidigungserfordernisse eine Ausfüllungsfähigkeit verneint werden. Es erscheint mir aber nicht von vornherein rechtlich unmöglich, auch insoweit Ergänzungsregelungen zu treffen, ohne daß damit die volle Beachtung der Verteidigungserfordernisse eingeschränkt würde. Es dürfte sich aber kaum lohnen, in der Praxis dieser Form weiter nachzugehen; die Landesplanungsgesetze bzw. die Landesentwicklungs- und Raumordnungspläne werden diesen Grundsatz wohl unverändert übernehmen, zumal die Paragraphen 5 und 6 des Bundesgesetzes Verfahrensvorschriften enthalten, die eine wechselseitige Anpassung der Erfordernisse der räumlichen Gesamtentwicklung und der Verteidigung ermöglichen.

Für die übrigen Ziffern des Katalogs ist es meines Erachtens nicht zweifelhaft, daß sie einer weiteren Vertiefung durch ergänzende Leitsätze der Länder fähig sind. Für die von der Natur benachteiligten und die ländlichen Gebiete kommen insbesondere Regelungen über die Verbesserung der zivilen Infrastruktur in Betracht, wozu selbstverständlich auch die Verkehrserschließung und -bedienung und die Versorgung gehören. Ein besonders weites Feld für Ausfüllungsmöglichkeiten bietet die zuvor schon näher besprochene Ziffer 7. Hier wird es um eine Präzisierung der zu ergreifenden landschaftspflegerischen Maßnahmen, den Schutz und die Sicherung insbesondere der stadtnahen Waldgebiete und um die Ausweisung von Naturparken und Naherholungsgebieten sowie um die Freihaltung von Grundwasserflächen gehen müssen. Ich glaube, daß gerade hier die Möglichkeit und Notwendigkeit ausfüllender landesrechtlicher Regelungen besteht.

Wenn man den Katalog der materiellen Raumordnungsgrundsätze hinsichtlich ihrer Intensität sorgfältig prüft, dann kann man wohl sagen, daß der Bundesgesetzgeber die Grundsätze mit betont allgemeiner gesellschaftspolitischer Zielsetzung verhältnismäßig ausführlich behandelt hat, so daß eine ausfüllende Regelung durch zusätzliche Leitsätze der Länder nur in eingeschränktem Umfang möglich ist. Die Grundsätze, die vorwiegend von den Vorstellungen und Aufgaben der Fachplanungen bestimmt sind, lassen — abgesehen von dem bereits erwähnten Fall der Verteidigungserfordernisse — den Ländern größeren Spielraum für die Ausfüllung, weil die Grundsätze sich darauf beschränken, das allgemeine raumpolitische Ziel anzugeben. Diese abgestufte Intensität der Grundsätze paßt sich in den Rahmen der grundsätzlichen Kompetenzverteilung ein. Bekanntlich hat der Bund aus Artikel 75 Nr. 4 GG nur die Rahmenkompetenz. Diese Beschränkung der Gesetzgebungsbefugnis des Bundes war von der Sache her naheliegend, so daß — ohne Übertreibung — gesagt werden kann, daß jede andere Kompetenzabgrenzung mit den Prinzipien der bundesstaatlichen Ordnung unvereinbar wäre.

Bei allem Streit um Wesen und Inhalt der Raumordnung geht man bei dem gegenwärtigen Stand der Dinge davon aus, daß unter Raumordnung eine Vielzahl von raumrelevanten Maßnahmen hoheitlichen Handelns zu verstehen ist. Die Meinung, daß Raumordnung nur mit der unmittelbaren Bodenbeanspruchung zu tun habe, ist langsam in den Hintergrund getreten. Diesen Streit brauchen wir also hier nicht auszutragen. Unter dem Begriff der Raumordnung wird immer eine größere Zahl von Sachbereichen erfaßt, von denen die meisten im Gesetzgebungskatalog des Grundgesetzes gesonderte Erwähnung gefunden haben und nunmehr innerhalb der materiellen Raumordnungsgrundsätze unter dem einen oder anderen Gesichtspunkt wiederum erscheinen. Freilich werden sie von dem Begriff der Raumordnung nicht vollständig, sondern zuweilen nur in ihrer Ausstrahlung bzw. in der gegenseitigen Wechselwirkung erfaßt. Schon der Umstand, daß von den berührten Sachbereichen ein erheblicher Teil zur ausschließlichen Gesetzgebungskompetenz der Länder gehört, schloß es m. E. aus, die Raumordnung der konkurrierenden Gesetzgebung zuzuordnen. Es ist aber auch nicht zu verkennen, daß die von der Raumordnung ebenfalls erfaßten Teilbereiche — wie die der ausschließlichen Bundeskompetenz unterliegende Verteidigung oder beispielsweise der der konkurrierenden Gesetzgebungsbefugnis zugewiesene Bereich der Landwirtschaft — so bedeutsam sind, daß deshalb eine Einbeziehung der Raumordnung in die Rahmenkompetenz des Bundes geboten erschien.

Was nun die Verwaltungskompetenz anbelangt, so ist sie für den Bereich der Raumordnung im Grundgesetz nicht ausdrücklich erwähnt. Für diejenigen Planungsbereiche wie Verteidigungsmaßnahmen, Fernstraßen, Bundesbahn und Bundespost, bei denen der Bund Planungsträger ist, kann ihm eine Koordinierung und Abstimmung nicht abgesprochen werden. Auch eine gewisse Vermittlertätigkeit in Planungsangelegenheiten, in denen sich Bundesfachplanungen und Planungsmaßnahmen der Länder berühren, sollte nicht übersehen werden; ebenso nicht die Mitwirkung in Angelegenheiten der grenzüberschreitenden Raumordnung im europäischen Bereich. Insoweit sollte eine Verwaltungskompetenz des Bundes nicht bestritten werden. Dagegen ist ihm eine umfassende Gesamtplanung, die alle Planungsbereiche einschließt, verwehrt. Als Ausfluß der grundsätzlichen Länderzuständigkeit für das Verwaltungshandeln einerseits und der Planungsträgerschaft der Länder andererseits ergibt sich eine ausschließliche Zuständigkeit der Länder zur Aufstellung von

Gesamtplänen. Dies ist der Kernbereich raumordnerischer Tätigkeit, für den sich der Begriff Landesplanung eingebürgert hat, der allerdings auch die Organisation als solche bezeichnet. Nicht ohne Grund vermeidet das Rahmengesetz den Begriff Bundesplanung. Darunter könnte dann allenfalls die erwähnte Koordinierung und Abstimmung der Bundesfachplanungen untereinander verstanden werden. Keinesfalls könnte Bundesplanung eine Art Landesplanung für den Gesamtbereich der Bundesrepublik sein.

All diesen Erfordernissen — der eingeschränkten Gesetzgebungskompetenz des Bundes und der Befugnis der Länder zur Gesamtplanung einschließlich der Einzel- und Fachplanungen — mußte das Bundesraumordnungsgesetz Rechnung tragen. Ich bin der Auffassung, daß das Bundesgesetz diesen Anforderungen gerecht geworden ist. Ich glaube auch, durch meine Ausführungen dargetan zu haben, daß jedenfalls die meisten der Raumordnungsgrundsätze ausfüllungsfähig sind und daß mehrere Grundsätze auch unbedingt der Ausfüllung durch die Länder bedürfen. Es kann daher m. E. dahingestellt bleiben, ob Werner Weber darin beizupflichten ist, daß die Rahmenkompetenz auf dem Gebiet der Raumordnung den Bund berechtige, sogar solche materiellen Grundsätze zu statuieren, die nicht auf eine Auslegung durch die Länder angelegt wären. Die vom Bundesverfassungsgericht geforderte Ausfüllungsfähigkeit und Ausfüllungsbedürftigkeit ist für die im Bundesgesetz aufgestellten Grundsätze in ihrer Gesamtheit gegeben.

Nach dieser Übersicht sei mir ein abschließendes Wort gestattet über die Erwartung, die man füglich in das Bundesraumordnungsgesetz setzen kann. Es lediglich als ein minimales Zwischenergebnis zu charakterisieren, wie es bei der Schlußberatung im Bundestag geschehen ist, geht wohl nicht an, angesichts der großen Arbeit und Mühe, die Wissenschaft, Verwaltung und Politik in dieses Gesetz investiert haben. Das Gesetz enthält meiner Auffassung nach durchaus brauchbare Ansätze für die Intensivierung der raumordnerischen Tätigkeit und für ihre Ausrichtung nach gemeinsamen Grundsätzen in allen wichtigen Bereichen. Aber mit dem Gesetz allein ist noch nicht alles bewirkt. Es braucht nicht näher darauf eingegangen zu werden, ob innerhalb der Rahmenkompetenz dem Bund größere Einwirkungsmöglichkeiten hätten eingeräumt werden sollen. Das ist eine akademische Frage angesichts des variablen Spiels der Kräfte innerhalb unserer Verfassungswirklichkeit. Ich bin der Meinung, daß sowohl bei den materiellen als auch bei den Verfahrensregelungen des Gesetzes abgewogene Lösungen gefunden worden sind, die der grundgesetzlichen Aufgabenverteilung entsprechen. Jetzt geht es darum, das politische Anliegen des Gesetzes — wobei ich Politik im ursprünglichen Wortsinn verstanden haben möchte — zu verwirklichen, nämlich die räumlichen Voraussetzungen für ein menschenwürdiges Leben zu schaffen, wie es unserer freiheitlich-demokratischen Vorstellung und Einstellung in unserem Zeitalter entspricht.

Sollte sich allerdings herausstellen, daß die Raumordnungsgrundsätze den Erfordernissen der schnell fortschreitenden Entwicklung unserer inneren und äußeren Lebensverhältnisse nicht voll genügen, dann muß man den Mut zu schnellem Handeln aufbringen. Und schließen möchte ich mit einer adhortatio, die ich bei anderer Gelegenheit schon einmal angebracht habe: „Wir müssen uns vergegenwärtigen, daß wir auf unserem alten Kosmos in eine gewandelte Umwelt hineinleben, deren menschenwürdige Gestaltung wir nicht aus der Hand geben dürfen. Das scheint mir die wichtigste Aufgabe aller Träger öffentlicher Verwaltung zu sein. Unsere ganze Phantasie und die Summe der neuesten wissenschaftlichen Erkenntnisse, nicht zuletzt aber einen mutigen Optimismus müssen wir zu Hilfe nehmen, um diese Aufgaben zu meistern."

Thesen

1. Im ersten Stadium der Nachkriegsentwicklung wurden die Fragen der Raumordnung und Landesplanung noch im wesentlichen als technisch-administratives Problem gesehen. Die Gesetzgebung beschränkte sich dementsprechend auf den Erlaß von Organisations- und Verfahrensvorschriften. Für die raumordnerischen Entscheidungen fehlte die materielle Basis.
2. Es ergab sich alsbald die Notwendigkeit, zu einer raumpolitischen Zielsetzung zu kommen. Aus dieser Erkenntnis hat die Bundesregierung 1955 den Sachverständigenausschuß für Raumordnung errichtet und mit der Erforschung der raumordnerischen Zielsetzung beauftragt. Das von ihm im Jahre 1961 vorgelegte Gutachten durchbrach die die Raumordnung und Landesplanung bis dahin beherrschende technisch-administrative Betrachtungsweise.
3. Konsequenterweise hat der Bundesgesetzgeber sich in dem von ihm beschlossenen Bundesraumordnungsgesetz nicht auf Organisationsvorschriften beschränkt, sondern einen Katalog von materiellen Raumordnungsgrundsätzen aufgestellt.
4. In dem Bundesraumordnungsgesetz steht an der Spitze des Kataloges der Raumordnungsgrundsätze die Forderung nach einer optimalen Entwicklung des Raumes zum Wohle des Menschen: Die Raumordnung soll menschengerecht sein.

   Das Bundesraumordnungsgesetz differenziert die materiellen Raumordnungsgrundsätze nach solchen, die gesellschafts- bzw. raumpolitischer Natur sind und solchen, die fachplanerische Schwerpunkte enthalten. Ihrem Inhalt nach sind die Grundsätze faßbare Richtlinien für die Raumordnungstätigkeit, geben jedoch andererseits für die Landesplanung genügend Elastizität.
5. Der Bundesgesetzgeber hat trotz der abgestuften Intensität der Grundsätze die Rahmenkompetenz nicht überschritten, so daß die materiellen Raumordnungsgrundsätze einer Vertiefung durch das Landesrecht fähig sind.

6. Die umfassende Gesamtplanung fällt in die Verwaltungszuständigkeit der Länder. Neben dieser Landesplanung, die alle Planungsbereiche einschließt, bringt das Raumordnungsgesetz in Respektierung der verfassungsmäßigen Aufgabenverteilung auf Bund und Länder keine „Bundesplanung“.
7. Das Bundesraumordnungsgesetz ist geeignet, die Raumordnungspolitik in Bund und Ländern zu intensivieren und an gemeinsamen Grundsätzen innerhalb des ganzen Bundesgebietes auszurichten.

Bund und Raumordnung

Von Friedrich Halstenberg

Welche Bedeutung den verfassungsrechtlichen Fragen der Raumordnung zukommen kann, hat die leidvolle Geschichte der Bundesraumordnungsgesetzgebung gezeigt. Mit verfassungsrechtlich motivierten Bedenken ist sie lange aufgehalten worden; an verfassungspolitischen Widerständen wäre sie bald gescheitert. Die bedeutendsten in diesen Zusammenhang gehörenden Gesichtspunkte hat das voraufgegangene Referat von Herrn Staatssekretär Duppré bereits dargelegt. Einige ergänzende verfassungsrechtliche Bemerkungen über die Stellung und die Aufgaben des Bundes in der Raumordnung erlegt mir das Thema meines Referates auf.

I. Notwendigkeit verwaltungsrechtlicher Ordnung der Raumplanung

Das Generalthema dieses Kurses umfaßte auch die *verwaltungs*rechtlichen Probleme der Raumordnung. Das verdient besonders gewürdigt zu werden. Die *verfassungs*rechtlichen Probleme der Raumordnung stellen sich in den hoffentlich selten bleibenden Kulminationspunkten raumordnungspolitischer Existenzentscheidungen. Von verwaltungs*rechtlichen* Fragen werden Raumordnung und Landesplanung permanent begleitet bleiben. In der zutreffenden rechtlichen Erfassung und Gestaltung der Landesplanung und Raumordnung liegt eine für ihren Erfolg entscheidende Aufgabe. Niemeier und Müller leiten ihre im vorigen Jahre erschienene Abhandlung über „Raumplanung als Verwaltungsaufgabe" mit der Vorbemerkung ein, daß „Raumordnung, Raumplanung und Landesplanung in dieser Zeit in ein neues Stadium ihres Seins eintreten und auch eintreten müssen, wenn nach einem halben Jahrhundert Arbeit an diesem Problem eine große Enttäuschung und nicht nur ein geistiger, sondern auch ein praktischer Zusammenbruch vermieden werden soll". Sie sind der Auffassung, daß „es höchste Zeit ist, die Probleme der Raumordnung nicht nur theoretisch, sondern auch praktisch zu lösen und daß die organisierte Landesplanung des Staates sich zur praktischen Verwaltungsdurchführung bekennt!" Verfolgt man die in der Praxis, in der Lehre, in der öffentlichen Diskussion und im Schrifttum sich vollziehende Diskussion um Fragen der Landesplanung und Raumordnung, so überwiegt die Darstellung der Motive und der Ziele. Nur zögernd wandte man sich der Frage zu, mit welchem Instrumentarium solche Ziele der Raumordnung in die Verwaltungspraxis umzusetzen sind. Noch klingt mir die realistisch und bescheiden gemeinte Erklärung eines hohen Landesplanungsbeamten im Ohr, der meinte:

„Landesplanung vollzieht sich im persuasorischen Raum." Damit sollte zum Ausdruck gebracht werden, daß der Erfolg der Landesplanung auf der Chance beruhe, überreden zu können. Wäre er ganz ernst gemeint, so schlösse das die verwaltungsrechtliche Bedeutungslosigkeit der Landesplanung ein. Das mögen manche als tröstlich empfinden. Zu denen wird jener bekannte Kommunalpolitiker gehört haben, der nach einem Bericht in der „Frankfurter Rundschau" vom 17. März 1964 sagte: „Wenn aus der Landesplanung etwas würde, wäre sie ein gefährliches Instrument. Aber daran glaube ich nicht, darum kann ich mich damit abfinden!"

Die bisherige Entwicklungsgeschichte der Landesplanung scheint ihr die verwaltungsrechtliche Realität lange verschlossen zu haben. Bliebe das so, dann wäre das ein Widerspruch gegen den Sinn der Landesplanung. Sie findet ihre Motivation gerade darin, daß sie in der öffentlichen Verwaltung wirksam zu werden hat. Diese Wirksamkeit muß rechtlich geordnet sein. Solche verwaltungsrechtliche Ordnung der landesplanerischen Wirkungsmöglichkeiten wird zugleich einen wesentlichen Beitrag dazu leisten, daß Raumordnung und Landesplanung sich im Inhalt und in der Darstellung ihrer Ziele den Maßstäben anpassen, die für das Verwaltungshandeln auch sonst gelten. Wird diese Forderung der Planungsjuristen von den Planungstechnikern auch oft als eine unpassende Zwangsjacke angesehen, so ist doch die verwaltungsrechtliche Faßbarkeit der Planungsarbeit die unerläßliche Voraussetzung für ihre Umsetzung in Verwaltungswirklichkeit. Die Landesplanungsgesetzgebung der Länder und das Bundesraumordnungsgesetz, über das noch zu sprechen sein wird, haben zur verwaltungsrechtlichen Erfassung der Raumplanung wichtige Beiträge geleistet. Doch weiß, wer die Praxis kennt, daß das größtenteils recht junge Rechtsinstrumentarium noch vorsichtig gemieden wird. Wie selten wird ein landesplanerischer Widerspruch erhoben, eine städtebauliche Plangenehmigung aus landesplanerischen Motiven verweigert, ein Raumordnungsplan für verbindlich erklärt! Dabei ist durchaus nicht zu beklagen, daß die Beteiligten sich bemühen, hoheitliche Zwangsmittel zu vermeiden; doch kann kein ernsthafter Zweifel daran bestehen, daß viele Kollisionsfälle ohne Entscheidung ruhen. Das mag — neben anderem — seinen Grund darin haben, daß das verwaltungsrechtliche Instrumentarium der Raumordnung und Landesplanung den Anspruch konstruktiver Geschlossenheit noch nicht geltend machen kann. So fehlt es — zum Überdruß oft ist es gesagt —

an der rechtlichen Ordnung für den Ausgleich der den kommunalen Körperschaften aus der Planung entstehenden Vor- und Nachteile. Welcher Regierungspräsident oder welcher Innenminister möchte schon, um das Gemeinte an einem praktischen Beispiel zu demonstrieren, eine Gemeinde im sich industrialisierenden Ausstrahlungsbereich eines wirtschaftlichen Aktivraumes zur grünen Oase deklarieren, ohne sich des kommunalfinanzwirtschaftlichen Dilemmas solcher Entscheidung gegenwärtig zu sein? Das System des Planungsrechtes steht noch im Anfange und ist auf Vervollständigung angelegt. Dieser fragmentarische Charakter wird auch dieses Referat kennzeichnen — um so mehr, als die Zuständigkeiten und damit auch die Möglichkeiten des Bundes auf diesem Gebiete schmal begrenzt sind. Darauf aber beschränkt das Thema den Redner; sein Thema lautet: „Bund und Raumordnung."

II. Bundesaufgaben der Raumordnung

Wo liegen nun die dem Bunde auf dem Gebiete der Raumordnung gestellten verfassungs- und verwaltungsrechtlichen Probleme? Zum Teil sind sie gewiß mit den Problemen identisch, die der Raumplanung allgemein gestellt sind. Das sind z. B. die Fragen, die sich aus der Auswirkung von Maßnahmen der Raumordnung mittelbar für den Staatsbürger und die Wirtschaft ergeben können. Die gesellschaftspolitischen Gesichtspunkte und deren verfassungsrechtliche Relevanz gehören dazu. Auch die in unserem Lande viel länger als nötig debattierte angebliche Gefährdung der freien Standortwahl wäre unter dem Gesichtspunkt der Niederlassungsfreiheit verfassungsrechtlich relevant.

Von solchen allen Stufen der Raumplanung mehr oder weniger gleichartig gestellten Aufgaben will dieses Referat nicht handeln. Es ist den spezifischen Bundesproblemen gewidmet. Diese unterscheiden sich deutlich von denen der anderen Planungsstufen. Das liegt darin begründet, daß dem Bund auf dem Gebiete der Raumordnung Aufgaben obliegen, die sich von denen der Länder und Gemeinden wesentlich unterscheiden.

Die ein gutes Jahrzehnt hindurch umstrittene Frage, ob dem Bunde auf dem Gebiete der Raumordnung überhaupt eine legitime Stellung zukomme, braucht nicht mehr diskutiert zu werden. Was das Bundesverfassungsgericht in seinem Gutachten am 16. Juni 1954 ganz entgegen der damals überwiegenden Meinung ausführte, hat sich heute politisch und rechtlich Geltung verschafft:

> „Raumordnung kann nicht an den Grenzen der Länder haltmachen. Erkennt man Raumordnung als eine notwendige Aufgabe des modernen Staates an, dann ist der größte zu ordnende und zu gestaltende Raum das gesamte Staatsgebiet. Im Bundesstaat muß es also auch eine Raumplanung für den Gesamtstaat geben..."

Die Auseinandersetzungen über die Bundesraumordnung, die in erster Linie verfassungspolitischer Natur waren, hatten ihre Ursache auch darin, daß diese Aufgabe nicht immer richtig gesehen und dargestellt wurde. Gegenstand und Anlaß solchen Mißverständnisses war zum Beispiel das vermeintliche Projekt eines „Bundesentwicklungsplanes". Wenn damit eine räumliche und fachlich umfassende Gesamtdarstellung der raumpolitischen Entwicklungsziele für das Bundesgebiet gemeint war und ein solches Programm des Bundes die Behörden der Länder und der Gemeinden hätte binden sollen, so würden damit Aufgaben und Möglichkeiten einer Bundesraumordnungspolitik gründlich verkannt. Einen Bundesplan für die Raumordnung im Bundesgebiet kann der Bund nicht aufstellen. Das ist auch kein zu beklagender Mangel; denn ein solcher Plan wäre eher schädlich als nützlich. Die in autoritären Staaten mit solchen großräumig-langfristigen Gesamtplanungen gemachten Erfahrungen müßten desillusionieren. Wenn nicht einmal unter Verhältnissen, die von oben nach unten durchgehende Weisung gestatten, solche Gesamtplanungen realisiert werden können, so liegt die Unbrauchbarkeit solcher Gesamtplanungen offen zutage. Daraus haben in der Raumplanung erfahrene Länder ihre Lehre gezogen. So haben selbst die Niederlande, die noch eher mit einem deutschen Bundesland als mit dem Bund zu vergleichen wären, bei der letzten Novellierung ihres Raumordnungsrechtes den gesamtstaatlichen Nationalplan aufgegeben.

Soll der Bund auch keinen Bundesentwicklungsplan aufstellen, so kann doch nicht darauf verzichtet werden, daß die Raumordnungspolitik des Bundes, der Länder und der sonstigen Planungsträger in den Grundzügen miteinander harmonisiert wird. Denn alle diese Planungsträger wirken mit ihren raumbedeutsamen Planungen, Maßnahmen und Entscheidungen auf denselben Raum. Schon der Gesichtspunkt der Effizienz der öffentlichen Verwaltung und des rationellen Einsatzes öffentlicher Mittel zwingt zur Koordination, die Gegenläufigkeiten aufhebt.

Über diesen verwaltungsökonomischen Aspekt hinaus muß die Raumordnung im Bunde, in den Ländern und in den Gemeinden auch aus staats- und verfassungspolitischen Gründen auf bestimmte gleichartige Ziele gerichtet werden. Zu den tragenden gesellschaftspolitischen und sozialstaatlichen Postulaten hat das voraufgegangene Referat das Wesentliche ausgeführt.

III. Die verfassungsrechtliche Problematik der Harmonisierung der Raumordnungspolitik

Aus der damit umrissenen Aufgabe, die Raumordnung des Bundes, der Länder und der Gemeinden in den Grundzügen zu harmonisieren, ergeben sich die wichtigsten verfassungsrechtlichen Probleme der Bundesraumordnung.

Eine vergleichbare Aufgabe obliegt dem Landesplanungsrecht für die Harmonisierung aller im Bereiche eines Landes wirkenden Planungen, in Sonderheit auch der kommunalen Planungen. Die Landesplanungsgesetze der Länder beschränken sich bislang auf organisatorische und verfahrensrechtliche Regelungen. Als das maßgebende Harmonisierungsinstrument dient der Genehmigungsvorbehalt. Planungen für die Teilräume werden nur genehmigt, wenn diese mit den Zielen der Landesgesamtentwicklung übereinstimmen. Für die gemeindliche Bauleitplanung ist ein solcher staatlicher Genehmigungsvorbehalt im Bundesbaugesetz angeordnet. Für die sonst von der Landesplanung erfaßten Teilplanungen werden entsprechende Regelungen in den Landesplanungsgesetzen getroffen. Eines solchen innerhalb der Länder zulässigen und seit langem auch auf anderen Gebieten praktizierten Instrumentes kann sich die Bundesraumordnung nicht bedienen. Der Bund kann sich nicht die Genehmigung von Landes- und Teilgebietsplanungen vorbehalten.

Das in der Verfassung nicht ausdrücklich geregelte, wohl aber zulässige Verfahren, das Zusammenwirken zwischen dem Bunde und den Ländern durch Verwaltungsvereinbarung zu regeln, hat die zunächst bestehenden Erwartungen nicht erfüllt. Bereits seit langem überwog die Meinung, daß auch eine Verbesserung des 1957 abgeschlossenen Verwaltungsabkommens nicht zu grundsätzlich günstigeren Ergebnissen führen werde. So bleibt als das der bundesstaatlichen Verfassung entsprechende Instrument die Schaffung materieller Gesetzesnormen (Raumordnungsgrundsätze) mit Verbindlichkeit gegenüber dem Bunde, den Ländern und den sonst in Betracht kommenden öffentlichen Planungsträgern. Die Gesetzgebungskompetenz dafür räumt das Grundgesetz dem Bunde in Artikel 75 Nr. 4 ein.

IV. Die Raumordnungsrahmenrechtskompetenz

Zunächst war noch umstritten, ob diese Rahmenrechtskompetenz die Schaffung materieller Raumordnungsgrundsätze überhaupt trage. Einige Länder vertraten die Ansicht, auf Grund der Rahmengesetzgebungskompetenz könne der Bund nur Organisations- und Verfahrensrecht setzen. Eine wissenschaftliche Begründung für diese Auffassung ist nicht bekanntgeworden. Alles spricht dagegen. In unmittelbarer Nachbarschaft zur Raumordnung führt Artikel 75 des Grundgesetzes als andere Gegenstände der Bundesrahmenrechtskompetenz den Naturschutz und die Landschaftspflege, die Bodenverteilung und den Wasserhaushalt an. Niemals ist die Ansicht vertreten worden, in all diesen Bereichen könne der Bund nur Organisations- und Verfahrensrecht setzen. Umgekehrt: bei den materiellen Normen liegt hier das offensichtliche Schwergewicht. So ist auch das erste auf Grund dieser Rahmenrechtskompetenz vom Bunde erlassene Gesetz gestaltet. Es handelt sich um das Wasserhaushaltsgesetz. Organisatorische Vorschriften enthält es so gut wie gar nicht und das Verfahrensrecht überläßt das Wasserhaushaltsgesetz den Ländern. Die ganze Essenz des Wasserhaushaltsgesetzes liegt in seinen materiellen Vorschriften. Das mußte zwangsläufig auch für das Bundesraumordnungsgesetz gelten. Denn ein auf Organisations- und Verfahrensrecht beschränktes Bundesraumordnungsgesetz hätte seine Hauptaufgabe, die Harmonisierung der Raumplanung auf allen Ebenen, nicht leisten können. Dem Bunde wäre nur eine Scheinkompetenz verliehen; das wäre eine sinnwidrige Verfassungsinterpretation. Sie kann nicht zulässig sein. So hat sich denn auch bereits in den Ausschußberatungen des ersten Bundesratsdurchgangs selbst unter den Ländern eine starke Mehrheit für die Ansicht gebildet, daß die Bundesrahmenrechtskompetenz auch materielle Raumordnungsgrundsätze zuläßt. Das ist heute unbestritten.

V. Einzelne verfassungsrechtliche Bedenken

Zu den in diesem Zusammenhang weiter gestellten Fragen, ob materielle Raumordnungsgrundsätze nicht unzulässig in die politische Gestaltungsfreiheit der Länder eingreifen und welche spezifischen Anforderungen sich aus dem Rahmenrechtscharakter einerseits und der normativen Bestimmtheit andererseits ergeben, hat das voraufgegangene Referat bereits eingehend und überzeugend Stellung genommen. Die in dieser Hinsicht geltend gemachten Bedenken, denen im Bundesrate zunächst größere Bedeutung zugemessen worden waren, sind am Ende der Beratungen nur noch von einem Bundeslande vertreten worden. In der Bundesratssitzung am 5. März 1965 trug der Sprecher dieses Landes vor, das Bedürfnis für ein Raumordnungsgesetz fehle, die Rahmenkompetenz sei überschritten, die Raumordnungsgrundsätze seien für Rechtsnormen ungeeignet, durch das Gesetz werde das bundesstaatliche Prinzip verletzt. Diesen Ausführungen, die — soweit rechtlich relevant — bereits durch das von Professor Werner Weber erstattete Gutachten widerlegt waren, folgten die übrigen Bundesländer nicht. Der Berichterstatter des federführenden Bundesratsausschusses fand Zustimmung, als er ausführte, das Gesetz in der jetzt vorliegenden Fassung sei „sowohl mit dem bundesstaatlichen Prinzip vereinbar als auch von der Sache her gerechtfertigt", die „seinerzeit vom Bundesrat geltend gemachten Bedenken seien ausgeräumt".

VI. Die Bindungskraft der Raumordnungsgrundsätze gegenüber den Bundesbehörden

Den politischen Kern des Raumordnungsgesetzes bilden die in § 2 festgelegten Grundsätze der Raumordnung. Ihren wesentlichen Inhalt, ihre fachliche und gesellschaftspolitische Bedeutung hat mein Herr Vorredner dargelegt. Will man den Wirkungsgrad dieser Raumordnungsgrundsätze beurteilen, so ist einmal die verfassungs- und verwaltungsrechtliche Bindungskraft, zum anderen der Grad der Konkretisierung dieser Raumordnungsgrundsätze zu betrachten. Aus dem Zweck des Raumordnungsgesetzes folgt, daß die Raumordnungsgrundsätze alle raumplanenden, alle raumwirksam verwaltenden Behörden des Bundes, der Länder und der kommunalen Selbstverwaltung binden sollten. Die Bindungswirkung gegenüber den Bundesbehörden ist in vollem Umfange gesichert (§ 3 Abs. 1 ROG).

Hätte es zur Bindung der bundeseigenen Regierungs- und Verwaltungsbehörden eines Gesetzes auch nicht bedurft, so hat das Gesetz doch die stärkere politische Verpflichtungskraft als das bei einer auf die Organisationsgewalt oder die Richtlinienkompetenz gegründeten administrativen Regelung der Fall wäre. Für die der Bundesregierung nicht schlechthin weisungsunterworfenen Bundesbehörden, z. B. der Deutschen Bundesbahn, hätte die administrative Regelung ohnehin nicht ausgereicht. Hier war die gesetzliche Bindung an die Raumordnungsgrundsätze sogar nötig. Eine unmittelbare Bindung wie bei den Bundesbehörden, -körperschaften und -stiftungen konnte aber — aus rechtlichen und tatsächlichen Gründen nicht für die Bundesunternehmen angeordnet werden. Das Gesetz verpflichtet die Bundesregierung, darauf hinzuwirken, daß die Raumordnungsgrundsätze von den juristischen Personen des Privatrechts beachtet werden, an denen der Bund beteiligt ist (§ 4 Abs. 2 ROG). Hier wie auch bei den bundesunmittelbaren Körperschaften, Anstalten und Stiftungen gilt die Bindungswirkung nur insoweit, als das mit den diesen Unternehmen und Körperschaften obliegenden Aufgaben vereinbar ist (§ 3 Abs. 1 und § 4 Abs. 2 ROG).

VII. Geltung der Grundsätze gegenüber den Ländern

Was die Länder als Normadressaten anlangt, so gelten die Grundsätze des Bundesraumordnungsgesetzes „unmittelbar für die Landesplanung in den Ländern". § 3 Absatz 2 ROG präzisiert weiter, daß „Aufgaben und Zuständigkeiten der Landesplanung sich nach Landesrecht bestimmen". Damit ist insoweit der fachliche und gegenständliche Wirkungsgrad der Bundesraumordnungsgrundsätze der Disposition des Landesgesetzgebers unterstellt. Wenn das Raumordnungsgesetz hier den Begriff „Landesplanung" verwendet, sind die Aufgaben und nicht etwa nur die administrativen Organe der Landesplanung gemeint. Über deren Geschäftsbereich geht also die Bindungskraft des Bundesraumordnungsgesetzes in jedem Falle hinaus. Mißt man die Reichweite z. B. an dem Bayerischen Landesplanungsgesetz, so ergibt sich aus dessen Artikel 1, daß es die Aufgabe der Landesplanung ist, „die Planungen der einzelnen Geschäftsbereiche der staatlichen Verwaltung, die Planungen der Selbstverwaltungskörperschaften und sonstigen Planungsträger unter Gesichtspunkten der Raumordnung aufeinander abzustimmen". Ähnlich bestimmen die anderen Landesplanungsgesetze den Aufgabenbereich der Landesplanung. Stellt man auf die Wirkung landesplanerischer Grundsätze ab, so würde beispielsweise § 7 des Schleswig-Holsteinischen Landesplanungsgesetzes die Frage dahin beantworten, daß „die Fachplanungen des Landes sowie die Planungen der Gemeinden und Gemeindeverbände und der anderen Planungsträger den Zielen der Landesplanung Rechnung zu tragen haben".

Unter Zugrundelegung des gegenwärtigen Landesplanungsrechtes ergibt sich eine hinsichtlich der erfaßten Gegenstände und Fachbereiche weitgehende Bindungswirkung. Sie könnte allerdings durch Änderung des Landesplanungsrechtes eingeschränkt werden. Dem ist aber in zwei Richtungen ein Riegel vorgeschoben: Die Landesplanung soll jedenfalls auch für die raumwirksamen Investitionen Geltung besitzen. Das erklärt den ergänzenden Halbsatz des schon zitierten § 3 Abs. 2 ROG: „Aufgaben und Zuständigkeiten der Landesplanung bestimmen sich mit der Maßgabe nach Landesrecht, daß sich die Wirkung der Programme und Pläne nach § 5 Absatz 1 auch auf die raumwirksamen Investitionen erstreckt." Das besagt, daß der für die Landesplanung und die Raumordnung existenznotwendige Bereich der raumwirksamen öffentlichen Landesplanung ausgeklammert werden kann. Solche Besorgnisse sind nicht unbegründet. Sie könnten sich z. B. aus Erwägungen ergeben, die darauf abzielen, Landesplanung und Strukturpolitik als funktionell, organisatorisch und rechtlich getrennte Aufgabenbereiche anzusehen.

Das Bundesraumordnungsgesetz bekennt sich zu der heute herrschenden umfassenden Koordinationsfunktion der Raumordnung und Landesplanung. Nach § 5 Absatz 4 in Verbindung mit § 4 Absatz 5 ROG sind die Ziele der Raumordnung und Landesplanung zu beachten von allen Behörden des Bundes und der Länder, von den Gemeinden und Gemeindeverbänden, von den öffentlichen Planungsträgern sowie von den bundesunmittelbaren und den der Aufsicht des Landes unterstehenden Körperschaften, Anstalten und Stiftungen des öffentlichen Rechtes. Zu beachten haben diese Planungsträger die Ziele der Landesplanung und Raumordnung bei all ihren Planungen und Maßnahmen, durch die Grund und Boden in Anspruch genommen oder durch die die räumliche Entwicklung eines Gebietes beeinflußt wird. Damit ist für die Landesplanung wie für die Bundesraumordnung (vgl. § 3 Abs. 1) festgelegt, daß sie die raumbeanspruchenden wie die raumbeeinflussenden Planungen und Maßnahmen gleicherweise erfassen. Auch in dieser Hinsicht sind essentielle Änderungen durch die Landesplanungsgesetzgebung nicht mehr möglich. Das zeigt zugleich, daß der in § 3 Abs. 2 Sätze 3 und 4 ROG konzedierte Spielraum für das Landesrecht nicht sehr weit ist. So sind auch auf diesem

Wege ins Gewicht fallende Einschränkungen der Bindungswirkung der Bundesraumordnungsgrundsätze nicht zu erwarten.

VIII. Die landesrechtliche Ausfüllung der Raumordnungsgrundsätze

Die Raumordnungsgrundsätze gehören dem Rahmenrecht an. Das zeigt ihre der Konkretisierung und Ergänzung bedürftige Ausgestaltung. § 2 Abs. 3 ROG stellt ausdrücklich fest, daß „die Länder weitere Grundsätze aufstellen können".

Zu der Frage, ob die Konkretisierung, Ausfüllung und Ergänzung der bundesrahmenrechtlichen Raumordnungsgrundsätze auf der Landesebene durch Gesetz oder durch administrative Landesentwicklungs-, Gebietsentwicklungs- und Regionalpläne zu erfolgen hat, nimmt das Bundesraumordnungsgesetz keine Stellung. Es bleibt den Ländern überlassen, ob sie die Bundesrahmenrechtsvorschriften durch materielle Landesraumordnungsgrundsätze ausfüllen wollen. Diesen Weg beschreitet der Landesplanungsgesetzentwurf des Landes Rheinland-Pfalz. Kann der Landesgesetzgeber auch auf landesgesetzliche materielle Raumordnungsgrundsätze verzichten, so muß er doch zweifellos zumindest die Rechtsgrundlagen für die Festlegung der Ziele der Landesplanung auf der Landes- und auf der regionalen Ebene schaffen. Diesen Anforderungen genügen die bestehenden Landesplanungsgesetze wie auch die beiden noch nicht verabschiedeten Landesplanungsgesetzentwürfe. Daß die Stadtstaaten weder Landesplanungsgesetze zu erlassen noch Landesentwicklungsprogramme aufzustellen brauchen, bestätigt das Bundesraumordnungsgesetz selbst, indem es zugleich feststellt, daß der nach dem Bundesbaugesetz aufgestellte für das ganze Gemeinde- und Staatsgebiet geltende Flächennutzungsplan in den Stadtstaaten zusätzliche Pläne der Landesplanung entbehrlich macht (§ 3 Abs. 2 Satz 2 und § 5 Abs. 1 Satz 5 ROG).

IX. Unmittelbare Geltung der Raumordnungsgrundsätze

Geht auch das Raumordnungsgesetz von der Absicht aus, die Vollzugsregelung dem Landesrecht zu überlassen, so wurde doch eine Lösung gesucht, jedenfalls den Raumordnungsgrundsätzen sogleich mit dem Inkrafttreten des Raumordnungsgesetzes Geltung zu verschaffen. Das ist das Motiv für die bereits erwähnte Bestimmung, daß „die Raumordnungsgrundsätze unmittelbar für die Landesplanung in den Ländern gelten" (§ 3 Abs. 2 ROG). Die Raumordnungsgrundsätze gelten somit unabhängig davon, ob sie in Landesgesetze oder Landespläne übernommen werden. Danach sind die Behörden der Landesplanung bei der Fixierung der Ziele der Landesplanung an die Bundesgrundsätze gebunden. An die so transponierten und konkretisierten Grundsätze sind die

Fachplanungen und die kommunalen Planungsträger gebunden. Auch ohne jene Transponierung besteht eine Bindung. Auch dann gelten die Bundesraumordnungsgrundsätze, wenn Landesentwicklungsprogramme und regionale Entwicklungspläne noch nicht aufgestellt sind. Solange und soweit die Landesplanung nicht tätig wird, sind die Bundesgrundsätze zugleich Ziele der Landesplanung und der Regionalplanung und haben somit an der Bindungswirkung teil, die jenen das Landesrecht sonst verleiht.

Für die Anpassungspflicht der kommunalen Bauleitpläne führt § 1 Abs. 3 des Bundesbaugesetzes zu demselben Ergebnis. Nach dieser Vorschrift haben die Gemeinden ihre Bauleitpläne den Zielen der Raumordnung und Landesplanung anzupassen. Die Bundesraumordnungsgrundsätze sind solche Ziele der Raumordnung und Landesplanung. Sie sind dazu in Rechtsnormen gekleidet. Ein Verstoß gegen sie müßte zur Versagung der städtebaulichen Plangenehmigung führen.

Wägt man die in den Verhandlungen der letzten Monate geforderten Kompromisse, so könnte der Vergleich zwischen der Regierungsvorlage und dem Gesetz zu falschen Schlüssen führen. Das Gewicht der Zugeständnisse ist geringer als zunächst befürchtet worden war. Was die rechtliche Durchbildung der Bindungskraft der Bundesraumordnungsgrundsätze anlangt, so ist insoweit der Wirkungsgrad der Bundesraumordnung gesichert.

X. Programme und Pläne der Landesplanung

Nun sind — das ist aus Rechts- und Sachgründen geboten — die Bundesraumordnungsgrundsätze sehr abstrakt und sehr generell. Ihre tatsächliche Wirkung kann sich nur im Zuge ihrer räumlichen Konkretisierung entfalten. Zu solcher Konkretisierung fordert das Raumordnungsgesetz die Länder auf, indem es — ganz in Übereinstimmung mit dem bestehenden und dem werdenden Landesplanungsrecht — die Aufstellung übergeordneter und zusammenfassender Programme oder Pläne für das Landesgesamtgebiet (oder für räumliche und sachliche Teilgebiete) fordert (§ 4 Abs. 3 und § 5 Abs. 1 ROG). Daß solche Pläne grundsätzlich auch auf der regionalen Ebene aufgestellt werden sollen, schreibt das Bundesraumordnungsgesetz in einer wenn auch äußerst vorsichtigen Form vor (§ 5 Abs. 3 ROG).

Über die Rechtsform dieser Pläne und Programme der Landesplanung schweigt das Bundesraumordnungsgesetz. Von kommunaler Seite ist unter Berufung auf Artikel 28 des Grundgesetzes gelegentlich die Forderung erhoben worden, daß solche Pläne, die eine Anpassungspflicht der Gemeinden begründen sollen, Rechtsnormcharakter haben müßten. Der Bundesgesetzgeber hat zu der umstritten gebliebenen Frage nicht Stellung genommen. Das Schweigen des Bundesgesetzes kann daher auch nicht zum Beleg dafür angeführt werden, daß es der Rechtssatzqualität solcher die Gemeinden bindenden Landespläne nicht bedürfe.

XI. Die Beteiligung der kommunalen Selbstverwaltung

Hinsichtlich des Zustandekommens der Pläne der Landesplanung bringt das Bundesgesetz eine wichtige Vorschrift. Es wird der Anspruch der kommunalen Selbstverwaltung begründet, an der Aufstellung solcher Pläne beteiligt zu werden, die eine Anpassungspflicht der Gemeinden begründen. Gemeint sind die in § 1 Abs. 3 des Bundesbaugesetzes für die Bauleitplanung begründeten sowie weitere Anpassungspflichten, die in einigen Landesplanungsgesetzen auch für andere kommunale Maßnahmen statuiert sind. Die Beteiligungspflicht ist vorsichtig gestaltet. Dem Landesrecht bleibt es überlassen, ob die betroffenen Gemeinden und Gemeindeverbände oder deren Zusammenschlüsse beteiligt werden (§ 5 Abs. 2 S. 2 ROG). Das bedeutet, daß anstelle der betroffenen Gemeinden auch kommunale Verbände beteiligt werden können. Das können sowohl regionale Planungsgemeinschaften als auch regionale oder landesgebietliche kommunale Spitzenverbände sein. Einen so weiten Spielraum wollte die Regierungsvorlage den Ländern nicht einräumen. Die Bundesregierung hatte die Absicht, vor allem den betroffenen Gemeinden selbst einen Beteiligungsanspruch zu sichern. Das stieß auf den Widerstand einiger Bundesländer, die befürchteten, daß — vor allem bei der Aufstellung von Landesentwicklungsprogrammen — eine große Anzahl zu beteiligender Gemeinden das Planaufstellungsverfahren zu sehr verzögere. Dieser Gesichtspunkt gab den Ausschlag. Eine dem Sinne des Gesetzes entsprechende Auslegung muß dazu führen, daß nur bei großräumigen Landesentwicklungsplanungen auf die Beteiligung der einzelnen Gemeinden verzichtet und statt dessen die Beteiligung regionaler Planungsgemeinschaften oder kommunaler Spitzenverbände vorgesehen wird. Bei kleingebietlichen Planungen dagegen werden die betroffenen Gemeinden selbst zu beteiligen sein.

Diese Frage läßt zwar auch § 5 Abs. 3 ROG offen, der von der Regionalplanung handelt. Auch in der Regionalplanung soll die Beteiligung kommunaler Zusammenschlüsse anstelle derjenigen der Gemeinden und Gemeindeverbände genügen. Doch muß von der Sache her hier erst recht gelten, daß bei der letzten Planungsstufe oberhalb der kommunalen Planung eine Beteiligung der betroffenen Gemeinden notwendig und daher zu fordern ist.

XII. Qualitative Anforderungen an Pläne der Landesplanung

An den Inhalt der Landes- und Teilgebietspläne stellt das Raumordnungsgesetz gewisse qualitative Mindestanforderungen. Diejenigen Ziele der Raumordnung und Landesplanung müssen festgesetzt werden, die räumlich und sachlich zur Verwirklichung der Bundesraumordnungsgrundsätze erforderlich sind (§ 5 Abs. 2 ROG).

Das will nicht meinen, daß in jedem Falle alle fachlichen Gesichtspunkte der Bundesraumordnungsgrundsätze ausgeführt werden müssen. Das gilt auch für die gesellschaftspolitischen Grundsätze. Sie werden in den Landes- und Regionalplänen zwar nicht ihren verbalen, wohl aber ihren gedanklichen Niederschlag finden müssen.

Was den Inhalt und die Reihenfolge der in den Teilgebieten aufzustellenden Pläne anlangt, so bringt § 5 Abs. 1 des Bundesraumordnungsgesetzes noch eine bedeutende Vorschrift. Die Länder werden verpflichtet, die aus dem Gesichtspunkt der Bundesraumordnung als problematisch angesehenen Gebiete zu kennzeichnen: Das sind die Gebiete, „in denen die Lebensbedingungen in ihrer Gesamtheit im Verhältnis zum Bundesdurchschnitt wesentlich zurückgeblieben sind oder in denen ein solches Zurückbleiben zu befürchten ist“ (Grundsatz Nr. 3) und die Teile der Verdichtungsräume, in denen „ungesunde Bedingungen und unausgewogene Strukturen bestehen“ (Grundsatz Nr. 6). § 5 Abs. 1 ROG erlegt den Ländern auch die Verpflichtung auf, das im Grundsatz 4 angesprochene Zonenrandgebiet festzusetzen. Das ist in dieser Form mißverständlich. Das Zonenrandgebiet als Raum gemeinsamer Bundes- und Landesförderung ist durch einen Beschluß des Bundestages und im Zusammenhang mit dem regionalen Förderungsprogramm durch übereinstimmende Entscheidungen der Bundesregierung und der Landesregierungen abgegrenzt. Zu einer Neuabgrenzung des Zonenrandgebietes im Sinne des Grundsatzes Nr. 4 wäre ein Bundesland im Alleingang nicht befugt.

XIII. Die gestrichene Rechtsverordnungsermächtigung

Die den Ländern auferlegte Verpflichtung, die Problemgebiete selbst festzusetzen, ist aus der Vorschrift der Regierungsvorlage entwickelt worden, die eine Rechtsverordnungsermächtigung der Bundesregierung vorsah. Diese Rechtsverordnungsermächtigung hatte von vornherein Argwohn erregt. Das Argument allerdings, daß im Bereiche des Rahmenrechtes Rechtsverordnungen verfassungswidrig seien, konnte nicht durchschlagen. Die Rechtsverordnungsermächtigung, die in verschiedenen Alternativen die parlamentarischen Beratungen noch bis zur zweiten Ausschußberatung des Bundestages überlebt hatte, fiel schließlich in den um die Jahreswende mit den Ländern geführten Kompromißverhandlungen. Bedenkt man, wie generell und abstrakt auch zur Wahrung des Rahmenrechtscharakters die Raumordnungsgrundsätze formuliert sind, so macht der Verzicht auf die konkretisierende Verordnungsermächtigung noch deutlicher, in welchen Grenzen sich der mit dem Raumordnungsgesetz geltend gemachte Harmonisierungsanspruch des Bundes hält.

XIV. Die Anpassungspflicht der Bundesbehörden gegenüber der Landesplanung

Demgegenüber wiegt der Beitrag, den der Bund zur Hebung der Leistungsfähigkeit der Landesplanung bietet, schwer. Nach § 5 Abs. 4 in Verbindung mit § 4 Abs. 5 ROG haben auch alle Bundesbehörden die Pläne und Programme der Landes- und Regionalplanung zu beachten.

Eine Sonderregelung gilt für einige Bundesfachplanungen, insbesondere auf dem Gebiete der Verteidigung und des Verkehrswesens (§ 6 ROG). Für diese Planungen gilt die Anpassungspflicht nur, wenn der zuständige bundesrechtliche Planungsträger beteiligt worden ist und nicht innerhalb einer angemessenen Frist widersprochen hat. Dieser Widerspruch muß begründet werden. Berechtigt ist der Widerspruch nur, wenn zwei Voraussetzungen erfüllt sind: Es müßte dargelegt werden, daß das betreffende Ziel der Landesplanung mit den Raumordnungsgrundsätzen des Bundes nicht im Einklang stünde. Diese Feststellung würde ohnehin darauf hinauslaufen, daß das angefochtene Ziel der Landesplanung dem Bundesrecht widerspräche, daher bereits aus Verfassungsrechtsgründen nicht beachtet zu werden brauchte. Der Widerspruch kann — zum anderen — damit begründet werden, daß die angefochtenen Ziele der Landesplanung mit der Zweckbestimmung des Bundesvorhabens nicht in Einklang stehen und daß das Bundesvorhaben auch nicht auf einer anderen geeigneten Ersatzfläche durchgeführt werden kann. Als ein Beispiel, für das dieser Gesichtspunkt gelten könnte, ist z. B. eine aus militärischen Gründen auf einen bestimmten Standplatz angewiesene Verteidigungsanlage zu nennen. Es liegt auf der Hand, daß in einem solchen Falle die Bundesplanung sich einer diese Gesichtspunkte etwa nicht berücksichtigenden Landes- oder Regionalplanung nicht anzupassen braucht. Die Voraussetzungen des dispensierenden Widerspruchs werden bei vernünftig und rechtzeitig durchgeführten Beteiligungsverfahren nur selten vorliegen. Nur wenn der Widerspruch begründet ist, dispensiert er. Nur für wenige sondergesetzliche Fachbereiche des Bundes gilt das Sonderrecht des § 6 ROG. Daß es hier gelten muß, hat der Berichterstatter im zweiten Bundesratsdurchgang ausdrücklich anerkannt. Für alle übrigen Bundesmaßnahmen gilt kein Sonderrecht; sie haben sich den Zielen der Landes- und Regionalplanung anzupassen. Diesen Beitrag konnte nur das Bundesrecht selbst leisten. Verwaltungsrechtlich gesehen liegt hier einer der Schwerpunkte des Raumordnungsgesetzes, der auch aus der Sicht der Länder gewürdigt zu werden verdient.

Thesen

1. Raumordnung und Landesplanung sind heute unverzichtbare Bestandteile des Verantwortungsbereichs der Gebietskörperschaften. Sie sind Entscheidungshilfsmittel der Staats- und Verwaltungsführung. Als solche sind sie in den allgemeinen Staats- und Verwaltungsaufbau einzugliedern und auf allen Staatsebenen notwendig — auch auf der des Bundes.

2. Innerhalb der Bundesraumordnung ist nach Kompetenz und Instrumentarium streng zu scheiden zwischen der auf die Bundesmaßnahmen beschränkten „bundesinternen" Raumordnung einerseits und der „bundesstaatlichen" andererseits, die alle Bundes-, Landes- und Selbstverwaltungsmaßnahmen einschließt.

3. In der Regelung der bundesinternen Raumordnung hat der Bund umfassende Rechtsetzungs- und Vollzugskompetenz. In der bundesstaatlichen Raumordnung besteht jedenfalls die Rahmengesetzgebungskompetenz.

4. Mit nur organisatorischen und verwaltungsmäßigen Regelungen kann eine materielle Harmonisierung zwischen Bundes- und Landesraumordnungspolitik nicht rechtlich gesichert werden. Insbesondere kann auf diesem Wege nicht eine Verpflichtung der Länder und der Selbstverwaltung begründet werden, sich den Zielen der Bundesraumordnungspolitik anzupassen.

5. Materielle Raumordnungsnormen („Raumordnungsgrundsätze") sind ein taugliches Mittel zur prinzipiellen Harmonisierung der Planungen und raumbedeutsamen Maßnahmen des Bundes, der Länder und der sonstigen Planungsträger.

   Materielle Raumordnungsgrundsätze sind trotz ihrer in der Sache beruhenden relativen Unbestimmtheit der Gesetzesform zugänglich.

   Materielle bundesrahmenrechtliche Raumordnungsgrundsätze beeinträchtigen nicht in unzulässiger Weise die den Landesregierungen zustehenden Entscheinungsmöglichkeiten. Sie bewegen sich nicht im „rechtsfreien Raum".

6. Die Verpflichtung der Bundesbehörden (und der im Auftrage des Bundes handelnden Behörden), sich den Zielen der Landes- (und Regional-)Planung anzupassen, konnte nur durch Bundesrecht begründet werden.

7. Im administrativen Bereich eintretende Kollisionen zwischen Planungsträgern des Bundes und der Länder können nicht einer beide Beteiligten verpflichtenden Verwaltungs- oder Regierungsentscheidung zugeführt werden. Auch gemeinschaftlichen Bund-Länder-Gremien kann eine solche Entscheidungsbefugnis nicht verliehen werden. Abgesehen von besonders gelagerten Fällen, in denen die Voraussetzungen verfassungs- und verwaltungsrichterlicher Entscheidung gegeben sein können, muß die Verständigung unter den Beteiligten gesucht werden. Die Konferenz für Raumordnung als quasi institutionalisiertes ständiges Beratungsgremium kann das Zustandekommen solcher Verständigung fördern.

Raumordnung und Selbstverwaltungsgarantie

Von Albert Nouvortne

I.

1. Bund und Länder, Gemeinden und Kreise wirken als *Gebietskörperschaften* auf den gleichen Raum ein, das heißt ausgestattet mit Gebietshoheit und Allseitigkeit des Wirkungskreises[1]. Das Grundgesetz ordnet ihr Verhältnis zueinander durch Aufteilung der Gesetzgebungs- und Verwaltungszuständigkeiten, der Finanzverantwortung und des Steueraufkommens zwischen Bund und Ländern, sowie durch die Garantie eines eigenen Wirkungskreises für Gemeinden und Kreise „im Rahmen" oder „nach Maßgabe" der Gesetze.

Die Raumordnung hat bisher zweimal Anlaß zu verfassungsrechtlichen Auseinandersetzungen zwischen ihnen gegeben:

Einmal im Zusammenhang mit dem Bundesbaugesetz; dieser verdanken wir die Definition des Bundesverfassungsgerichtes „Raumordnung ist zusammenfassende, überörtliche Planung und Ordnung des Raumes. Sie ist übergeordnet, weil sie überörtliche Planung ist und weil sie vielfältige Fachplanungen zusammenfaßt und aufeinander abstimmt"[2].

Zum andern bei den Verhandlungen um das Bundesraumordnungsgesetz; der Bundesrat hat bei dieser Gelegenheit „Grundsätze der Raumordnung" als allgemeine Richtlinien der Politik bezeichnet und die entsprechende Kompetenz für die Regierung in Anspruch genommen, und zwar unter Hinweis auf die Grundsätze des gewaltenteilenden Rechtsstaates[3]. Die Zustimmung zum Bundesraumordnungsgesetz bedeutet offensichtlich nicht, daß er seine Auffassung geändert hat, sondern nur, daß die Grundsätze in ihrer endgültigen Formulierung diesen Anspruch nicht mehr berühren.

Schließlich ist noch die beinahe beiläufige Entscheidung zu erwähnen, daß die Raumordnung kein für den einzelnen Staatsbürger verbindliches

---

[1] Becker, in: Handbuch der kommunalen Wissenschaft und Praxis, S. 124.

[2] BVerf. GE 3/425.

[3] Vgl. BT IV/1204.

Recht darstellt oder schafft[4]. Die Raumordnung — soweit sie im Rahmen dieses Themas behandelt wird — ist damit ein Internum der öffentlichen Verwaltung[5], sie soll das Verwaltungshandeln nach bestimmten Maßstäben koordinieren, sie erfaßt also den Ermessensspielraum beim Gesetzesvollzug mit Einschränkungen und den sogenannten „gesetzesfreien Raum" der Verwaltung.

2. Die Aufgaben, Ziele und Grundsätze der Raumordnung in den §§ 1 und 2 ROG sagen im Grunde nur Selbstverständliches über die Verwirklichung des sozialen Rechtsstaates durch Verbesserung der räumlichen Struktur. Sie schaffen kein neues Staatsziel, nicht einmal eine besondere Rangordnung innerhalb der angesprochenen Fachbereiche. Ebenso beschränken sich auch die Landesplanungsgesetze auf die allgemeine Formel, die Raumordnung müsse den wirtschaftlichen, sozialen und kulturellen Bedürfnissen der Bevölkerung dienen[6].

Das „*Wie*" bleibt Raumordnungsprogrammen vorbehalten. Das Bundesraumordnungsgesetz enthält allerdings in den Grundsätzen Nr. 3 Abs. 2 und Nr. 6 Abs. 2 auch Hinweise auf die Verwirklichung des angestrebten Zieles, die gerade für die Gemeinden bedeutungsvoll sind und auf die noch zurückzukommen ist.

Eigentlich ist es erstaunlich, daß an die Raumordnung so viele Hoffnungen und Befürchtungen geknüpft werden. Denn Koordinierung des Verwaltungshandelns, gerade im Interesse einer ausgewogenen räumlichen Ordnung, gehört zum althergebrachten Instrumentarium der Gebietskörperschaften. Außerdem *beschreibt* die Gesetzgebung über die Raumordnung nur die Verfassungslage, sie könnte auch gerade das Verhältnis zwischen den Gebietskörperschaften gar nicht verändern.

3. Gegen die Raumordnungsgesetzgebung wird allerdings auch nicht pauschal der Vorwurf erhoben, sie sei mit der Selbstverwaltungsgarantie unvereinbar, etwa weil die Koordinierung staatlicher Planungen und Maßnahmen an sich bereits die Position der kommunalen Gebietskörperschaften beeinträchtige. Es geht vielmehr im wesentlichen um zwei Fragen, nämlich um die Bindung der Gemeinden und Landkreise an Raumordnungsprogramme bis hin zu Form und Inhalt der „übergeordneten Ziele der Raumordnung und Landesplanung" nach § 1 Abs. 3 BBauG und um ihre Beteiligung an Raumordnungsentscheidungen.

---

[4] Vgl. § 3 Abs. 3 des Bundesraumordnungsgesetzes (ROG).

[5] In allen ihren Stufen.

[6] Z. B. LplGesetze Bad.Württ. § 1 Abs. 2; Hessen § 1; NRW § 1 Abs. 1; Reg.Entw. Nieders. § 1 Abs. 1.

II.

1. Nach § 5 Abs. 4 ROG haben auch die kommunalen Gebietskörperschaften Ziele der Raumordnung und Landesplanung zu beachten, und zwar bei „Planungen und Maßnahmen, durch die Grund und Boden beansprucht oder die räumliche Entwicklung eines Gebiets beeinflußt wird". Das sind zwei Inhaltsangaben für Ziele der Raumordnung und Landesplanung: Die Beanspruchung von Grund und Boden — soweit ist die Bindungswirkung verhältnismäßig klar zu übersehen. Schwieriger ist die Erfassung von Planungen und Maßnahmen, die auf „die räumliche Entwicklung eines Gebietes" einwirken. Wenn man den Kausalzusammenhang zwischen Verwaltung und räumlicher Auswirkung weit genug verfolgt, wird man an irgendeiner Stelle fast immer auch diese Auswirkung finden. Damit würden Ziele der Raumordnung und Landesplanung aber verbindlich für *jede* Verwaltungsmaßnahme und Raumordnung identisch mit Verwaltung überhaupt. Juristische Kategorien — etwa eines adäquaten Zusammenhangs — sind zur Eingrenzung nicht brauchbar. Raumordnungsentscheidungen sind vielmehr politische Willenskundgebungen und keine richterlichen Urteile. Deshalb wird man die Lösung nur in der Aufzählung von entsprechenden Maßnahmen und Planungen in den Raumordnungsprogrammen selbst sehen können. Das klingt auch in § 5 Abs. 2 ROG an, wonach die Programme der Länder die Ziele enthalten müssen, die räumlich *und sachlich* zur Verwirklichung der Grundsätze erforderlich sind.

Der Inhalt von Raumordnungsprogrammen und die Bindung kommunaler Planungen *und Maßnahmen* geben danach Anlaß genug, die Vereinbarkeit von Verbindlichkeitsklauseln mit der Selbstverwaltungsgarantie zu untersuchen.

2. Zuvor ist aber noch eine Entscheidung des Bundesraumordnungsgesetzes zu erwähnen, nämlich die Aufteilung der Raumordnungskompetenz auf Bund und Länder. Raumordnung ist Teil der politischen Verantwortung für ein bestimmtes Gebiet, und ohne diese Kompetenz kann nicht mehr von voller Gebietshoheit gesprochen werden. Nur die räumliche Komponente *staatlicher* Gesamtverantwortung wird aber als „Raumordnung" bezeichnet, wie gerade die Vorschriften des Bundesraumordnungsgesetzes über die Beteiligung der kommunalen Gebietskörperschaften und ihre Bindung an staatliche Ziele der Raumordnung zeigen. Den Gemeinden wird also nicht eine Aufgabe entzogen, die sie bisher wahrgenommen haben.

Raumordnung ist außerdem überörtliche und übergeordnete Planung. Als „überörtlich" werden auch die Aufgaben der Landkreise in den Kreisordnungen beschrieben, soweit sie hier von Bedeutung sind. Sie erfüllen aber damit *kommunale*, nicht *staatliche* Aufgaben. Es mag dahingestellt bleiben, ob es Aufgaben gibt, die „ihrem Wesen nach" kommunal sind; soweit die Landkreise jedenfalls gebietskörperschaftliche Gesamtverantwortung in Anspruch nehmen, beruht sie auf *kommunalen* Aufgaben, die ihnen entweder ausdrücklich zugewiesen sind oder die sie stellvertretend für die Gemeinden wahrnehmen. Eine Raumordnungskompetenz im Sinne des Bundesraumordnungsgesetzes haben sie deshalb ebenfalls nicht.

Andererseits kann Raumordnung nur staatliche *und* überörtliche Angelegenheiten betreffen.

3. Landesraumordnungsprogramme, Entwicklungsprogramme und -pläne werden meist von der obersten Landesplanungsbehörde aufgestellt[7], in Hessen ist ein Gesetz erforderlich, in Niedersachsen ein Kabinettsbeschluß vorgesehen. Das entspricht weitgehend der Auffassung des Bundesrates, Raumordnung sei ein Teil der Regierungsverantwortung. Das Bild ändert sich aber, wenn die Raumordnungsprogramme für Gemeinden und Landkreise verbindlich sein sollen. In Baden-Württemberg, Bayern, Nordrhein-Westfalen und Hessen werden dafür Gesetze oder Verordnungen verlangt.

Unterschiedlich ist auch der Inhalt der „Verbindlichkeit": In Baden-Württemberg und Bayern darf keine *Planung* aufgestellt, aufrechterhalten, genehmigt oder durchgeführt werden, die mit dem Entwicklungsplan nicht in Einklang steht. In Rheinland-Pfalz ist das Landesentwicklungsprogramm bei allen raumbedeutsamen *Maßnahmen* zugrunde zu legen, in Schleswig-Holstein ist das Raumordnungs*programm* Richtlinie für Planungen, der Raumordnungs*plan* ist etwa wie in Baden-Württemberg der Entwicklungsplan verbindlich, in Nordrhein-Westfalen sind die Entwicklungprogramme Richtlinien für alle raumbedeutsamen behördlichen Entscheidungen, Maßnahmen und Planungen, in Niedersachsen sind raumbedeutsame Planungen und Maßnahmen den Zielen der Raumordnung und Landesplanung anzupassen[8].

Offensichtlich werden alle diese Regelungen für vereinbar mit der Selbstverwaltungsgarantie gehalten. Eine Gruppe von Ländern hält eine Absicherung durch gesetzliche Festlegung der Raumordnungsprogramme selbst für erforderlich, aber auch wohl für ausreichend. Die andere Gruppe sieht unmittelbare verfassungsrechtliche Grenzen für ihre Verbindlichkeit gegenüber den kommunalen Gebietskörperschaften.

---

[7] Baden-Württemberg, Bayern, Nordrhein-Westfalen, Rheinland-Pfalz, Saarland, Schleswig-Holstein — meist im Einvernehmen oder Benehmen mit Fachministern und nach Anhörung von Beiräten, Behörden und Dienststellen.

[8] Reg.Entwurf NROG.

Raumordnungsprogramm durch Gesetz setzt die Auffassung voraus, damit werde in den verfassungsrechtlich geschützten Selbstverwaltungsbereich eingegriffen. Sie kann sich darauf berufen, daß die Raumordnungsentscheidungen von der Exekutive getroffen werden und gerade zum Schutz vor der Regierungsgewalt der Eingriff in die Selbstverwaltung unter den Vorbehalt des Gesetzes gestellt wurde.

Es ist aber zu fragen, ob Raumordnungsprogramme überhaupt in den verfassungsrechtlich geschützten *eigenen* kommunalen Wirkungskreis eingreifen.

4. Formal gesehen enthalten sie die *staatliche* Konzeption für die Verwirklichung des sozialen Rechtsstaates in räumlicher Beziehung. Sie legen räumliche Grundlasten fest, die im Zuge staatlicher Fürsorge für die Bürger dem Staatsgebiet auferlegt werden. Das bedeutet keine *Einschränkung* des kommunalen Selbstverwaltungsrechts, ist vielmehr nur die Beschreibung der vorgegebenen Grenze eigenverantwortlicher Betätigung. Sie ergibt sich unmittelbar aus der Einordnung der kommunalen Gebietskörperschaften in die verfassungsmäßige staatliche Ordnung. Der Staat handelt damit in seinem eigenen überörtlichen Zuständigkeitsbereich; dafür ist die Form des Gesetzes nicht erforderlich, jedenfalls nicht mit Rücksicht auf die kommunale Selbstverwaltungsgarantie.

5. Soweit Raumordnungsentscheidungen das Ermessen und die gesetzesfreie Verwaltung in rein örtlichen Angelegenheiten binden wollen, sind sie mit der Selbstverwaltungsgarantie nicht vereinbar und damit verfassungswidrig. Nach Köttgen ist nicht einmal „der Gesetzgeber zu einer planmäßigen Unterwanderung gemeindlicher Selbstverwaltung berechtigt". Schon aus der institutionellen Garantie folge, daß dem gesetzgeberischen Zugriff Grenzen gesetzt seien[9]. Damit hat er zwar die Reglementierung von Fachaufgaben im Auge, die Bedenken müssen aber noch an Gewicht gewinnen, wenn der kommunale Ermessensspielraum und die Eigenverantwortung im gesetzesfreien Raum eingeengt werden sollen. Auch das Bundesverwaltungsgericht hält zum Beispiel „eine Einflußnahme auf Einzelheiten der gemeindlichen Planung in Angelegenheiten rein örtlicher Bedeutung für nicht vereinbar mit dem Sinn der verfassungsmäßigen Garantie der gemeindlichen Selbstverwaltung in Art 28 GG"[10]. Das dürfte auch für die sonstige Willensbildung im rein örtlichen Bereich gelten. Die Verfassungswidrigkeit besteht insoweit auch, wenn Raumordnungsprogramme formal Gesetze sind oder durch Gesetz für verbindlich erklärt wurden. Das gilt ebenso — in ihrem eigenen gesetzlichen Aufgabenbereich — für die Landkreise.

---

[9] In Handbuch der kommunalen Wissenschaft und Praxis, Seite 213.
[10] BVerw.GE 6, 347.

III.

1. Die Tragweite dieser Schlußfolgerung ist allerdings nicht besonders groß: Verfassungsrechtlich geschützt ist nur der eigene, durch das jeweilige Gebiet begrenzte Wirkungskreis der Gemeinden und Landkreise. Entscheidungen von rein lokaler Bedeutung sind in der Tat für die Raumordnung unerheblich. Solche Entscheidungen sind aber verhältnismäßig selten und gerade hier liegt das eigentliche Problem:

In dem Gutachten der Kommunalen Gemeinschaftsstelle über „zwischengemeindliche Zusammenarbeit" ist eindrucksvoll beschrieben, wieweit die „idealtypische Kongruenz von Gebietseinheit und örtlichen kommunalen Angelegenheiten" bereits verlorengegangen ist: Eine große Anzahl von Menschen beziehe mehrere Orte in die gewöhnliche Lebensführung ein, die Lebensweise sei „entörtlicht", die Strukturveränderungen im Gemeindegebiet würden von Einflüssen mitbestimmt, die in anderen Gemeindegebieten ihren Ursprung haben, es gäbe vielfältige funktionale Zusammenhänge über die Gemeindegrenzen hinweg[11]. Es mag dahingestellt bleiben, ob dem Schutz des örtlichen Wirkungskreises ein verfassungsrechtliches Verbot der überörtlichen Wirkung entspricht. Das dürfte — jedenfalls in einer so allgemeinen Form — nicht richtig sein[12], schon weil eine entsprechende Begrenzung der kommunalen Selbstverwaltung nicht vollziehbar wäre. Immerhin ist aber die überörtliche kommunale Betätigung andererseits nicht verfassungsrechtlich geschützt. Die Raumordnungsprogramme greifen deshalb mit verbindlichen Entscheidungen darüber auch nicht in die kommunale Selbstverwaltung ein. Ist diese Ansicht *nicht* richtig, kommt es für die Bestimmung des Begriffs „örtliche Angelegenheit" nur auf den Ursprung der Entscheidung in einer kommunalen Gebietskörperschaft an, dann wäre jeder Versuch, diese Betätigung durch Raumordnungsprogramme zu regulieren, verfassungswidrig, und auch die Gesetzesform würde daran nichts ändern.

2. Um das zu verdeutlichen, sei nochmals auf den Anwendungsbereich von Raumordnungsentscheidungen verwiesen: Sie können Bedeutung haben für die Ausfüllung des Ermessensspielraumes beim Gesetzesvollzug, allerdings mit einigen Vorbehalten. Zunächst ist jedenfalls diese Ermessensentscheidung am Gesetzeszweck selbst zu orientieren. Raumordnungsentscheidungen können nur subsidiär berücksichtigt werden, wenn man sie nicht sogar nur dann für anwendbar halten will, wenn das Fachgesetz eine Raumordnungsklausel enthält.

---

[11] s. Seite 18/19.

[12] Vgl. Urteil des Verw.Gerichts Münster vom 18. 12. 62, abgedruckt in LKT — Eildienst Nr. 11/1963/47.

Sie betreffen ferner die gesetzesfreie Verwaltung. Der Vorbehalt des Gesetzes in der Selbstverwaltungsgarantie erlaubt es zwar, Angelegenheiten der gesetzesfreien Verwaltung gesetzlich zu regulieren, vielleicht sie sogar überhaupt den kommunalen Gebietskörperschaften zu entziehen. Er kann aber nicht dazu mißbraucht werden, die gesetzesfreie örtliche Initiative als solche zu beeinträchtigen.

Es bleibt also dabei: Entweder sind Ermessensfreiheit und gesetzesfreie Verwaltung im rein örtlichen Bereich verfassungsgerechtlich geschützt — dann kann auch ein Gesetz mit nur verwaltungsinterner und ausschließlicher Wirkung auf diesen Bereich nicht verfassungsmäßig sein. Oder Entscheidungen aus diesem Bereich sind wegen ihres überörtlichen Charakters nicht verfassungsrechtlich geschützt — dann bedarf es zu ihrer Regulierung keines Gesetzes.

Die Zulässigkeit von verbindlichen Raumordnungsentscheidungen beruht dann auf folgender These:

Der Grundsatz, daß alle örtlichen Angelegenheiten Selbstverwaltungsaufgaben der Gemeinde sind, ist nicht umkehrbar: nicht alle Selbstverwaltungsaufgaben der Gemeinde sind örtliche Angelegenheiten. Das gleiche gilt mit entsprechender Abwandlung für die Landkreise.

Ob es allerdings mit der Selbstverwaltungsgarantie vereinbar ist, daß mehrere Gemeinden für den gleichen Bürger örtliche Aufgaben wahrnehmen, ob damit vor allem noch dem Recht der Bürger auf politische Mitwirkung an der Gestaltung des örtlichen Lebensbereichs entsprochen wird, mag dahingestellt bleiben. Die Raumordnung *schafft* jedenfalls diesen Sachverhalt nicht, sie legt ihn nur offen.

3. Ein ähnliches Problem ergibt sich aus den Funktionsunterschieden der kommunalen Gebietskörperschaften. Becker hat bereits 1956 darauf hingewiesen, daß der Begriff „Gemeinde" die soziologischen Unterscheidungen verdeckt, die zwischen „Bauerndörfern, Industriegemeinden oder Mischungen von beiden, Flecken, Marktorten, Kur- und Badeorten, Kleinstädten, Wohngemeinden, Mittelstädten, statistischen Großstädten, Großstädten und Weltstädten" bestehen[13]. Die Unterschiede prägen mittelbar auch die gebietskörperschaftliche Struktur der Landkreise, wenngleich die vorwiegende Zahl ländlicher Gemeinden ihr Bild einheitlicher erscheinen läßt.

Daß diese soziologische Differenzierung mit der Selbstverwaltungsgarantie vereinbar ist, wird bisher nicht bezweifelt, wenngleich die vorhin behandelte Auflösung der örtlichen Einheit zugleich ihre Ursache und Folge ist.

---

[13] In Handbuch der kommunalen Wissenschaft und Praxis, Seite 127.

Die Funktion, der „Typ“ ist nun gerade für die Raumordnung der entscheidende Aspekt der kommunalen Gebietskörperschaft. Sie kann sich nicht damit begnügen, den Sachverhalt zu registrieren, sondern muß die Funktionsbestimmung zum Bestandteil der Raumordnungskonzeption machen. Das Bundesraumordnungsgesetz geht — wie eingangs erwähnt — gerade in diesem Punkt über die Beschreibung von Zielen in den Grundsätzen hinaus: „In einer für *ihre* Bewohner zumutbaren Entfernung sollen Gemeinden mit zentralörtlicher Bedeutung gefördert werden“ — und eine Maßnahme zur Sanierung der Ballungsgebiete ist die „Entwicklung ... von Entlastungsorten für die Aufnahme von Wohn- und Arbeitsstätten ...“

Im ersten Fall wird geradezu die Aufteilung des örtlichen Wirkungskreises gefordert, im zweiten Fall unter Umständen sogar die Neugründung von Gemeinden mit beschränkter Funktion. Beides ist im Hinblick auf die Selbstverwaltungsgarantie nicht ganz unbedenklich.

Eine Festlegung der überörtlichen Bedeutung einer kommunalen Gebietskörperschaft oder ihres Verhältnisses zu den anderen Gemeinden und Landkreisen ist dagegen zweifelsfrei eine staatliche Aufgabe, sofern sie nur den örtlichen und eigenen Wirkungskreis unberührt läßt. Sie ist vergleichbar mit den Statusbestimmungen einer Gemeinde als „kreisangehörig“ oder als „Stadt“. Vergleichbar auch mit dem staatlichen Recht, kommunale Grenzen zu ändern; die Notwendigkeit eines Gesetzes hierfür ergibt sich nicht aus der Selbstverwaltungsgarantie, allenfalls aus der Landesgesetzgebung.

Die Grenze für derartige Raumordnungsentscheidungen liegt allerdings bei der Forderung, einen eigenen Wirkungskreis zu erhalten. Die institutionelle Garantie der kommunalen Selbstverwaltung sichert zwar nicht den Bestand einer einzelnen Gebietskörperschaft, solange sie aber besteht, ist ihr Eigenleben zu respektieren. Ein verfassungsrechtlicher Anspruch auf eine bestimmte Entwicklung oder Entwicklungschance besteht andererseits nicht, wenn schon nicht einmal der Bestand als solcher garantiert ist. Der Umfang des örtlichen Wirkungskreises ist demnach konkret aus der gegenwärtigen Lage der einzelnen Gebietskörperschaft zu entnehmen. Das schließt aus, eine bestimmte Aufgabe, etwa die Wirtschaftsförderung, im örtlichen Rahmen *ganz* zu verbieten. Andererseits kann keine Gemeinde gezwungen werden, ihr nach der Raumordnungskonzeption zugedachte überörtliche Funktionen zu erfüllen, z. B. Einrichtungen über das Bedürfnis der eigenen Bürgerschaft hinaus zu dimensionieren.

Mir scheint, daß mit dieser Betrachtungsweise die Befürchtungen, die Köttgen in seiner hintergründigen und brisanten Schrift über den „heutigen Spielraum kommunaler Wirtschaftsförderung“ an den Zusammenprall von Raumordnung und kommunaler Selbstverwaltung knüpft, *rechtlich* einigermaßen relativiert werden können.

Praktisch allerdings sind seine Besorgnisse keineswegs unbegründet. Selbst wenn die Raumordnungskompetenz ein Teil der Regierungsverantwortung ist, muß doch der Gesetzgeber an vielen entscheidenden Punkten die Konzeption verwirklichen, z. B. in Gesetzen über den kommunalen Finanzausgleich und über die Schulverwaltung; vor allem aber über den Haushalt bei der Bereitstellung und Zweckbestimmung von Investitionshilfen und Subventionen für kommunale Einrichtungen.

IV.

1. Der wirkliche Zusammenstoß zwischen Raumordnung und kommunaler Selbstverwaltung steht noch aus. Die bisher bekannten Raumordnungsprogramme oder Landesentwicklungspläne haben noch nicht zu fühlbaren Belastungen kommunaler Eigeninitiative geführt. Das Bundesraumordnungsgesetz zeigt auch, daß man diesen Zeitpunkt beliebig hinausschieben kann, wenn die Programmierung der Raumordnung nur dehnbar und anpassungsfähig genug ist. Jenseits aller verfassungsrechtlichen Überlegungen wird man wohl auf absehbare Zeit die Verbindlichkeit solcher Programme hinnehmen können.

2. Aktueller ist die Bindung der städtebaulichen Ordnung. Der gemeindliche Flächennutzungsplan wird gelegentlich als die unterste Ebene der Raumordnung angesehen. Es wäre aber gefährlich, ihn zu einem politischen Programm im Sinne der Raumordnung auszuweiten, weil damit die Genehmigungsbehörde zu einer vertieften Prüfung der kommunalen Willensbildung ermutigt würde.

3. Mit § 1 Abs. 3 BBauG ist noch einmal die Frage nach Form und Inhalt verbindlicher Raumordnungsentscheidungen gestellt. Gelegentlich wird folgendermaßen argumentiert: Die Genehmigung des Flächennutzungsplanes und der verbindlichen Bebauungspläne dürfe nur aus Rechtsgründen versagt werden. Die übergeordneten Ziele der Raumordnung und Landesplanung seien eine Einschränkung des Selbstverwaltungsrechts, sie stünden deshalb unter dem Gesetzesvorbehalt der Verfassung.

Das Ergebnis bedarf der Überprüfung:

Das Bundesverwaltungsgericht hat eine § 1 Abs. 3 BBauG vergleichbare Bestimmung als genügende Rechtsgrundlage für die Verbindlichkeit übergeordneter Ziele der Raumordnung und Landesplanung angesehen[14]. Werner Weber verlangt zwar eine rechtsstaatlich greifbare Individualisierung und Objektivierung der Ziele der Raumordnung und Landesplanung,

---

[14] BVerw.GE 6, 342 ff.

nicht aber eine gesetzliche Fixierung[15]. Auch Köttgen hat Bedenken gegen formlose „landesplanerische Richtlinien“ und meint, daß sie als Maßstäbe der Kommunalaufsicht nicht in Betracht kommen. Immerhin bezeichnet er die Landesplanungsgesetze von Nordrhein-Westfalen und Niedersachsen, die sich seiner Meinung nach anders entschieden haben, nicht als insoweit mit Art. 28 GG unvereinbar[16].

Es ist aber fraglich, ob § 1 Abs. 3 BBauG und die entsprechenden Raumordnungsentscheidungen überhaupt Eingriffe in das örtliche Selbstverwaltungsrecht sind. Die Gemeinde ist in ihrer Verwaltungsführung autonom, hat aber nicht die Kompetenz, über ihr Gebiet, ihre Verfassung und Funktion selbst zu entscheiden. Gebiet und Verfassung sind Gegenstand der Gesetzgebung. Die Funktionsbestimmung entzieht sich — abgesehen von einigen groben Kategorien — einer gesetzlichen Normierung. Die Funktion ist vielmehr ein gesellschaftlicher Tatbestand; sie wird geprägt von der Fachgesetzgebung bis hin zu der Frage, was überhaupt der öffentlichen Verwaltung zugängig oder entzogen sein soll, und von den Maßnahmen der staatlichen Verwaltung im gesetzesfreien Raum.

§ 1 Abs. 3 BBauG ist überhaupt nur sinnvoll, soweit fachgesetzliche Regelungen fehlen, mit denen dann ja ohnehin die Rechtskontrolle im Genehmigungsverfahren ausgelöst würde. In Wahrheit handelt es sich bei dieser Bindung nicht um eine Einschränkung des gemeindlichen Selbstverwaltungsrechts oder um eine Einfallspforte dazu. Vielmehr wird damit der örtliche Wirkungskreis in Form der Abgrenzung von überörtlichen staatlichen Anteilen an der gebietskörperschaftlichen Gesamtverantwortung beschrieben. Auch wenn es Raumordnung nicht gäbe, würde dem staatlichen Handeln eine räumliche Gesamtkonzeption zugrunde liegen und aus der Summe der Einzelentscheidungen ablesbar sein; sie wäre von den Gemeinden zu beachten. Selbst wenn weiterhin § 1 Abs. 3 BBauG fehlen würde, wäre die Rechtskontrolle auf die Beachtung der Grenzen zu erstrecken, die sich aus der Beschränkung der Gemeinden auf ihr Gebiet und aus ihrer Einordnung in das staatliche Gefüge ergeben.

4. Selbstverständlich müssen die übergeordneten Ziele konkretisiert und auf Grund eines nachprüfbaren Verfahrens zweifelsfrei als übergeordnete Ziele im Sinne von § 1 Abs. 3 BBauG gekennzeichnet sein. Eine mehr technische Frage ist es, ob die Ziele nach § 1 Abs. 3 BBauG unmittelbar in die Raumordnungsprogramme aufgenommen werden oder ob man dafür ein besonderes Verfahren, wie etwa in Niedersachsen, vorsieht.

---

[15] Aktuelle Probleme der Kommunalaufsicht, Schriftenreihe der Hochschule Speyer 1963.

[16] „Der heutige Spielraum kommunaler Wirtschaftsförderung“, z. B. Seite 71.

5. Nach der hier vertretenen Auffassung müssen die Ziele der Raumordnung und Landesplanung im Streitfall von ihrem materiellen Gehalt her unmittelbar auf ihre Vereinbarkeit mit der Selbstverwaltungsgarantie geprüft werden. Diese Qualität kann der Auseinandersetzung nicht genommen werden, wenn man die Form des Gesetzes dazwischenschaltet, weil — wie ausgeführt — der Vorbehalt des Gesetzes den staatlichen Eingriff in örtliches Ermessen und gesetzesfreie Verwaltung nicht sanktioniert. Deshalb sollte man von vornherein auf den Versuch verzichten, staatspolitische Ziele und gesellschaftspolitische Wertungen abstrakt als Gesetze anzubieten, ganz abgesehen von Bedenken aus der verfassungsmäßigen Zuständigkeitsverteilung zwischen den staatlichen Organen. Außerdem muß die Raumordnung auf wesentliche Veränderungen der Gesellschaftsstruktur, auf neue staatliche und überstaatliche Impulse schnell reagieren. Die Raumordnungskonzeption wird praktisch wertlos, wenn sie nicht aktuell und situationsgerecht sein kann. Das wäre aber unmöglich, wenn jeweils ein Gesetzgebungsverfahren ablaufen müßte. Ein Ausweichen auf Verordnungen würde vielleicht Zeit sparen, brächte aber die zusätzliche Komplikation, die Verordnungsermächtigung auf ihre Verfassungsmäßigkeit zu untersuchen und die Verordnung selbst auf ihre Vereinbarkeit mit der Ermächtigung.

V.

1. Die Raumordnung stellt auf die kommunale Wirklichkeit ab und legt in empfindlicher Weise bloß, wie weit sie von dem traditionellen, verfassungsrechtlich allein geschützten Modell kommunaler Selbstverwaltung entfernt ist.

Andererseits ist eine Verwirklichung der Raumordnung ohne Mitwirkung der Gemeinden und Landkreise nicht denkbar. Kenntnis der räumlichen Situation im einzelnen und klare Vorstellungen über die Realisierbarkeit von Raumordnungsprogrammen können nur die Gemeinden und Landkreise in der erforderlichen Breite und Tiefe vermitteln, mindestens wären sie gegen ihren Widerstand kaum zu gewinnen. Nicht nur von kommunaler Seite wird deshalb die Raumordnung häufig als „Gemeinschaftsaufgabe" betrachtet. Diesem Komplex war bereits eine Tagung dieser Hochschule gewidmet[17]. Es kann offenbleiben, wieweit das Verfassungsrecht durch gemeinschaftliche Aufgabenerfüllung fortentwickelt werden kann; für die Raumordnung ergibt sich jedenfalls ein besonderes Problem:

2. Raumordnung ist keine beliebige Fachaufgabe, vielmehr eine verwaltungsintern verbindliche Verhaltensregel, Teil der politischen Wil-

---

[17] Bd. 11 der Schriftenreihe der Hochschule Speyer; vgl. auch Schmitz im „Städtetag" 9/64, S. 419 ff.

lensbildung. Die verfassungsrechtliche Zuständigkeitsverteilung ist in diesem Punkt nicht modifizierbar. Weder an der Gesetzgebung noch an der Regierung können Gemeinden und Landkreise mit Zustimmungsvorbehalten oder Vetorechten beteiligt werden.

Wenn das Bundesraumordnungsgesetz von kommunaler „Beteiligung" spricht, kann damit nur Anhörung, Benehmensherstellung und dergleichen gemeint sein. Die Landesgesetze haben dafür bereits vielfältige Formen und Verfahren entwickelt:

In allen Ländern sind Beiräte bei den Landesplanungsbehörden vorgesehen, in denen auch die Gemeinden und Landkreise oder ihre Verbände vertreten sind. In einigen Ländern „wirken" Gemeinden und Landkreise an der Aufstellung von Programmen und Plänen „mit" — Saarland — oder „sind zu beteiligen" — Baden-Württemberg —, in Niedersachsen sollen sie nach dem Regierungsentwurf in allen Fällen an Raumordnungsverfahren beteiligt werden, die ihr Gebiet berühren und — über das Raumordnungsverfahren — auch an der Festlegung des „landesplanerischen Rahmenprogramms", der verbindlich vorgeschriebenen Form der Ziele der Raumordnung und Landesplanung im Sinne von § 1 Abs. 3 BBauG.

Das alles macht Raumordnung nicht zur „Gemeinschaftsaufgabe", vielmehr wird die einhellige Meinung der Länder deutlich, keine entsprechende Bindung mit der einzelnen kommunalen Gebietskörperschaft einzugehen.

Eine andere Frage ist es, ob die Länder ihre Raumordnungskompetenz delegieren können und sollen. Das Bundesraumordnungsgesetz will sie offenbar dazu ermutigen, so deutlich, wie es gerade noch mit der Rahmengesetzgebung vereinbar ist.

3. Das klassische Verfahren, eine staatliche Aufgabe Gemeinden und Landkreisen zu übertragen, kann hier allerdings nicht angewandt werden: Die Gemeinden können der Natur der Sache nach die Aufgabe nicht erfüllen. Die Landkreise wären im Grunde für die Aufgabe geeignet, und es ist vielleicht ein allzu pauschales Urteil, sie allesamt für zu kleinräumig und in ihrer Abgrenzung zu veraltet zu halten. Allerdings würde auch bei positiver Beurteilung gerade in den Gebieten die Aufgabe nicht „kommunalisiert" werden können, die mit ihrer Bevölkerungsdichte und Wirtschaftsintensität gerade den entscheidenden Anstoß für eine Aktivierung der Raumordnung gegeben haben. Außerdem befürchten die kreisangehörigen Gemeinden, den Landkreisen könnte die Abgrenzung zwischen überörtlicher — der Sache nach staatlicher — Intention und Eingriff in die örtliche Kompetenz besonders schwerfallen. Die für sie selbst verbindliche Raumordnungskonzeption könnten die Landkreise übrigens ebensowenig selbst festsetzen wie die Gemeinden.

Die Heranziehung von Gemeinden und Landkreisen als „untere Landesplanungsbehörde" im übertragenen Wirkungskreis kann hier außer Betracht bleiben.

4. Das Bundesraumordnungsgesetz hat das Stichwort „regionale Planungsgemeinschaft" aufgegriffen. Darüber wird noch im Rahmen dieser Tagung besonders referiert. Hier ist nur von ihrem Bezug zur Selbstverwaltungsgarantie zu sprechen.

Verfassungs*rechtlich* dürften die Länder nicht gehindert sein, eine neue Ebene politischer Willensbildung zu schaffen, notfalls auch Gemeinden und Landkreise zwangsweise zu entsprechenden Verbänden zusammenzuschließen. Das müßte natürlich durch Gesetz geschehen, ebenso wie die Übertragung der Aufgabe Raumordnung selbst. Dabei ergeben sich sicher verfassungsrechtliche Grenzen der Übertragbarkeit aus dem Gesichtspunkt unverzichtbarer staatlicher Gesamtverantwortung. Im Hinblick auf die Selbstverwaltungsgarantie wäre die Begründung einer quasi kommunalen Allzuständigkeit der Verbände verboten. Verfassungs*politisch* wäre zu bedenken, daß der kommunale Impuls derartiger Körperschaften zu einer Zusammenführung von Planung und Durchführung drängen würde, wie sie dem Wesen kommunaler Selbstverwaltung entspricht. Gegen eine Aushöhlung des kommunalen Aufgabenbestandes wären also Vorkehrungen zu treffen, wie sie etwa das Gesetz über den Großraum Hannover enthält[18].

Welche Konsequenz sich für die Landkreise ergeben würde, wenn das Bundesgebiet mit einem lückenlosen Netz solcher Verbände überzogen wäre, bleibe dahingestellt.

Wegen der Vereinbarkeit ihrer Raumordnungsentscheidungen mit der Selbstverwaltungsgarantie wären diese Verbände übrigens in der gleichen Lage wie der Staat selbst, aber gegenüber dem Staat ohne einen vergleichbaren Schutz.

VI.

Beinahe jede Erörterung der kommunalen Situation führt zu der Feststellung, daß die Verfassungsgarantie nicht mehr gegen lebensgefährliche Eingriffe in die kommunale Selbstverwaltung schützt:

Die Demokratisierung des Staates hat den Wert bürgerschaftlicher Repräsentation relativiert.

Seit der Ablösung der Exekutive durch den Gesetzgeber schützt der Vorbehalt des Gesetzes die falsche Front.

---

[18] § 9 Abs. 1 GrRG vom 14. 12. 1962, Nds.GVBl. S. 235.

Die Uniformität der Aufgaben und der veraltete Zuschnitt der kommunalen Körperschaften machen es beinahe unmöglich, einen nur auf das eigene Gebiet bezogenen Bereich gesetzesfreier Verwaltung zu bestimmen; deshalb kann über die Raumordnung nunmehr auch die Exekutive bis tief in den Kern der kommunalen Angelegenheiten vorstoßen.

Das erlösende Wort heißt kommunale Gebietsreform, und man kann Werner Weber nur dankbar sein, daß er es in aller Deutlichkeit ausgesprochen hat[19]. Es ist auch kein Zufall, daß die Raumordnung als Fahrzeug für den Start gedient hat; betrifft sie gerade doch den letzten Rest eigenverantwortlicher Gestaltungsmöglichkeit. Allerdings ist die Gebietsform nicht um der Raumordnung willen, sondern zur Erhaltung der kommunalen Selbstverwaltung geboten.

Raumordnung läßt sich auch auf der Basis der bestehenden territorialen Gliederung betreiben. Eine Gebietsreform würde aber den verfassungsrechtlich geschützten eigenen Wirkungskreis wieder mit einem Inhalt erfüllen, der dem örtlichen Lebensbereich der Bürger entspricht. Viele Diskussionen um neue Ebenen zwischen Staat und Selbstverwaltung wären überflüssig, und Gemeinden und Landkreise könnten dem staatlichen Raumordnungsanspruch gelassener als jetzt im Bewußtsein funktionaler Geschlossenheit entgegensehen.

Thesen

1. Die Raumordnungsgesetzgebung, insbesondere die Aufgaben, Ziele und Grundsätze der Raumordnung in den §§ 1 und 2 ROG schaffen kein neues Staatsziel, sie konkretisieren nur die Verwirklichung des sozialen Rechtsstaates in räumlicher Beziehung.

2. Raumordnung ist eine staatliche und überörtliche Aufgabe. Sie ist ein Internum der öffentlichen Verwaltung. Ihre Methode ist Koordinierung des Verwaltungshandelns nach Maßstäben, die durch politische Entscheidungen gefunden werden. Sie betrifft den Ermessensspielraum beim Gesetzesvollzug (mit Einschränkungen) und den gesetzesfreien Raum der Verwaltung.

3. Die Bindungswirkung von Raumordnungsprogrammen gegenüber Gemeinden und Landkreisen ist ihrem Wesen nach Beschreibung der vorgegebenen Grenzen der kommunalen Gebietshoheit und Allseitigkeit ihres Wirkungskreises, kein Eingriff in die kommunale Selbstverwaltung.

4. Sie kann im wirklich eigenen Wirkungskreis keine Geltung haben. Raumordnungsprogramme bedürfen deshalb nicht der Gesetzesform.

5. Der Grundsatz, daß alle örtlichen Angelegenheiten Selbstverwaltungsaufgaben sind, ist nicht umkehrbar: Nicht alle Selbstverwaltungsaufgaben

---

[19] Verhandlungen des 45. Deutschen Juristentages, Band I, Teil 5, IV 2.

der Gemeinde sind örtliche Angelegenheiten. Der letztere Bereich wird durch die Bindungswirkung erfaßt, auch wenn die Raumordnungsprogramme nicht Gesetzesform haben, weil er nicht verfassungsrechtlich geschützt ist.

6. Raumordnungsprogramme betreffen die überörtliche Bedeutung kommunaler Gebietskörperschaften und ihr Verhältnis zueinander. Beides sind staatliche Rechte; sie finden ihre Grenze an der Respektierung eines *eigenen* Wirkungskreises. Das gilt auch für Form und Inhalt der „übergeordneten Ziele" nach § 1 BBauG.

7. „Beteiligung" der Gemeinden und Landkreise an der Raumordnung ist keine „Gemeinschaftsaufgabe". Die Länder wären befugt, in gewissem Umfange ihre Raumordnungskompetenz zu delegieren, vor allem auf neu zu schaffende Ebenen politischer Willensbildung. Dagegen bestehen aber verfassungs*politische* Bedenken aus Art. 28 GG.

8. Eine kommunale Gebietsreform ist aus Gründen der Raumordnung nicht erforderlich. Sie würde aber größeren Spielraum für kommunale Eigenständigkeit lassen und den Charakter von Raumordnungsentscheidungen als überörtliche und übergeordnete Planungsvorstellungen deutlicher sichtbar machen.

Regionalplanung

Von Kurt Becker-Marx

I. Die Region als neue Raumordnungseinheit

Die Regionalplanung ist eine Aufgabe ohne Vorbild. Landesplanung hat es von jeher gegeben, wenn auch als inhärente Aufgabe staatlicher Politik und Verwaltung; sie hat sich jetzt lediglich innerhalb des Staatsapparates organisiert und mit Hilfe der Landesplanungsgesetze institutionalisiert. Ebenso ist die kommunale Planung seit je bekannt, sie ist überhaupt die Voraussetzung kommunaler Erscheinungsformen: die Stadt ist die typische Form geplanten menschlichen Zusammenlebens.

Neu ist die Forderung, es müsse zwischen diesen beiden Ebenen, der zentralen und der lokalen, auf einer dritten Stufe ebenfalls geplant werden. Dabei ist zunächst nicht mehr gesagt, als daß diese Ebene existiere oder zumindest geschaffen werden müsse und daß dort Planung nötig sei. Welchen Ausmaßes der neue Planungsraum und wer für ihn zuständig sei, welcher Art und welchen Auftrags die Planung dort sein müsse, ist offen. Zur Kennzeichnung dieser dritten Planungsebene bedient man sich des Begriffs der Region, dessen Unbestimmtheit der Unbestimmtheit des Gegenstandes entgegenkommt. Daß wir uns in der Terminologie der Planung im Augenblick noch in einem Übermaß von Generalklauseln bewegen, ist bis zu einem gewissen Grade unvermeidlich. Diese Generalklauseln sind nur die Umschreibungen von Fragen, und die Planung besteht in diesem Stadium des Verfahrens vorzüglich aus Fragen. Wir müssen uns nur davor hüten, eines Tages einmal diese formulierten Fragen als Surrogationen der Antworten anzusehen.

Die Meinung, es gebe eine Planungsstufe auf dieser mittleren, regionalen Ebene, bezieht sich auf eine markante Erscheinung unseres modernen Wirtschaftslebens, vielleicht die markanteste, was die Raumausnutzung durch die modernen Lebensverhältnisse anlangt: dieses Industriezeitalter breitet seine Produktivkräfte nicht gleichmäßig über die gesamte Fläche hin, so wie das etwa unter früheren soziologischen Verhältnissen üblich gewesen ist, sondern wählt nach bestimmten, leicht erkennbaren Grundsätzen bestimmte Gebietsteile aus, um diese rasch in einen Zustand soziologischer und ökonomischer Aktivität zu versetzen, und zwar auf Kosten anderer Gebietsteile, deren Produktivkräfte es in die bevorzugten Räume ableitet, die es dadurch schwächt, entvölkert, endlich sogar sterilisiert. Zwischen diesen beiden Extremen liegt ein breites Band von Interpolationsformen.

Nun wäre das alles eine interessante Frage für Soziologen und Landesplaner, die dieses Phänomen schon lange beschäftigt und wohl auch noch lange beschäftigen wird, wenn es nicht sofort eine aktuelle und praktische Folge hätte: denn mit dem Anwachsen dieser neuen soziologischen Gebilde — wenn wir einmal zum Exempel die Aktivräume heranziehen — wachsen sofort auch die Aufgaben administrativer Versorgung heran, die bisher nur in den kommunalen Zellen zu leisten waren und die deshalb nun ganz andere Dimensionen erhalten. Das beginnt sofort bei der ordnenden Verwaltung, die Überschneidungen, Unzuträglichkeiten, Gegenläufigkeiten der kommunalen Einzelinteressen im Raume kompensieren muß, und damit ist schon die Regionalplanung in ihrem ursprünglichen Anwendungsfalle da. Das setzt sich fort in die leistende Verwaltung, zunächst in den Bereich der sogenannten Daseinsvorsorge von den Aufgaben des öffentlichen Nahverkehrs über solche der Bildung, der Kultur und des Gesundheitswesens bis zum Bevölkerungsschutz. Dazu kommt, daß der Verwaltung in diesem von der Wirtschaft beherrschten Zeitalter bestimmte Aufgaben der Vorsorge auch gegenüber dieser Wirtschaft selbst aufgetragen sind, eine Art Produktivitätsvorsorge, die einen möglichst reibungslosen Ablauf der wirtschaftlichen Funktionen und damit die Steigerung der wirtschaftlichen Leistungskraft erreichen soll. Die Öffnung und Erhaltung der großen Verkehrswege, die Heranführung der Energietrassen, die Ansiedlung von Arbeitskräften sind sichtbare Beispiele dieser neuen Verwaltungsaufgabe.

Nun aber — und das ist der entscheidende Punkt — steht diesen neuen Wirtschaftsräumen keine administrative Repräsentanz zur Verfügung. Es fehlt daher der Funktionsträger für diese Aufgaben. Dieser ist bisher ersetzt worden durch ein Geflecht interkommunaler Einzelbeziehungen. Aber diese speziellen Lösungen reichen von einer bestimmten Dichte der wirtschaftlichen Entwicklung ab nicht mehr aus. Es gilt daher nun, diese Lücke zu schließen. Diese weitgespannte Aufgabe, die allen modernen Industrienationen in gleicher Weise obliegt, kann begreiflicherweise nicht in einem einzigen Anlaufe gelöst werden. Es ist die gemeinsame Überzeugung aller Staaten — jedenfalls unter unseren sozialen und verfassungsrechtlichen Voraussetzungen —, zunächst ein gedankliches Konzept für die räumliche Integration dieser neuen Gebilde und für deren Ordnung und Entwicklung zu entwerfen. Das führt auf den Weg der Planung. So übereinstimmend dieser Weg eingeschlagen worden ist, so differenziert sind dann aber die Schritte, die zur Erreichung des Ziels unternommen werden und die je nach der administrativen Situation und dem Temperament kürzer und weiter, zögernd und mutig gesetzt werden.

Den konsequentesten Weg hat, wenn wir nur bei unseren nächsten Nachbarn bleiben, wohl Frankreich eingeschlagen, das regionale Planung, Planverwirklichung und administrative Folge in einem Zuge zu leisten bestrebt ist. Das ist ein kühner Entschluß. Die Ausbildung der 21 französischen Regionen zu Verwaltungsinstanzen ist im Gange. In den Niederlanden wird seit einem Gesetz von 1931 mit Bedacht und Gründlichkeit an der regionalen Planung gearbeitet. 56 regionale Entwicklungspläne liegen vor oder stehen vor dem Abschluß. Als erste niederländische Region erhält das Gebiet der Rheinmündung nun Verbandscharakter durch ein Spezialgesetz. Belgien hat sein Staatsgebiet in 33 Regionen, diese wiederum großenteils in Sektoren gegliedert; in den Regionen findet die Regionalplanung, in den Sektoren eine Art zusammengefaßter Bauleitplanung statt. In der Schweiz strebt die Entwicklung fast ohne staatliche Mitwirkung aus den Triebkräften, die auch in dieser Frage die Gesellschaft hier aus ihrer eigenen Mitte entwickelt, den gleichen Zielen zu.

Wir in Deutschland kommen, etwas verspätet durch die Eigenart unserer jüngeren und jüngsten Geschichte, auf den gleichen Weg, jedoch auf unsere Weise, woran wir recht tun, denn kein regionales System läßt sich in andere Verfassungs- und Verwaltungsverhältnisse einfach übersetzen. Aber wir legen Wert darauf, die Regionalplanung zunächst in feste gesetzliche Rahmen einzufassen und sie in ein sicheres Verhältnis zu den bestehenden Formen des Planes zu bringen. Das geschieht großenteils durch unsere neuen, sehr rasch aktuell gewordenen Planungsgesetze, wobei allerdings auffällt, daß noch in keinem dieser Gesetze gesagt worden wäre, was denn nun eigentlich die Region sei, auf welche die Planung sich bezieht. Diese Art des Verfahrens zwingt uns deshalb nun erst einmal, durch ein Höchstmaß von Klarheit die Blankette auszufüllen, die wir uns schon gesetzt haben. Vielleicht hätte uns eine Periode des Improvisierens und des gelenkten und geförderten Experimentierens besser auf den Weg gebracht. Indessen möchte nun das Folgende als ein Beitrag zu der Klärung verstanden werden, um die wir uns jetzt ja zu bemühen haben.

II. Die Ausweisung der Region im Raume

Versuchen wir von der ersten der formulierten Fragen, der wir schon im Begriffe der Region begegnen, zu der ersten Antwort fortzuschreiten, wie denn die Region in der Landschaft abzustecken sei, und wie man weiter erwarten könne, demnächst das ganze Bundesgebiet in solche räumlichen oder besser wirtschaftsräumlichen Einheiten aufzugliedern.

Diese Frage führt zu einem ganzen Inventar regionaler Lösungen, von dem wir nur die typischen herausgreifen: der Begriff der Region ist bereits zu einem Synonym von sehr verschieden akzentuierten Erscheinungen geworden. Die konkreteste Vorstellung verbinden wir mit dem Begriffe der „Stadtregion", womit auf die vielfachen Wechselbeziehungen zwischen einer Stadt und den Gemeinden ihrer Nachbarschaft verwiesen ist. Der Begriff versteht sich als eine soziologische Diagnose und nicht als kommunalpolitisches Konzept. Indessen hat er zwei beträchtliche kommunalpolitische Akzente, die man nicht übersehen darf: zum ersten enthält er den Hinweis, daß jenes Mißvergnügen, das wir heute mit unseren Städten haben, nicht zunächst in dem Mangel städtebaulicher Leitbilder liegt, für die es einprägsame Modelle gibt, sondern in dem Zögern, diesen Modellen durch großzügige politische Vorabentscheidungen Raum und Wirkungsmöglichkeit zu geben. Das Schicksal der Stadt wird nicht in den schwer reparablen Stadtkernen entschieden, sondern im Umland, wie zu Recht bemerkt worden ist. Zum zweiten weist der Begriff der Stadtregion deshalb auf die Notwendigkeit hin, die unglückliche Spaltung des städtischen Entwicklungsraums zu beseitigen, welche erst durch die Lösung der Städte aus den Kreisverbänden vollzogen worden ist. Es kommt darauf an, entweder diese künstliche administrative Zerreißung des einheitlichen Raumes durch die Rückkehr der Städte in den Kreisverband zu korrigieren, und das scheint die erstrebenswerte Lösung zu sein, solange das Größenverhältnis der Partner das einigermaßen zuläßt; der Verhandlungstisch im Landratsamte würde sich sehr dazu eignen, Fragen zwischen Stadt und Nachbargemeinden im abgewogenen Rhythmus der Verwaltungsroutine voranzubringen, wobei der Oberbürgermeister mit seinem Stimmrecht und seinem Stimmgewicht im Kreise auch manchen wünschenswerten Einfluß dort geltend machen könnte; der interne horizontale Finanzausgleich zwischen Stadt und Gemeinden auf dem Wege der Kreisumlage wäre schließlich nicht der vorzüglichste der denkbaren Wege, aber ein gangbarer. Stört jedoch das Größenverhältnis zwischen Stadt und Kreis, so ist ein Nachbarschaftsverband in der Tat zweckmäßig, wenngleich er die wichtigsten, vor allem die finanziellen Regelungen schwerer eröffnet als die erste Modalität. Kein Instrument für die Stadtregion ist hingegen die Eingemeindung, sie bringt keine Lösung im ganzen, sondern nur eine Korrektur an den Stadträndern. Sie ist eigentlich nur die konsequente Verfolgung des mit der Auskreisung der Städte einmal eingeschlagenen Weges. Wenn es um sie ruhig geworden ist, dann nicht deshalb, weil man ein Tabu um sie gebaut hätte, sondern weil sie sich als Instrument für größere Aufgaben als funktionsuntüchtig erwiesen hat.

Im ganzen aber ist dieses stadtregionale Problem eigentlich kein echtes Problem der Region. Es spielt sich nicht auf einer mittleren Ebene ab, sondern auf einer interkommunalen. Es ist daher auch seiner Herkunft nach kommunaler Natur.

Wir finden weiter den Begriff der Region auf der europäischen Ebene, vor allem in der geläufigen Formel der europäischen Regionalpolitik. Dabei ist nun weit mehr gemeint als eine mittlere Ebene, hier haben wir die Proportionen der künftigen europäischen Raumordnung vor Augen, die in Größenordnungen denkt, wie sie etwa unseren deutschen Bundesländern eigen sind. Das Aufeinandertreffen unitarisch und föderalistisch verfaßter Staaten, wobei die letzten gegenüber den ersten bereits eine bestimmte politische und planerische Untergliederung mitbringen, mag zu dieser begrifflichen Überschneidung führen. Indessen wird sich diese in der Praxis leicht auflösen, wenn die europäische Regionalpolitik wirklich Formen gewonnen hat. Unsere Landesplanung, die ja Räume betreut, die in den seltensten Fällen Wirtschaftsräume sind, wird sicher auf weite Strecken mit der europäischen Regionalplanung zusammenfallen. Der Regionalbegriff, der sich zur Kennzeichnung anderer, bisher noch nicht identifizierter Räume auf die kommunale oder auf die europäische Ebene bezieht, entspricht deshalb nicht unserer Frage.

Wenn wir mit der Identifizierung der Region auf diesem Wege nicht weiterkommen, so kompliziert sich das Problem noch durch eine dritte Meinung von der Region, und zwar durch die Vorstellungen, die dazu der Deutsche Gemeindetag und der Deutsche Landkreistag entwickelt haben. Danach genügt es nicht, Regionen auf der Landkarte zu diagnostizieren, sondern den künftigen Regionen soll noch ein weiterer, gewissermaßen therapeutischer Akzent eigen sein, der in einer Nivellierung des sozialen Gefälles, einem Ausgleich sozialer Über- und Unterfunktionen besteht. Dieser Gedanke läßt die Regionen nicht nur Wirkungsbereiche erweiterter administrativer Aufgaben werden, die sich aus bestimmten Veränderungen des Wirtschaftslebens ergeben, sondern zugleich und mehr Instrumente der Strukturverbesserung großer Räume. Das ist eine sehr wesentliche und richtige Erweiterung. Damit aber hört die Region auf, eine Kategorie der Geographie oder der Wirtschaftsgeographie zu sein. Sie erhält einen entscheidenden politischen Akzent.

Für die Ausweisung von Regionen sollte deshalb folgender Gedankengang maßgebend sein, wobei es sich bei diesen Prinzipien zunächst nur um ein Schema handeln kann: Ausgangspunkt für die Identifizierung der Regionen sind die naturräumlichen Landschaften. Man erfährt schon bei einiger Befassung mit der wirtschaftsräumlichen Gliederung, daß diese regelmäßig nur eine Konsequenz naturräumlicher Standortbedingungen darstellt, eine Nutzung von Chancen und eine Meidung von Nachteilen. Die neue französische Regionalgliederung, die weitgehend den Landschaften folgt — und damit auch der Gliederung des vorrevolutionären Frankreich — ist dafür ein anschauliches Beispiel. Die Region hat dadurch zum Unterschied von manchen anderen Gebilden eine natürliche Grundlage; das ist eine sichere Basis und zugleich eine Rechtfertigung.

Diese naturräumlichen Daten werden allerdings von der wirtschaftlichen Entwicklung wesentlich modifiziert: in begünstigten Landschaften gliedert die Wirtschaft selbst den Raum in kleinere Einheiten, die dann die eigentlichen, in sich geschlossenen Aktivräume darstellen, und zwar wegen der begrenzten räumlichen Reichweite wirtschaftlicher Entwicklungen, die zur Einsparung unrentabler Verkehrswege und daher zur Konzentration drängen. Auf der anderen Seite integriert die Wirtschaft auch diejenigen Landschaften, denen sie wirtschaftliche Potenz entzieht, um diese anderwärts anzuhäufen. Dadurch entstehen neben den eng begrenzten, sehr scharf konturierten Aktivräumen nun die großen, nahezu unterschiedslosen Zonen der Passivräume, die sich ebenso durch ihre sozial-ökonomische Neutralität wie durch ihre strukturelle Homogenität abzeichnen. Dazwischen liegen die zahlreichen Interpolationsfälle.

Wir haben mit dieser geographischen und wirtschaftsgeographischen Analyse aber eben noch nicht die Regionen im natürlichen Urzustand vor uns, sondern nur die Voraussetzung dafür, gewissermaßen den Rohstoff. Nun erst beginnt die regionale Gliederung durch einen Akt politischen Willens, und das ist entscheidend. Jetzt hat der Träger der politischen Verantwortung auf Grund dieser gewissermaßen röntgenhaften Diagnose seines Raumes zu entscheiden, welche Vorstellungen er mit der Entwicklung, der Ordnung oder der Sanierung der ihm anvertrauten Gebiete verbindet. Dabei liegt hier der Schwerpunkt auf den Raumreserven der Passivräume. Der Politiker hat diejenigen Gebiete auszuwählen, die er — bei günstigen ökonomischen Aspekten — auszubilden bereit ist, und zwar durch den Einsatz aller politischen und administrativen Mittel der Strukturverbesserung, die ihm zu Gebote stehen; der Eifel-Ardennen-Hunsrück-Raum ist ein Beispiel dafür, wie durch politischen Entschluß — und nur durch einen solchen — ein schwach strukturiertes Gebiet zu einem Träger bedeutender Funktionen entwickelt werden kann. Er wird dann zweitens diejenigen Gebiete auszuwählen haben, die zur Erweiterung und zur Entlastung der Aktivräume bestimmt sind. Und er muß drittens auch in Deutlichkeit diejenigen Restgebiete bezeichnen, die keiner geeigneten Entwicklung fähig sind und die dann anderweitig der Förderung und des Schutzes bedürfen. Wir können ja nicht erwarten, etwa mit dem Stabe der Regionalplanung aus jedem Felsen Wasser zu schlagen. Die regionale Gliederung kann daher nur gelingen, wenn sie an den vorhandenen Kernen regionaler Entwicklung ansetzt und von da aus versucht, die politischen Schlüsse auf die noch neutralen Gebiete zu ziehen. Der Planer hat bei der Ausweisung der Regionen eine vorbereitende, eine gutachterliche Aufgabe, er bietet Möglichkeiten an. Die Frage, in welchem Maße es gelingen wird, aus den künftigen Regionen mehr zu machen als Organisationen der planerischen Nachbarschaftshilfe hängt deshalb von dem Maße ab, in dem es gelingt, regionale Energien politisch zu aktivieren und zu betätigen. Offenbar ist die gegenwärtige Pause der Unsicherheit, die im Aufbau der Regionen eingetreten ist, eine Konsequenz daraus, daß die Parlamente ihren Zug noch nicht getan haben. Man muß sie dazu ermuntern. Aus diesem Grunde kann auch nicht erwartet werden, eine künftige regionale Gliederung könne ohne die aktive Mitwirkung der Parlamente geschehen.

Lassen Sie mich ein Beispiel für die Struktur der Landschaft geben, in der Sie sich hier befinden: das Oberrheintal ist eine große, markante, trotz aller politischer Wirrungen, die in Jahrhunderten seine politische Landkarte so merkwürdig bunt haben werden lassen, eine einheitliche Landschaft auch im ökonomischen Sinne geblieben. Aber die wirtschaftliche Entwicklung hat den Raum in kleinere Teilräume, Aktivräume gegliedert: das beginnt mit dem Rhein-Main-Gebiet, setzt sich über das Rhein-Neckar-Gebiet in den aufstrebenden Raum Karlsruhe-Wörth fort und geht über den Raum Straßburg und das Mittelelsaß bis zur „regio Basiliensis" am äußersten südlichen Punkte. Das ist eine überschaubare, in ihren Teilen einleuchtende Gliederung. Jenseits der westlichen und der östlichen Gebirgsstufen liegen dann, ebenso von Norden nach Süden gestaffelt, aber weit weniger markiert, wirtschaftlich schwächere, zum Teil sehr schwache Zonen, die nur durch den Fremdenverkehr an einigen Stellen eine Belebung erfahren. Hier also wird die politische Gliederung der Regionen einsetzen müssen. Das ist bisher noch nicht geschehen, wiewohl die regionale Aktivität groß ist. Mit dem, was wir hier und heute Regionen nennen, haben wir nur Kreise um arme und reiche Gebiete gezogen. Diese Rhein-Neckar-Region, in der Sie sich hier befinden und die eine bestimmte organisatorische Form gefunden hat, ist, wenn man es etwas pointiert ausdrücken will, nur eine Vereinigung der wirtschaftlich Arrivierten um die Neckarspitze. Von den weniger begünstigten Randgebieten umfaßt sie kaum etwas. Deshalb zeigen sich nun dort ebenfalls Ansatzpunkte zu einer Art eigener regionaler Entwicklung, weil sich diese Randgebiete den scharfen Abmarkungen der Aktivräume gegenübersehen. Man erkennt an diesem Beispiel, wie die allgemeine Richtung schon nicht mehr in Ordnung ist. Das Rhein-Neckar-Land ist daher ein sinnfälliges Beispiel, daß die regionale Gliederung ohne den politischen Entschluß nicht über recht kleinräumige Ansatzpunkte — vielleicht sogar nicht ungefährliche — hinauskommt und daß bei ihm, das drei deutschen Bundesländern zugehört, ein Akkord verschiedener, sehr verschiedener politischer Willensträger erforderlich sein wird, um die

Entwicklung im größeren Raum recht zu lenken. Es wird sich zeigen, ob unser staatliches System das zu leisten vermag.

III. Die Zuständigkeit der Regionalplanung

Eine neue Aufgabe, die zudem interessant zu werden verspricht, wird erfahrungsgemäß gerne von jedem der Interessierten für sich reklamiert. Im Falle der Regionalplanung sind dabei allerdings die Gewichte verschieden verteilt, weil der Staat im Wege der Planungsgesetze die Zuweisung der Kompetenzen prärogiert hat. Diese Prärogative wird — erwartungsgemäß — dahin ausgeübt, daß die regionale Planung oder auch nur die Möglichkeit dazu in den Zuständigkeitsbereich des Staates falle, was dann in den einzelnen Planungsgesetzen in unterschiedlicher Diktion, aber in einem durchaus gleichen Sinne ausgedrückt wird. Begründet wird diese Annahme damit, wenn das vereinfachend so dargestellt werden darf, daß die Ordnung des Staatsgebiets, heute würden wir sagen: des Staatsraums, auch eine Aufgabe des Staates selber sei, die lediglich an der Selbstverwaltungsgarantie ihre Grenze fände. Überörtliche Planung sei daher Planung des Staates oder doch solche in seinem Auftrag. Das alles ist eine einleuchtende Begründung; es fragt sich, ob sie näherer Prüfung standhält.

a) Es ergeben sich sofort Schwierigkeiten, wenn wir diese Grundzüge in die bereits aktuellen regionalen Planungen übertragen. So ist — um wiederum bei den planerisch so ergiebigen Konzentrationsräumen zu bleiben — der kommunale Nahverkehr ursprünglich, ja vorwiegend bis heute auf dem Gebiete einer Körperschaft, meist einer Stadt, organisiert worden. Die Verhältnisse dehnen nun aber diesen einzelstädtischen Einzugsbereich aus, wie die Diskussion um die Stadtregion zeigt, und erweitern diesen auf Orte der Nachbarschaft, auf die weitere Umgebung, ergreifen auch Nachbarstädte, so daß eine Kombination der einzelnen kommunalen Verkehrseinrichtungen nötig wird. Die Verkehrsplanung erhält also nun einen überörtlichen Charakter. Aber sie hört deshalb doch nicht auf, kommunale Angelegenheit zu sein, nur weil jetzt anstelle einer Körperschaft eine Kombination von solchen beteiligt werden muß. Weder aus rechtlichen, geschweige denn aus sachlichen Gründen würde eine staatliche Planung oder Mitplanung hier irgend etwas vermögen, sofern es sich nur um diesen Tatbestand handelt. Es gibt also heute wegen der wirtschaftsräumlichen Kombination unserer kommunalen Einheiten auch kombinierte kommunale Aufgaben. Aber die fassen wir rechtlich noch nicht, weil wir die rechtliche Fassung des soziologischen und administrativen Grundtatbestands noch nicht bewältigt haben. Wir legen deshalb auch ein unzureichendes rechtliches Schema auf diese modernen Verhältnisse mit dem Erfolg, daß wir auch die rechtliche Zuordnung an unzureichenden Maßstäben orientieren.

b) Dazu kommt ein zweites, nun prinzipielles Bedenken, das zu zeigen vermag, wie leicht auch das summum ius der Planung in die summa iniuria umschlagen kann. Es wird heute von einer erstarkenden Landesplanung auch die Forderung erhoben, sie selbst müsse nun Größe, soziale Funktionen und Strukturen einer Gemeinde fixieren können; auch dieser Grundsatz ist beweiskräftig mit der gliedschaftlichen, fast organschaftlichen Stellung, die jeder kommunalen Körperschaft gegenüber dem Ganzen eignet, dem sie angehört. Aber damit allein trifft man die Selbstverwaltung ins Mark. Wenn aus der Selbstverwaltung alle die Funktionen abgespalten und staatlicher Planungszuständigkeit zugeschlagen werden, in welcher die Gemeinde Funktionen im höheren Interesse erfüllt und soweit sie das tut, dann ist die Selbstverwaltung zur leeren Form geworden. Auch nicht in dem klassischen Typus der Steinschen Zeit ist die Gemeinde ein autarker Körper gewesen. Wenn man das alles von der gemeindlichen Zuständigkeit subtrahiert, bleibt nichts als eine technische Apparatur zur Erfüllung staatlicher Planauflagen. Eine Schule beispielsweise würde eine fixierte, funktional geeignete pädagogische Form, eine fixierte Größe, eine fixierbare Lage haben, Lehrkörper und Organisation bestimmt der Staat ohnehin, so daß der Gemeinde nichts zu tun bliebe, als die Finanzierung zu sichern, die aber wegen der erwarteten staatlichen Zuschüsse auch nicht ganz frei wäre, und schließlich Einzelheiten zu regeln. Kommunale Selbstverwaltung wäre damit degradiert zur Befugnis zur selbstverantwortlichen Entscheidung von Belanglosigkeiten. Die Planung ist also auf dem Wege, mit anscheinend völlig legalen Mitteln und sicher in bester Überzeugung die Selbstverwaltung über die Hintertreppe außer Gefecht zu setzen.

c) Nun ist es süß und ehrenvoll, auf dem Felde der Selbstverwaltung zu streiten. Aber leider liegen die Dinge nicht so einfach: denn im ersten Beispiel der Nahverkehrsbedienung ist auch ein mitwirkendes staatliches Interesse spürbar, das um so stärker wird, als etwa die Belange von peripheren, sonst nicht wirkungsvoll vertretenen Verkehrsräumen ins Spiel kommen. Hier wird plötzlich ein echtes staatliches Planungsziel eingewoben. Desgleichen kann eine Stadt ihren Dienst, den sie dem Ganzen gegenüber zu leisten hat, nicht um ihrer eigenen Belange willen ignorieren. Wo fängt das aber an, wo hört das auf?

Wir erkennen, daß auf dieser regionalen Ebene in der Tat die Interessen von unten und von oben aufeinanderzuwachsen, sich treffen und zu einer unausscheidbaren Einheit zusammenwachsen. Wir nennen das „Gegenstromprinzip" und zeigen damit nur, daß wir Metaphern nötig haben, um die moderne administrative Wirklichkeit zu umfassen.

d) Das Tor zur Lösung ist in dem bisher auch noch unausgefüllten Blankett der „Gemeinschaftsaufgabe" im Sinne nordrhein-westfälischen

Rechts aufgestoßen. Wir werden es wohl niemals mehr erreichen, diesen Bereich der modernen, kompositiven Verwaltungsaufgaben durch kommunale Selbstverwaltung oder staatlichen Auftrag allein zu lösen. Die Gemeinschaftsarbeit bedeutet Gemeinschaft der beteiligten Kommunen untereinander und eine solche zwischen der Gemeinschaft und dem Staat. Kommunaler und staatlicher Bereich aber korrespondieren: vom Staate kommen die zentralen Planungsziele, wobei der Ton auf dem zentralen Attribut liegt. Das sind Prinzipien, abstrakte Richtlinien, soweit sie eben im zentralen Interesse unerläßlich sind. Es können daher auch solche Ziele nicht etwa lauten, die Gemeinde dürfe keine Industrie mehr ansiedeln, sondern höchstens, sie müsse ihren Charakter als Fremdenverkehrsort erhalten. Nur soweit reicht das zentrale Interesse. Die Ziele der Landesplanung müssen gestaltbar, nicht apodiktisch sein. Nichts würde der Planung schädlicher sein als ein in kartographischer Perfektion ausgeschlagener Plan, der nach unten hin alles vergewaltigt, determiniert.

Die Konkretisierung dieser allgemeinen, aber verbindlichen Maßstäbe geschieht erst, wenn diese sich dem kommunalen Gestaltungswillen konfrontiert sehen, das ist im ersten Akt auf der Ebene der Regionalplanung, im zweiten Akt auf der Ebene der Bauleitplanung. Regionale Planung ist die Ausfüllung eines vorgesetzten staatlichen Planungsrahmens durch den Willen kommunaler Selbstgestaltung. In der Beschränkung wird sich also erst der staatliche Planungsmeister zeigen. Man muß ihm das vorhalten in einer Zeit, in der er sich seiner formalen Omnipotenz allzu bewußt geworden ist. Das Planungsunternehmen würde keinen Stellungskrieg zwischen Staat und Selbstverwaltung vertragen.

IV. Der Inhalt des regionalen Planungsauftrages

Man muß sich von der Vorstellung befreien, daß das, was wir heute im Rechtssinne Planung nennen, allein ein Werk des planerischen Fachmannes sei. Planer sind Techniker, sie arbeiten deshalb nicht voraussetzungslos. Von einer technischen Disziplin kann man erwarten, daß sie auf ein Programm eine Art der Bewältigung, ein Konzept für die Lösung findet, nicht aber, daß sie auch noch das Programm selbst entwickelt. Das Elend unserer heutigen Regionalplanung besteht weithin darin, daß das übersehen wird. Man versieht die Planer mit den erforderlichen technischen Geräten und läßt sie arbeiten. Was dann entsteht, wird freilich kein Regionalplan sein, sondern ein Inventar von Möglichkeiten, ein isoliertes Gutachten über räumliche Eigenarten, ohne Grundlage und ohne Ziel. Das alles lastet man dann dem unglückseligen Planer an. Das Stigma der Alchimisterei und der Phantasterei, welches der Planung heute noch weithin anhaftet, verdankt diese in erster Linie der fehlsamen Bezeichnung des Unternehmens, das mit dem Begriff Planung nur einen Akt willkürlich herausgreift. In Wahrheit ist die Regionalplanung ein Teamwork verschiedener Disziplinen.

Das erste Wort hat der Ökonom. Wenn es darum geht, moderne Wirtschaftsräume zu organisieren, dann muß die *wirtschaftliche Diagnose und Prognose* auch die Grundlage sein. Ehe man künftige soziale Funktionen planerisch verteilen kann, muß man wissen, ob und in welchem Maße diese heranwachsen werden oder in welchem Umfange sie fehlen und entwickelt werden können. Das regional-ökonomische Gutachten ist daher unverzichtbar.

Daran schließt sich nun die Arbeit des Planers an. Er wird im ersten Takt die erstrebte künftige *Funktion des Raumes* zu entwerfen haben, dessen Eignung zur Übernahme bestimmter sozialer Aufgaben, für welche die ökonomische Disposition freilich nicht das einzige Kriterium, aber unter modernen Verhältnissen das gewichtigste sein wird. Hier wird also zu untersuchen sein, in welcher Weise bei künftiger Entwicklung industrielle, gewerbliche, landwirtschaftliche oder landschaftliche Akzente den Vorrang verdienen. Auch die Grenze der Funktionstüchtigkeit, die sogenannte Tragfähigkeit des Raumes ist von Bedeutung. In den Aktivräumen wird sich diese erste Phase der planerischen Arbeit überhaupt auf die Prüfung der Tragfähigkeit beschränken, da die soziale Funktion des Raumes längst fixiert ist. Bei dieser ersten und grundlegenden Tätigkeit werden sich Planer und Planungsraum der besonderen Einwirkung zentraler Planungsabsichten ausgesetzt sehen und ausgesetzt sehen müssen. Wer eine starke Regionalplanung will, muß auch eine starke Landesplanung wollen.

Im zweiten Takt seiner Arbeit wird dann der Planer die *Struktur des Raumes* zu entwerfen haben, das ist die Aufteilung der sozialen Funktionen auf die geeigneten Teilräume; um es konkret zu sagen, die richtige Ausweisung von Arbeits-, Wohn- und Erholungsstätten, die so angelegt sein müssen, daß die Lebensfunktionen sich nicht gegenseitig stören und behindern. Das wird der Schwerpunkt des regionalplanerischen Unternehmens sein, der an den Planer und an die regionalen Partner sicher die höchsten Anforderungen stellen wird.

Im dritten und letzten Takt der planerischen Arbeit folgt dann die *Kommunikation*, die Verbindung dieser dezentralisiert im Raume angeordneten Schwerpunkte durch ein Netz von Verkehrs-, Versorgungs- und Entsorgungsleitungen, deren Aufgabe es ist, die räumliche Einheit herzustellen, die Teile zu einem Ganzen zu verbinden. Damit endet aber dann die planerische Kompetenz.

Nun beginnt im regionalen Planverfahren die Tätigkeit der Kommunalpolitiker. Jetzt gilt es, dieses fertige Konzept, das ja nur einen Vorschlag für die Nutzung vorhandener Möglichkeiten darstellt, vom Politischen her zu überprüfen und es dann in kommunalpolitische und kommunalwirtschaftliche Aktion zu übersetzen. In dieser Phase also hört die Regionalplanung auf, nur Planung zu sein. Sie wird politisches Instrument. Darüber, über die regionale Planverwirklichung, wird im besonderen gleich noch zu reden sein.

Die Planungsphasen, die hier behandelt worden sind, dürfen allerdings nicht hintereinander gestaffelt werden, wie das hier aus systematischen Gründen skizziert worden ist, sie müssen parallel geschaltet sein. Nur in der Kombination, in der Zusammenarbeit aller drei Sparten, kommt die Planung ohne Bruch und zu einem wirklichen Ergebnis voran. Die Planung ist Teamwork vom Anfang an bis zum Ende. Das gelingt noch nicht durchweg. Der Ökonom wirkt zwar mit, aber meist in einem Vorstadium, durch sein ökonomisches Gutachten. Dann schaltet er sich aus, obgleich sein Rat mit dem Fortschritt der Planung wohl noch dringender gebraucht würde. Die Kommunalpolitiker andererseits sehen sich noch in der Position des Auftraggebers einer solchen Planung. Das sind sie aber nicht. Wenn nicht der Kommunalpolitiker diese Planung als einen echten Teil seiner kommunalen Aufgabe, gewissermaßen als das strukturelle Grundgesetz seines Wirkungskreises ansieht und mitvollzieht, planen die Planer vergebens.

Wie nun zuletzt die Regionalplanung — soweit sie nichts weiter als Planung ist — zu organisieren sei, ist eine andere Frage. Diese Art der Arbeit erlegt nicht die Pflicht zur Wahl einer bestimmten Organisationsform auf. Gewählt werden sollten aber auf die Dauer die Gestaltungsformen des öffentlichen Rechts. Das ist erfreulicherweise auch der Zug der Entwicklung in fast allen Landesplanungsgesetzen. Wo das nicht der Fall ist, bleibt man allerdings gerne bei privatrechtlichen Formen. Aber das spiegelt dann doch eigentlich nur das Mißtrauen wider, das dieser ungewohnten Aufgabe gegenüber noch besteht. Man hofft, das trojanische Pferd im Bedarfsfalle noch am besten wieder aus den Mauern herausmanövrieren zu können, wenn man es zunächst einmal nicht mit öffentlich-rechtlicher Bedeutung aufgefüttert hat. Aber das sind Inkonsequenzen. Die öffentlich-rechtliche Form wird im übrigen locker sein können bei einfachen, unkomplizierten Regionen, sie wird exaktere Züge tragen müssen, wo die regionalen Verhältnisse komplizierter geworden sind. Im wesentlichen werden sich, wenn es allein jetzt darum geht, Planung zu betreiben, das Institut des Zweckverbandes und die aus ihm abgeleiteten Formen empfehlen.

V. Verwirklichung der Planung

Nun zeigen allerdings diese ausgearbeiteten Pläne, selbst wenn sie den staatlichen Konsens gefunden haben, noch nicht die wünschenswerte Wirkung, daß sie die Welt verwandeln. Zwischen dem Reißbrett des Planers und der Wirklichkeit draußen liegt ein weites Feld. Aber hier verläßt uns das, was bisher in Gesetzen und Verordnungen über das regionale Planungsgesetz gesagt ist. Unser auf die Planung beschränktes Recht ist deshalb noch unvollendet, ein Anakoluth.

Das hat freilich einleuchtende Gründe: man hat bei der Regelung des regionalen Planverfahrens eine etwas großzügige Analogie zu den anderen Planungsebenen gezogen, die oberhalb und unterhalb der regionalen Ebene liegen. Sowohl in der staatlichen Zentralplanung wie auch in der lokalen Planung der Gemeinden stehen die exekutiven Kräfte bereit, die Planung in die Wirklichkeit zu übersetzen. Dort ist die Planung eine Art Generalstab der Landespolitik oder der Kommunalpolitik. Hier aber, auf der regionalen Ebene, fehlt diese Entsprechung: die Regionalplanung setzt auf freiem Felde an.

Es ist deshalb unausweichlich, daß wir diesem zweiten, dem eigentlich entscheidenden Teile der regionalen Entwicklung ebenso Bedeutung zuwenden wie dem ersten. Vorbild dafür könnte die französische Regionalpolitik sein, die von jeher davon ausgegangen ist, ein Plan dürfe nicht allein indikativ, aber auch nicht nur normativ, er müsse aktiv sein. Aus diesem Grunde ist auch die französische Planification in ihrer Form jedenfalls vorbildlich, weil sie konsequent ist; es wird kein Planwerk verfaßt, bei dessen Erscheinen nicht auch die Verwirklichung ins Auge gefaßt wäre. In einem zentralistisch regierten Lande ist dieses Verfahren verhältnismäßig einfach zu praktizieren. Es fragt sich, wie das bei uns zu regeln sei.

Vielfach wird die Auffassung vertreten, es würden sich später, nach Vollendung der Planung, die beteiligten regionalen Partner zu Entwicklungsgesellschaften zusammenschließen nach der Art unserer bereits vorhandenen, im großen und ganzen bewährten kommunalen Entwicklungsgesellschaften, welche die Erschließung von Baugelände und ähnliche Zwecke auf privatrechtlicher Grundlage betreiben. Auf diesem Wege wird man sicher manches erreichen können. Aber im Prinzip ist auch diese Analogie zu kurz: die Regionalplanung besteht ja nicht in der gemeinsamen Wahrnehmung gemeinsamer Interessen, sondern in ebenso starkem Maße in der Auseinandersetzung von Interessen. Hier aber hört das Beispiel der Entwicklungsgesellschaften auf, reproduzierbar zu sein. Es ist schwer zu glauben, Körperschaften, die nach der rechtlichen Auseinandersetzung im Planverfahren ihre Interessen gegenüber anderen, stärkeren zurückstellen mußten, würden freiwillig bereit sein, mit ihrem Kapital in einer Entwicklungsgesellschaft diese Verletzung ihrer eigenen Interessen auch noch durchzusetzen. In der Praxis noch bedeutsamer wird der Fall sein, in welchem das regionale und das lokale Einzelinteresse zwar nicht kollidieren, aber die Interessenquoten an einem regionalen Unternehmen nicht mit Sicherheit anteilmäßig auf die beteiligten Partner ausgeschlagen werden können. In diesem Falle wird die Neigung der Beteiligten nicht groß sein, für ein unbestimmtes Maß des Interesses ein sehr bestimmtes Maß finanzieller Leistungen zu erbringen. Ich könnte für solche Fälle lehrreiche Beispiele aus der Praxis nennen.

In diesem Falle hilft nun aber auch der Zweckverband nicht weiter, weil er die Freiwilligkeit nicht aufhebt, an der die Entwicklungsgesellschaft scheitern muß. Dabei spielen dann die möglichen Erweiterungen, die dem Zweckverband in Richtung auf einen „Mehrzweckverband", möglicherweise sogar auf einen „Allzweckverband" gegeben werden könnten, keine wesentliche Rolle mehr. Es ist deshalb eigentlich undenkbar, die Planverwirklichung als das eigentliche, konstitutive Stadium könne der speziellen rechtlichen Regelung entbehren, die man für den ersten, den vorbereitenden Teil für so unabdingbar gehalten hat. Das ist auch keine Zukunftsaufgabe, die man bis zum Abschluß der Planungsperiode vertagen dürfte. Schon heute leidet die regionale Planarbeit an einer unvermeidlichen Kurzatmigkeit, die sich einfach aufdrängt, wenn man die Frage stellt, wer denn das bezahlen solle. Zwischen der Skylla der zwar kleinräumigen, aber vielleicht gerade deshalb noch realisierbaren Planung und der Charybdis der großen, aber deshalb sicher unrealisierbaren entscheiden sich die Planer für den ersten Weg; das ist zwar nicht richtig, aber vernünftig.

Wenn daher jede derartige Lösung, vor allem aber die privatrechtlichen Versuche daran scheitern, daß bei allen diesen Formen die regionale Planverwirklichung sowohl ihrem Grunde wie auch dem Umfange nach disponibel bleibt, so muß eine Lösung gefunden werden, die im Grunde, in der Substanz der Planverwirklichung, Verbindlichkeit vorsieht. Im Umfang, also in der Art der Ausführung, wird freilich auch weiter die Disponibilität erhalten werden müssen, weil sich die Art der Verwirklichung nach einer unbestimmten Zahl konkreter Voraussetzungen zu richten hat. Auch gibt diese zweite Bedingung erst die Garantie dafür, daß eine solche Form nicht unbeweglich und beengend wird. Da solche Formen noch nicht verfügbar sind, müssen sie als zweiter Akt des regionalen Unternehmens durch Gesetz geschaffen werden. Regionale Planung und regionale Planverwirklichung gehören also im Endzustande gemeinsam in eine öffentlich-rechtliche Körperschaft, die von der Region selber, also von den in ihr vereinigten Partnern, getragen wird. Diese neue Körperschaft müßte sowohl von ihren Mitgliedern Umlagen erheben als auch am Finanzausgleich des Staates teilnehmen. Gerade diese letzte Forderung ist unabdingbar, wobei freilich der Begriff des Finanzausgleichs im weitesten Sinne verstanden ist. Es gibt auf dem Gebiet der Regionalplanung Aufgaben, die in Wahrheit integrierte kommunale

Aufgaben sind. Diese müßten auch die Kommunen weitgehend durch eine ebenso integrierte Finanzierung selbst lösen, also auf dem Wege der Umlageerhebung. Es gibt aber auch Aufgaben, welche die Region im Interesse höherer Ordnungen auf sich nehmen muß. Bei der Finanzierung solcher Aufgaben sind die regionalen Partner nicht passiv legitimiert. Hier muß die Verwirklichung von dem Träger finanziert werden, der auch das Interesse zu vertreten hat.

Für eine solche Organisation, in der alle unmittelbaren regionalen Aufgaben zusammengefaßt werden sollten, ist bereits der Begriff des *Regionalverbands* geprägt worden, der kommunale Selbstverwaltungskörperschaft sein soll. Dem ist nichts hinzuzufügen. Es war naheliegend, diesen zunächst aus der rechtlichen Systematik entwickelten Begriff auch von der Praxis her nachzuprüfen, gewissermaßen die praktische Probe anzustellen. Wenn diese gelungen wäre, so würde die Durchsetzungskraft des Begriffes selbst und der Aufgabe, die hinter ihm steht, gewonnen haben.

Schwierig wird ein solcher Regionalverband da, wo Landesgrenzen oder — unter dem kommenden europäischen Aspekt — Staatsgrenzen die Region durchschneiden. Hier sind bei der augenblicklichen Rechtslage einheitliche gesetzliche Lösungen schwer erreichbar. Es müssen deshalb Surrogationsformen gefunden werden, die möglichst nahe an den Regionalverband herankommen. Das Vorbild der Elbe-Region und ihres Aufbaufonds, der von den drei beteiligten Ländern gespeist wird und der sich als höchst wirkungsvoll gezeigt hat, kann hier Vorbild sein. Im übrigen wird es vielleicht nicht lange dauern, bis diese heutigen rechtlichen Hemmnisse überwunden sind. Gerade die Regionen werden es sein, die dem deutschen Föderalismus vor Augen führen können, daß seine Zukunft weithin von der Elastizität seiner Formen abhängen wird.

VI. Regionalplanung und Verwaltungsreform

Es ist verlockend, von der öffentlich-rechtlichen Körperschaft, in welche Planung und Planverwirklichung einmünden sollen, den gedanklichen Sprung zum System der öffentlich-rechtlichen Körperschaften schlechthin zu wagen und zu fragen, ob und in welchem Umfange die Region Material für eine Verwaltungsreform biete, die sich immer stärker konturiert. Das ist freilich eine Frage, die weit über den Rahmen des regionalen Problems hinausgeht. Indessen wird vor allem in der ausländischen Diskussion dieses Problem unbefangen erörtert. In der französischen Literatur wird die Meinung vertreten, es sei absurd, eine regionale Aktion ins Auge zu fassen, ohne eine Verwaltungsstruktur zu definieren und zu errichten, die mit den Regionen Frankreichs homogen sei. In die gleiche Richtung weisen englische Sachverständigenberichte.

Nun tritt auch die rechtlich organisierte Region auf der mittleren Ebene, auf der sie wirksam wird, zunächst in keine sichtbare Konkurrenz zu den dort ansässigen Verwaltungsinstanzen. Sie findet zunächst die Landkreise vor. Aber mit diesen, die inzwischen von staatlichen Verwaltungsträgern zu echten kommunalen Leistungsträgern für die zahlreichen Gemeinschaftsaufgaben ihrer Gemeinden herangewachsen sind, gibt es keine sachlichen Überschneidungen. Sie findet weiter dort die staatlichen Mittelinstanzen vor, die aber von ihr zunächst ebenfalls nicht berührt werden, weil die Region ähnlich wie die Fachbehörden auf einer mittleren Ebene ihrer formalen Kompetenz nach nur einen bestimmten Fachauftrag zu erledigen hat, der mit den Aufgaben der Mittelinstanz korrespondiert, aber nicht in diese eingreift. Auch daß die Regionen Raumeinheiten ohne Verwaltungskompetenz, die Mittelinstanzen aber vielfach Kompetenzträger ohne räumliche Wirklichkeitsnähe darstellen, ist noch kein entscheidender Einwand.

Schwierig wird die Frage allerdings dann, wenn die organisierte Region bei der Bewältigung ihrer Aufgaben Schritt für Schritt auf die Verwaltung zuwächst. Ungleich den übrigen Aufgabenträgern auf der mittleren Ebene sieht sich diese der Substanz ihrer Aufgabe nach ja nicht auf einen engen Sachbereich verwiesen, sondern sie verteilt räumliche Funktionen in einer Weise, daß diese nicht nur durch die regionale Aktivität selbst, sondern auch durch zahlreiche staatliche Verwaltungsmaßnahmen exekutiert werden müssen. So wachsen aus der Tätigkeit der Regionalplanung sofort die Aufgaben der Bauverwaltung heraus mit der Genehmigung von Bauleitplänen und den zahlreichen damit verbundenen Einzelakten. Es ergeben sich Aufgaben der Verkehrsverwaltung, man denke nur an den Zusammenhang von Verkehrsplanung und Planfeststellungsverfahren oder die Konzessionierung der Verkehrslinien. Es ist schwer zu sagen, wo man diese „raumrelevanten" Verwaltungsaufgaben enden lassen soll, die, wie mit Recht gesagt worden ist, eine deutliche Akzessorietät zu den regionalen Planungsaufgaben zeigen.

Diese *„administrative Induktion"* der Regionalplanung kann deshalb ein Übergreifen der Regionen auf das Verwaltungsgebiet nach sich ziehen. Das wird fast unausweichlich, wenn etwa bei dem gegenwärtigen System solche regionalen Verwaltungsaufgaben bei zwei oder drei verschiedenen Verwaltungsinstanzen erledigt werden müßten mit allen Mißlichkeiten solcher geteilter Kompetenz. Es wäre dann sowohl nach der logischen Ordnung der Dinge, aber auch wegen der größeren Sachbezogenheit, der Sachnähe der Region naheliegend und empfehlenswert, ihr die Verwaltungsaufgaben aus der Zuständigkeit der Mittelinstanz anzugliedern, die mit der regionalen Planung in unmittelbarem Zusammenhang stehen. Das Problem der Region endet also tatsächlich im Problem der Verwaltungsreform. Es ist überhaupt die Frage, ob der

Gedanke der Region wie der Gedanke der Planung nicht im Grunde eine inzidente Kritik am System und an der Wirkungsweise der traditionellen Verwaltung darstellt und ob Planung nicht im tiefsten Grunde nichts anderes bedeutet als den Hinweis auf die Inadäquation von sozialer Wirklichkeit und administrativer Folge. Die Planung stellt dann in ihren Schwerpunkten zugleich auch die Schwerpunkte einer solchen Reform dar und umreißt mit ihren Konzepten deren künftige Maßstäbe. Das beginnt auf lokaler Ebene, auf welcher kommunale Einheiten geschaffen werden müssen, die dem Bürger auch Mittelpunkt seiner Lebensverhältnisse sein können. Das setzt sich fort auf die Ebene zwischengemeindlicher Aufgabenbewältigung, also auf die Ebene der Landkreise, deren Struktur und Ausdehnung dann auch an den Nahbereichen oder an Kombinationen derselben orientiert sein müssen, und das schließt ab auf der Stufe der Region, in welcher große Wirtschaftsräume organisiert und verwaltet werden sollen.

Was die Region angeht, so wäre es nicht richtig anzunehmen, das alles seien die heimlichen Sehnsüchte der Regionalplaner, die mit der Forcierung der Region nur ihr eigenes Betätigungsfeld auszuweiten gedenken. Es spricht alles dafür, daß das immanente Gesetze sind, die dem Gedanken der Region nach Voraussetzung und Folge innewohnen. Es ist jedenfalls sicher zu kurz geschlossen, wenn wir meinen, die neuen Räume, in denen wir leben und arbeiten, hätten mit einem Katalog regionaler Einzelpläne bereits ihre volle administrative Entsprechung gefunden. Wir haben den Schluß gezogen, aber nun zieht er uns.

Thesen

1. *Die Region als neue Raumordnungseinheit*

   Unter der Region verstehen wir eine wirtschaftsräumliche Einheit auf mittlerer Ebene, in welcher das moderne Wirtschaftsleben erhebliche administrative Versorgungsleistungen verlangt, ohne daß jedoch ein entsprechender Leistungsträger zur Verfügung stünde. Unter Regionalplanung verstehen wir den ersten Schritt zur Bewältigung dieses Problems, mit dem zunächst ein Konzept für die Integration und dann für die Ordnung und Entwicklung dieser modernen Räume entworfen werden soll. Ausländische Vorbilder für dieses Unternehmen liegen in großer Zahl vor, sind aber auf unsere staats- und verwaltungsrechtlichen Verhältnisse nicht übertragbar.

2. *Die Ausweisung der Region im Raum*

   Für die Ausweisung der Regionen im Raume kann man sich nicht auf bereits vorhandene Anwendungsfälle des Regionalen beziehen. Weder die „Stadtregion" noch die Region im Sinne der europäischen Regionalpolitik entsprechen dem, was hier gemeint ist. Ein bestimmter Typ von Regionen, vor allem im Bereich der sogenannten Aktivräume, läßt sich durch geographische und wirtschaftsgeographische Analyse gewissermaßen im Rohzustand ermitteln. Die volle regionale Gliederung, und das ist die Zusammenfassung von Gebieten, innerhalb derer ein sozialer Ausgleich stattfinden soll, kann aber nicht durch wissenschaftliche Analyse gewonnen werden. Die Ausweisung dieser Regionen ist eine politische Aufgabe.

3. *Die Zuständigkeit für die Regionalplanung*

In der Region, die zwischen den fixierten Ebenen der Gemeinde und des Staates rangiert, treffen sich die rechtlich geschützten Interessen aus beiden Bereichen. Man kann deshalb die Region, wenn man der Natur der mitwirkenden Kräfte folgen will, nicht nach einem einzigen Prinzip organisieren. Die Regionalplanung muß eine „gemeinschaftliche Aufgabe von Staat und Selbstverwaltung" sein (vgl. dazu § 1 des Landesplanungsgesetzes Nordrhein-Westfalen).

4. *Der Inhalt des regionalen Planungsauftrages*

Die Regionalplanung ist nicht die Aufgabe des Planungsfachmannes allein, sie ist ein Teamwork, an dem Ökonom, Planungsfachmann und Kommunalpolitiker in gleicher Weise und in ständigem Kontakt miteinander mitwirken müssen. Der Ausfall eines dieser fachlich Beteiligten läßt das Unternehmen nicht zum Erfolge kommen.

5. *Die Planverwirklichung*

Die Aufgabe der Regionalplanung legt zunächst keine bestimmte Rechtsform nahe, in der die Planung gelöst werden sollte. Nach Art und Umfang der regionalen Probleme können losere und engere Formen gewählt werden. Jedoch sollten auf die Dauer nur öffentlich-rechtliche Formen in Frage kommen: eine Aufgabe von derart öffentlich-rechtlicher Bedeutung verlangt auch einen öffentlich-rechtlichen Träger. Die heute noch bevorzugten privatrechtlichen Formen waren geeignete Wege, die Aufgabe in Gang zu bringen. Diese Anfangsstufe muß nun überwunden werden.

Dagegen verlangt die Planverwirklichung unter allen Umständen die öffentlich-rechtliche Form. Privatrechtliche Organisationen der beteiligten regionalen Partner werden im Falle des Interessengegensatzes oder bei unausscheidbaren Interessenanteilen nicht zuwegekommen. Die Planverwirklichung muß daher in Formen geschehen, die in der Substanz der Aufgabe Verbindlichkeit vorsehen, in der Ausführung freilich Disponibilität. Solche Formen stehen im Inventar des Verwaltungsrechts noch nicht zur Verfügung. Sie müssen durch Sondergesetze geschaffen werden. Das Institut des Zweckverbandes reicht nicht aus.

6. *Regionalplanung und Verwaltungsreform*

Die Ausbildung der Regionen und der Regionalplanung gibt an und für sich noch keinen Impuls für eine Verwaltungsreform. Die Regionen treten zunächst in kein Konkurrenzverhältnis mit administrativen Institutionen, die sie in ihrer räumlichen Nähe vorfinden. Sie beeinträchtigen sicher nicht die Landkreise, das Verhältnis zur staatlichen Mittelinstanz ist leicht zu ordnen.

Indessen können die Regionen im Laufe ihrer Entwicklung eine Art „administrativer Induktion" auslösen dergestalt, daß sich aus der Entwicklung räumlicher Strukturen eine Reihe raumbezogener Verwaltungsaufgaben unmittelbar ableitet. Das könnte zu einem Konkurrenzverhältnis der Region zu den Behörden der staatlichen Mittelinstanz führen, bei denen diese Aufgaben ressortieren. Der Fortgang ist noch nicht voll überschaubar. Doch kann es sich dabei um ein immanentes Gesetz regionaler Entwicklung handeln.

Zuständigkeit der Landesbehörden für Obliegenheiten der Raumordnung und Landesplanung

Von Julius Schönhofer

Ich habe mich heute mit einem speziellen Teilgebiet der Raumordnung und Landesplanung zu befassen. Ich möchte Ihnen die Zuständigkeit der Landesbehörden für Obliegenheiten darstellen, die sich aus der Raumordnung und Landesplanung ergeben.

Dabei darf ich davon ausgehen, daß die übrigen Referenten schon die Grundbegriffe, Ziele, Probleme und Auswirkungen der Landesplanung erörtert und Ihnen — soweit nicht schon vorhanden — eine gewisse Kenntnis der ganzen Materie vermittelt haben, ohne die das Anhören eines Referates über die Zuständigkeiten der Landesbehörden auf diesem Gebiet eine noch trockenere Angelegenheit wäre, als es Zuständigkeitsfragen auch für Juristen ohnehin sind. Um die Materie wenigstens ein bißchen zu beleben, darf ich mit Ihrem Einverständnis den Rahmen des Themas etwas sprengen und nicht nur die Zuständigkeiten allein, sondern bei passender Gelegenheit auch das Verfahren der Landesbehörden schildern.

Dieses Thema kann man auf verschiedene Weise behandeln. Ich könnte z. B. Ausführungen darüber machen, ob die Raumordnung und Landesplanung allein oder vorwiegend den Ländern obliegen sollte und dabei das Für und Wider der einzelnen Betrachtungsweisen gegenüberstellen. Dabei würde ich aber meines Erachtens eine Diskussion wiederholen, die bei der Beratung des neuen Raumordnungsgesetzes sehr lebhaft und lange geführt und durch dessen Verabschiedung zu einem gewissen Abschluß gebracht worden ist. Zudem werden die damit verbundenen Probleme in den anderen Vorträgen eingehend behandelt. Ich möchte daher von solchen generellen Betrachtungen absehen und statt dessen versuchen, die Regelung der Zuständigkeiten der Landesbehörden in den einzelnen Ländern darzulegen und Ihnen damit gewissermaßen einen Blick über den Zaun der Nachbarländer vermitteln.

Es geht also bei meinen Ausführungen um die Tätigkeit der *Landes*behörden im Rahmen der Raumordnung und Landesplanung. Ich darf mich daher beschränken auf die Behörden der einzelnen Länder im Bundesgebiet und die Zuständigkeiten von Bundesbehörden, von Gemeindebehörden und von Behörden der Selbstverwaltungskörperschaften unbeachtet lassen, soweit nicht zum besseren Verständnis ein Seitenblick auf deren Zuständigkeiten und deren Tätigkeiten unumgänglich ist.

Die Eigenstaatlichkeit der Länder bringt es mit sich, daß das Tätigwerden der Landesbehörden und deren Zuständigkeiten — je nach den in den einzelnen Ländern geltenden Gesetzen — unterschiedlich sind, zum Teil sogar erheblich voneinander abweichen. Dieses Differieren hat seinen Grund nicht allein in den verschiedenen Rechtsnormen; die ausschlaggebende Ursache dürfte vielmehr darin liegen, daß in den Ländern unterschiedliche raumordnerisch relevante Situationen gegeben und auch das Gefüge und die Organisation der Verwaltung verschieden sind. Es würde den zeitlichen Rahmen dieses Vortrages sprengen, wollte ich versuchen, die Zuständigkeiten der Landesbehörden in allen Ländern bis ins einzelne gehend darzustellen. Da ich aus Bayern komme und verständlicherweise nur von der dortigen Praxis und der dort geltenden Regelung die für eine eingehende Darstellung notwendige Kenntnis habe, darf ich bei meinen Ausführungen von der bayerischen Praxis ausgehen und bei den einzelnen Fragenkomplexen jeweils die Rechtslage in den übrigen Bundesländern streifen. Ich glaube, daß ich Ihnen auf diesem Wege am verständlichsten einen möglichst großen Einblick vermittle, der wegen der Kürze der zur Verfügung stehenden Zeit aber doch nur ein grober Überblick sein kann.

Bevor ich die Regelung in den einzelnen Ländern bringe, will ich kurz auf das neue Raumordnungsgesetz eingehen. Es handelt sich hierbei um ein Rahmengesetz, das die für das ganze Bundesgebiet geltenden Grundsätze der Raumordnung aufstellt und für deren Vollzug gewisse Regeln setzt. Aus den Vorschriften, welche die Zuständigkeit der Länder berühren, seien kurz folgende erwähnt:

1. Das Gesetz stellt klar, daß sich die Aufgaben und Zuständigkeiten der Landesplanung nach Landesrecht bestimmen mit der Maßgabe, daß sich die nach § 5 Abs. 1 und 2 von den Ländern für ihr Gebiet zu erstellenden Programme und Pläne auch auf die raumwirksamen Investitionen zu erstrecken haben (§ 3 Abs. 2 S. 3). Damit ist eine Zuweisung von Aufgaben und Zuständigkeiten an die Länder erfolgt.

2. Die Länder haben im Rahmen der Landesplanung die Verwirklichung der im Gesetz enthaltenen Grundsätze der Raumordnung zu sichern (§ 4 Abs. 3). Dies soll insbesondere durch die Aufstellung von Programmen oder Plänen für das ganze Staatsgebiet oder für Teile davon erfolgen, die von den Ländern zu benennen sind (§ 5 Abs. 1). In den Ländern Berlin, Bremen und Hamburg ersetzt dabei ein Flächennutzungsplan nach § 5 Bundesbaugesetz diese Programme oder Pläne.

3. Die Länder haben, soweit dies im jeweiligen Land für einen Teilraum geboten erscheint, die Rechtsgrundlagen für eine Regionalplanung zu schaffen oder, wenn kein Zusammenschluß von Gemeinden oder Gemeindeverbänden zu regionalen Planungsgemeinschaften erfolgt, diese Gebietskörperschaften in einem förmlichen, durch Landesrecht zu regelnden Verfahren, das notfalls mit dem Nachbarland abzustimmen ist, zu beteiligen (§ 5 Abs. 3).

4. Die Behörden des Bundes und der Länder, die öffentlichen Planungsträger und die der Aufsicht des Landes unterstehenden Körperschaften, Anstalten und Stiftungen des öffentlichen Rechts haben ihre Planungen untereinander und aufeinander abzustimmen (§ 4 Abs. 5) und dabei die Ziele der Raumordnung und Landesplanung zu beachten (§ 5 Abs. 4 S. 1). Bei bestimmten Vorhaben des Bundes oder bundesunmittelbarer Planungsträger gilt dies allerdings nur, wenn die zuständige Behörde oder der bundesunmittelbare Planungsträger an der Aufstellung der Ziele der Landesplanung beteiligt worden ist und innerhalb angemessener Frist nicht widersprochen hat (§ 6 Abs. 1).

   Ein solcher Widerspruch ist zulässig, wenn die Ziele der Raumordnung und Landesplanung mit den im Raumordnungsgesetz aufgestellten Grundsätzen nicht übereinstimmen oder mit der Zweckbestimmung des Vorhabens nicht in Einklang stehen und das Vorhaben nicht auf einer anderen geeigneten Fläche durchgeführt werden kann (§ 6 Abs. 2 S. 1).

5. Das Raumordnungsgesetz bestimmt des weiteren, daß die für die Raumordnung zuständige Landesbehörde raumbedeutsame Planungen und Maßnahmen für bestimmte Zeit untersagen kann (§ 7 Abs. 1). Voraussetzung dafür ist, daß die Aufstellung oder eine Änderung der Ziele der Raumordnung eingeleitet ist und die geplante Maßnahme die Durchführung dieser Ziele unmöglich machen oder wesentlich erschweren würde. Eine Untersagungsmöglichkeit besteht jedoch nicht, wenn die Planung oder Maßnahme nicht von der Rechtswirkung der Ziele der Raumordnung erfaßt würde, wenn also eine Bundesbehörde oder ein bundesunmittelbarer Planungsträger den vorhin behandelten Widerspruch einlegen könnte (§ 7 Abs. 1).

6. Schließlich legt das Raumordnungsgesetz noch fest, daß die für die Raumordnung zuständigen obersten Landesbehörden den zuständigen Bundesminister über bestimmte Maßnahmen zu informieren haben, daß sich Bund und Länder gegenseitig Auskünfte erteilen und daß die Länder für ihren Bereich Vorschriften über die notwendige Unterrichtung der Landesplanungsbehörden erlassen.

Das sind in groben Zügen die für die Zuständigkeit von Landesbehörden für Obliegenheiten der Landesplanung wesentlichen Vorschriften des neuen Raumordnungsgesetzes. Dieser vom Bundesgesetzgeber gesteckte Rahmen wird die einzelnen Länder veranlassen, zu prüfen, ob ihre Gesetze oder sonstigen Regelungen ergänzt oder geändert werden müssen. Wie das einzelne Land diese Frage lösen will, wird sich erst in Zukunft zeigen und kann derzeit — ohne dem Landesgesetzgeber vorzugreifen — noch nicht behandelt werden.

Ich darf daher heute mit Ihnen die derzeit in den einzelnen Ländern geltenden Regelungen betrachten. Diese Rundschau dürfte am ehesten einen Einblick in die Änderungsbedürftigkeit der einzelnen Vorschriften geben und einen Eindruck davon vermitteln, wie derzeit die Landesplanung in den einzelnen Ländern gehandhabt wird, wie die Zuständigkeiten geregelt sind, welche Gemeinsamkeiten und Unterschiede bestehen und welche Probleme das neue Gesetz jeweils aufwerfen dürfte.

Eine Reihe von Ländern hat Landesplanungsgesetze erlassen und in diesen die Aufgaben und Ziele der Landesplanung umrissen, die Behörden bestimmt, denen die Erfüllung dieser Aufgaben obliegt, und auch das Verfahren und den Weg aufgezeichnet, auf dem dieses Ziel erreicht werden soll. Schon aus der Unterschiedlichkeit dieser Gesetze und der Aufgabenstellung ergibt sich ganz von selbst eine Verschiedenheit in den Zuständigkeiten und Befugnissen der einzelnen mit der Landesplanung beauftragten Behörden. Wie weit diese Abweichung gehen kann, zeigt sich zum Beispiel darin, daß in einem Land die Landesplanung als reine Staatsaufgabe angesehen wird, während im anderen Land diese Aufgabe weitgehend durch Selbstverwaltungskörperschaften vollzogen wird und die Landesregierung sich selbst oder einer Landesbehörde nur vorbehalten hat, die Leitgedanken zu erarbeiten und die einzelnen Programme oder Pläne aufeinander abzustimmen. Diese voneinander abweichenden Regelungen sind ein Spiegelbild der verschiedenen Auffassungen über den zweckmäßigsten Weg für den Vollzug der Landesplanung. Ich möchte nicht die darüber geführten lebhaften Diskussionen aufwärmen, möchte aber trotzdem versuchen, einige Punkte der widerstreitenden Auffassungen kurz zu skizzieren:

Für die Landesplanung als Staatsaufgabe wird vorgebracht, daß das lückenlose Netz örtlich begrenzter Pläne homogen sein müsse, um eine optimale Entwicklung des ganzen Staatsgebietes gewährleisten zu können. Dazu sei außerdem eine Homogenität des Landesplanung mit den übrigen Maßnahmen der aufbauenden Staatstätigkeit (z. B. mit den regionalen Förderungsprogrammen) erforderlich, die nur erreicht werden könne, wenn die Planung von einer Stelle aus geleitet werde und jede Zweigleisigkeit in der Erarbeitung der Leitgedanken und in deren Verwirklichung ausgeschlossen sei. Die Beteiligung und Mitwirkung der Selbstverwaltungskörperschaften werde dadurch nicht beschränkt, sie werde nur in der Hand der Landesbehörde zusammengefaßt und realisiert.

Für eine Zuständigkeit der Gebietskörperschaften als Planungsträger im Rahmen der Landesplanung wird dagegen ins Feld geführt, daß nur sie der Dezentralisation und der Dekonzentration innerhalb der Staatsverwaltung entspreche. Des weiteren sei die Bauleitplanung nach dem Bundesbaugesetz Aufgabe der Gemeinden. Es liege daher nahe, die zum Teil darauf aufbauende und zum Teil dafür richtungweisende Planung in der Sphäre der Selbstverwaltung zu belassen. Schließlich käme bei diesem Verfahren das sogenannte Gegenstromprinzip stärker zur Wirkung, welches etwa besagt, daß übergeordnete Pläne und generelle Richtlinien von unten her aus konkreten Tatbeständen, aus räumlich überschaubaren Verhältnissen heraus abstrahiert werden sollten.

Zwei verschiedene Auffassungen, bei der jede viele gute Argumente für sich in Anspruch nehmen kann. Dieser Meinungsstreit reichte auch in die Beratung des neuen Raumordnungsgesetzes hinein und wurde salomonisch in § 5 Abs. 3 des Gesetzes dahingehend entschieden, daß die Länder Rechtsgrundlagen für eine Regionalplanung dann schaffen, wenn diese für Teilräume des Landes geboten erscheint. Erfolgt die Regionalplanung nicht durch Planungsgemeinschaften, so sind die Gemeinden und Gemeindeverbände oder deren Zusammenschlüsse in einem förmlichen, durch Landesrecht bestimmten Verfahren zu beteiligen. Nach diesem Ausflug in zwei für die Gestaltung des Landesplanungsrechts wichtige und immer wieder diskutierte Thesen darf ich mich nun den in den einzelnen Ländern geltenden Bestimmungen zuwenden:

Das *bayerische Landesplanungsgesetz* (vom 21. Dez. 1957 — GVBl. S. 323) sagt, daß es Aufgabe der Landesplanung sei,

„1. die übergeordnete zusammenfassende Planung für eine den wirtschaftlichen, sozialen und kulturellen Erfordernissen entsprechende Ordnung des Raumes aufzustellen und die Planung der Entwicklung fortlaufend anzupassen“ und

„2. die Planungen der einzelnen Geschäftsbereiche der staatlichen Verwaltung (Fachplanungen), die Planungen der Selbstverwaltungskörperschaften und sonstigen Planungsträger unter Gesichtspunkten der Raumordnung aufeinander abzustimmen“.

Zur Landesplanungsbehörde ist das Bayerische Staatsministerium für Wirtschaft und Verkehr, zu Bezirksplanungsbehörden sind die sieben Regierungen bestimmt.

Des weiteren ist festgelegt, daß die Landesplanungsbehörde zur Erfüllung der planenden Tätigkeit Raumordnungspläne für das ganze Staatsgebiet oder für Teile davon aufstellen kann. Die Aufstellung dieser Pläne erfolgt im Benehmen mit der Landesplanungsgemeinschaft, einem Beirat des Bayer. Staatsministeriums für Wirtschaft und Verkehr, im Benehmen mit den beteiligten Dienststellen und im Benehmen mit den Selbstverwaltungskörperschaften. Um die Durchführung von Planungen übergeordneter Bedeutung sicherzustellen, können diese Raumordnungspläne ganz oder in Teilen durch Verordnung der Staatsregierung für verbindlich erklärt werden. Diese Verbindlichkeit ist befristet. Sie kann sich nur auf einen Zeitraum bis zu fünf Jahren erstrecken.

Zur Abstimmung der einzelnen Fachplanungen unter Gesichtspunkten der Raumordnung sind dagegen von der Landesplanungsbehörde oder von den Bezirksplanungsbehörden Raumordnungsverfahren durchzuführen, wenn das Vorhaben überörtlichen Charakter hat und die Abstimmung nicht schon z. B. auf Grund eines Bestandskartenvergleichs möglich, das Verfahren also notwendig ist. Aus allgemeinen Verwaltungsgrundsätzen wird in der Regel die Bezirksplanungsstelle als ortsnähere Behörde das Raumordnungsverfahren einleiten, die erforderlichen Erhebungen treffen und das Vorhaben unter landesplanerischen Gesichtspunkten würdigen. Dies gilt insbesondere für Vorhaben, deren Auswirkung und Bedeutung nicht den räumlichen Zuständigkeitsbereich der einzelnen Regierung überschreitet. Bei Vorhaben von besonderer Bedeutung, wenn ein anderes Ministerium direkt beteiligt ist oder wenn gesetzliche Vorschriften eine Stellungnahme der Landesregierung oder die Beteiligung der Landesplanungsstelle vorschreiben, ist dagegen die abschließende landesplanerische Begutachtung der Landesplanungsstelle vorbehalten, die auch in allen anderen Verfahren weisungsbefugt ist. Aus dieser Regelung ergibt sich, daß das bayerische Landesplanungsgesetz das Aufstellen von Raumordnungsplänen und die Landesplanung schlechthin als Staatsaufgabe ansieht und die Zuständigkeit dafür der Landesplanungsstelle zuweist.

In den anderen Ländern, die bisher Landesplanungsgesetze erlassen haben oder in denen die Aufgaben der Landesplanung und deren Organisation durch Erlasse der Landesregierung oder des Ressortministers geregelt sind, findet man eine gleiche oder zumindest inhaltlich ähnliche Aufgabenstellung. Ihre Wertung als Staatsaufgabe oder als Aufgabe von Selbstverwaltungskörperschaften und vor allem die Regelung der Zuständigkeiten weichen jedoch von der bayerischen Regelung zum Teil erheblich ab. Daß in den Stadtstaaten und in Berlin schon allein aus ihrer raumordnerischen Situation heraus eine andere Sachlage gegeben ist und dort Raum- und Bauleitplanung untrennbar ineinanderfließen und sich überschneiden, der Vollzug der Planung also einer besonderen, mit der Regelung in den übrigen Bundesländern nicht vergleichbaren Organisation bedarf, brauche ich nicht besonders zu betonen. Die in diesen Städten gegebene Sach- und Rechtslage darf ich daher bei der heutigen Betrachtung weitgehend als atypisch zurückstellen und in diesem Zusammenhang auf § 5 Abs. 1 Satz 3 des Raumordnungsgesetzes hinweisen.

Für die übrigen Länder findet man hinsichtlich der Zuständigkeiten und Organisation der Landesplanung folgende Regelungen, die ich kurz darstellen möchte. Wenn ich dabei bei einem Land etwas ausführlicher bin, beim anderen aber nur eine grobe Skizze bringe, so bitte ich das nicht als Werturteil anzusehen, sondern als notwendiges Hilfsmittel, um allzu viele Wiederholungen ähnlichen Sachverhalts zu vermeiden.

I. Baden-Württemberg:

Oberste Landesplanungsbehörde in Baden-Württemberg ist das Innenministerium, dem die Regierungspräsidien als nachgeordnete Landesplanungsbehörden unterstellt sind. Die oberste Landesplanungsbehörde hat nach dem dortigen Landesplanungsgesetz (vom 19. Dez. 1962—GBl. 1963 S. 1) die erforderlichen Entwicklungspläne zu erarbeiten und im Rahmen dieses Gesetzes für deren Beachtung zu sorgen. Den nachgeordneten Landesplanungsbehörden obliegt es dagegen, die oberste Landesplanungsbehörde bei der Erarbeitung dieser Entwicklungspläne zu beraten und ebenfalls im Rahmen dieses Gesetzes für deren Beachtung zu sorgen. Mittel der Landesplanung sind dem Baden-Württembergischen Landesplanungsgesetz zufolge:

1. Die Beratung von Planungsträgern, die den Ministerien gegenüber von der obersten Landesplanungsbehörde, in den sonstigen Fällen von den nachgeordneten Landesplanungsbehörden vorzunehmen ist.

2. Die Erarbeitung von Entwicklungsplänen, wobei zwischen dem Landesentwicklungsplan für das ganze Land, Gebietsentwicklungsplänen für Teile des Landes und fachlichen Entwicklungsplänen für einen oder mehrere Fachbereiche unterschieden wird. Während der Landesentwicklungsplan und Gebietsentwicklungspläne von der obersten Landesplanungsbehörde im Einvernehmen mit den beteiligten Ministerien und unter Beteiligung der Gemeinden und sonstigen Körperschaften sowie der regionalen Planungsgemeinschaften aufgestellt werden, sind für die Erarbeitung der fachlichen Entwicklungspläne die einzelnen Ministerien zuständig, jedoch an das Einvernehmen mit der obersten Landesplanungsbehörde gebunden. Die Entwicklungspläne sind nach ihrer Aufstellung der Landesregierung vorzulegen und dem Landesplanungsrat, der bei der obersten Landesplanungsbehörde gebildet worden ist und dem Vertreter der betroffenen Institutionen angehören, zur Stellungnahme zuzuleiten. Finden diese

Pläne die Billigung der Landesregierung, so sind sie öffentlich bekanntzumachen und zur Einsichtnahme für jedermann niederzulegen. Nach der Bekanntmachung können sie für verbindlich erklärt werden, und zwar durch Beschluß der Landesregierung, wenn der Plan nur für die Behörden des Landes verbindlich sein soll, durch Gesetz aber, wenn die Verbindlichkeit auch für Gemeinden, Landkreise und andere der Aufsicht des Landes unterstehende Körperschaften, Anstalten und Stiftungen des öffentlichen Rechts gelten soll.

3. Die Ausarbeitung von Regionalplänen durch regionale Planungsgemeinschaften, zu denen sich Gemeinden und Landkreise zusammenschließen können. Derartige Regionalpläne können nach Vorlage bei der Landesregierung und nach Anhörung des Landesplanungsrates von der obersten Landesplanungsbehörde im Einvernehmen mit den beteiligten Ministerien für unbedenklich erklärt werden.

4. Der Erlaß von vorläufigen Anordnungen durch Rechtsverordnung, wenn die Gefahr droht, daß die Verwirklichung landesplanerischer Zielsetzung durch die Ausführung eines Vorhabens gefährdet, unmöglich gemacht oder wesentlich erschwert wird und kein für verbindlich erklärter oder bekanntgemachter Entwicklungsplan vorliegt. Auf das dabei zu beachtende Verfahren darf ich später eingehen.

II. Hessen:

Die Planung für eine den sozialen, kulturellen und wirtschaftlichen Erfordernissen entsprechende Raumordnung ist nach dem Hessischen Landesplanungsgesetz (vom 4. Juli 1962 — GVBl. S. 311) Aufgabe des Landes, der kreisfreien Städte und der Landkreise. Oberste Landesplanungsbehörde ist dabei der Hessische Minister des Innern. Als obere Landesplanungsbehörden sind die Regierungspräsidenten tätig. Der obersten Landesplanungsbehörde obliegt es, zur Erfüllung der Aufgaben der Landesplanung ein Landesraumordnungsprogramm zu entwerfen, das durch Gesetz festgestellt wird und das unter Berücksichtigung der Belange der Gemeinden und Landkreise die raumpolitischen Grundsätze und Ziele darstellt, die bei allen die Gesamtentwicklung des Landes beeinflussenden Maßnahmen und bei der Aufstellung von regionalen Raumordnungsplänen zu beachten sind. Träger der Regionalplanung sind dagegen die kreisfreien Städte und die Landkreise, die zur Erfüllung ihrer raumordnerischen Aufgabe Planungsgemeinschaften bilden können. Ist durch die Organisationsform, die Satzung und durch die räumliche Abgrenzung der Planungsgemeinschaft die Erfüllung ihrer Aufgabe sichergestellt, so hat ihr die oberste Landesbehörde die Aufstellung des regionalen Raumordnungsplanes „zur Erfüllung nach Weisung" zu übertragen. Legt ihn die Planungsgemeinschaft nicht fristgerecht vor, so ist er von der oberen Landesplanungsbehörde aufzustellen, während er von der obersten Landesplanungsbehörde aufzustellen ist, wenn der Planungsraum in verschiedenen Regierungsbezirken liegt. Sie kann auch die von den Trägern der Regionalplanung vorgelegten Pläne beanstanden und mit Vorschlägen zur Änderung oder Ergänzung zurückgeben. Werden diese Vorschläge nicht berücksichtigt, entscheidet die oberste Landesplanungsbehörde abschließend. Den fertigen Plan legt sie dann der Landesregierung zur Feststellung als Teil des Landesraumordnungsplanes vor, der dem Landesplanungsgesetz zufolge aus den festgestellten regionalen Raumordnungsplänen besteht. Nach ihrer Feststellung werden die regionalen Raumordnungspläne im Staatsanzeiger für das Land Hessen bekanntgemacht.

Wie in den anderen Ländern wirken auch in Hessen ein Landesplanungsbeirat und regionale Planungsbeiräte bei der Erfüllung der landesplanerischen Aufgaben beratend mit.

III. Niedersachsen:

In Niedersachsen ist bisher noch kein eigenes Landesplanungsgesetz erlassen worden. Die Tätigkeit und die Zuständigkeiten der Landesbehörden für Obliegenheiten der Landesplanung sind durch verschiedene Erlasse geregelt. Ich darf in diesem Zusammenhang die Erlasse des Oberpräsidenten der Provinz Hannover vom 15. August 1945 und vom 4. Juli 1946 sowie den Erlaß des Niedersächsischen Ministers des Innern vom 16. Januar 1948 nennen. In diesen Erlassen ist festgelegt, daß es Aufgabe der Landesplanung ist, einen Gesamtplan aufzustellen, der alle Fachgebiete erfaßt und aufeinander abstimmt; ferner hat sie die Zusammenhänge zwischen den Planungen der Fachressorts festzustellen und auch im Interesse der Wirksamkeit der Fachplanungen zur Geltung zu bringen und zu den Fachplanungen der einzelnen Abteilungen Stellung zu nehmen. Zur Obersten Landesplanungsbehörde ist in Niedersachsen der Minister des Innern berufen; höhere Landesplanungsbehörden sind die Regierungspräsidenten bzw. die Verwaltungspräsidenten. Die gleiche Regelung der Zuständigkeiten sieht der Entwurf eines Niedersächsischen Gesetzes über Raumordnung und Landesplanung vor; er will darüber hinaus aber den Landkreisen und kreisfreien Städten die Aufgaben von unteren Landesplanungsbehörden im übertragenen Wirkungskreis zuweisen. In diesem Gesetzentwurf sind genaue Abgrenzungen der Zuständigkeiten und Aufgaben sowie Bestimmungen über die Verfahren bei der Planerstellung, bei den Raumordnungsverfahren und für die sonstigen zur Verwirklichung der landesplanerischen Zielsetzungen erforderlichen Einwirkungsmöglichkeiten enthalten. Aus dem Entwurf ist zu ersehen, daß in Niedersachsen die Tendenz besteht, die Aufgaben der Landesplanung soweit als möglich auf nachgeordnete Verwaltungsbehörden zu delegieren und regionalen Planungsgemeinschaften zu übertragen.

Über die derzeitige Tätigkeit und Aufgabenstellung der Landesplanung in Niedersachsen kann gesagt werden, daß sie, in großen Zügen betrachtet, mit der Tätigkeit der Landesplanungsbehörden in den übrigen Bundesländern übereinstimmt und daher durch das beabsichtigte Gesetz weitgehend nur eine neue Grundlage erhalten wird.

IV. Nordrhein-Westfalen:

In Nordrhein-Westfalen bestimmt das Landesplanungsgesetz (vom 7. Mai 1962 — GVBl. S. 229) den Minister für Landesplanung, Wohnungsbau und öffentliche Arbeiten zur Obersten Landesbehörde für die Landesplanung (Landesplanungsbehörde).

Höhere Landesbehörden für die Landesplanung (Bezirksplanungsbehörden) sind dort die Regierungspräsidenten und die Landesbaubehörde Ruhr. Beiden Behörden sind genau umrissene Zuständigkeiten zugewiesen, während den Oberkreisdirektoren als unteren staatlichen Verwaltungsbehörden nur die allgemein gehaltene Aufgabe gestellt ist, dafür zu sorgen, daß die Ziele der Landesplanung bei behördlichen Maßnahmen, Planungen und Vorhaben im Landkreis beachtet werden.

Das Landesplanungsgesetz stellt fest, daß in Nordrhein-Westfalen die Landesplanung eine gemeinschaftliche Aufgabe von Staat und Selbstverwaltung ist. Dementsprechend sind die Zuständigkeiten für die Erfüllung der Aufgaben der Landesplanung aufgeteilt zwischen den Landesbehörden und den Landesplanungsgemeinschaften, z. B. dem Siedlungsverband Ruhrkohlenbezirk. Diese Gemeinschaften unterliegen der Aufsicht durch die Landesplanungsbehörde.

Als Richtlinie der Landesplanung für das ganze Staatsgebiet dient in Nordrhein-Westfalen das erst kürzlich auf gesetzlicher Grundlage erlassene Landesentwicklungsprogramm, das in Landesentwicklungsplänen entfaltet und dargestellt wird. Diese Entwicklungspläne sind dem Landesplanungsgesetz zufolge von der Landesplanungsbehörde zu erarbeiten und nach Anhörung des bei ihr gebildeten Landesplanungsbeirats im Einvernehmen mit den beteiligten Ministerien aufzustellen. Die Raumordnungspläne, worunter in Nordrhein-Westfalen Gebietsentwicklungspläne und Flächensicherungspläne verstanden werden, enthalten dagegen die Ziele der Landesplanung für die räumliche Gestaltung des Gebietes einer Landesplanungsgemeinschaft und sind von diesen Gemeinschaften aus eigener Initiative oder auf Anweisung der Landesplanungsbehörde aufzustellen. Die Gebietsentwicklungspläne bedürfen der Genehmigung durch die Landesplanungsbehörde, die versagt werden kann, wenn ein

Gebietsentwicklungsplan dem Landesentwicklungsplan widerspricht. Bei der erneuten Vorlage darf die Landesplanungsbehörde einen solchen Plan zum Zweck der Anpassung nach Anhörung des Landesplanungsbeirats ändern und in der geänderten Form genehmigen. Flächensicherungspläne können dagegen durch den Minister für Landesplanung, Wohnungsbau und öffentliche Arbeit im Einvernehmen mit den beteiligten Landesministern durch Rechtsverordnung für verbindlich erklärt werden. Kommt eine Landesplanungsgemeinschaft der Aufforderung, einen Flächensicherungsplan aufzustellen und vorzulegen, nicht nach, so steht es der Landesplanungsbehörde frei, diesen Plan selbst aufzustellen.

Das Hauptaufgabengebiet der *Bezirks*planungsbehörden in Nordrhein-Westfalen liegt bei der Anpassung der von den Gemeinden aufzustellenden Bauleitpläne an die Ziele der Landesplanung, die im Landesentwicklungsprogramm und in den Landes- oder Gebietsentwicklungsplänen dargestellt sind. Kommt eine Einigung zwischen der Gemeinde und der Bezirksplanungsbehörde nicht zustande, so kann die Landesplanungsgemeinschaft die Feststellung treffen, daß der Entwurf des Bauleitplanes den Zielen der Landesplanung nicht angepaßt sei. Die Landesplanungsbehörde bestätigt diese Feststellung oder hebt sie — jeweils im Einvernehmen mit den beteiligten Landesministern — auf und teilt ihre Entscheidung der höheren Verwaltungsbehörde mit, die über die Genehmigung des Bauleitplanes zu entscheiden hat.

Einen weiteren bedeutenden Zuständigkeitsbereich haben die Bezirksplanungsbehörden im Rahmen der landesplanerischen Veränderungssperren und des Widerspruchs gegen bevorstehende Planungen. Auf diese Tätigkeit darf ich später noch zurückkommen.

V. Rheinland-Pfalz:

Für die Tätigkeit der Landesplanung in Rheinland-Pfalz ist bisher — wie in Niedersachsen — noch kein eigenes Gesetz erlassen worden. Die Aufgabe und die Organisation der Landesplanung ist aber in einem Erlaß der Landesregierung (vom 21. Januar 1959 — MinBl. Spalte 175) zusammengefaßt. Dieser Erlaß bestimmt, daß der Ministerpräsident die Aufgaben der obersten Landesbehörde für die Landesplanung (Landesplanungsbehörde) wahrnimmt und die Bezirksregierungen nachgeordnete Planungsbehörden (Bezirksplanungsbehörden) sind. Den Landesplanungsbehörden ist es in diesem Erlaß zur Aufgabe gemacht, die übergeordnete, zusammenfassende Planung für eine Raumordnung aufzustellen, die die bestmögliche wirtschaftliche, soziale und kulturelle Entwicklung des Landes gewährleistet. Ferner haben sie die Planungen der einzelnen Geschäftsbereiche der Landesverwaltung (Fachplanung) sowie die Planungen der kommunalen Gebietskörperschaften und der sonstigen Körperschaften des öffentlichen Rechts (Ortsplanung) unter raumordnerischen Gesichtspunkten im gegenseitigen Einvernehmen abzustimmen. Damit ist den dortigen Landesplanungsbehörden eine umfassende Zuständigkeit eingeräumt, die in einem künftigen Landesplanungsgesetz, für das bereits ein Entwurf ausgearbeitet ist, näher beschrieben und zwischen den einzelnen Landesbehörden abgegrenzt werden soll. Soviel mir bekannt ist, entspricht die derzeitige landesplanerische Tätigkeit etwa der Praxis der Landesplanungsbehörden in anderen Bundesländern.

VI. Saarland:

Das Saarland hat das derzeit jüngste Landesplanungsgesetz. Es ist vom 27. Mai 1964 (ABl. S. 525, 621).

In diesem Gesetz wurde der Minister für öffentliche Arbeiten und Wohnungsbau zur Landesplanungsbehörde bestimmt und ihm eine planende und koordinierende Aufgabe gestellt.

Als Darstellungsmittel der Landesplanung nennt das saarländische Gesetz das Raumordnungsprogramm, in dem die Leitsätze für die räumliche Entwicklung des Landes zusammengefaßt sind, und den Raumordnungsplan, der die Ziele der Raumordnung in ihrer unmittelbaren räumlichen Auswirkung enthält. Das Raumordnungsprogramm und der Raumordnungsplan werden von der Landesplanungsbehörde unter Mitwirkung der beteiligten Landesminister und unter Anhörung des Landesplanungsbeirates vorbereitet. Bei der Erarbeitung des Raumordnungsplanes werden darüber hinaus noch die Gebietskörperschaften und sonstige Behörden beteiligt. Die förmliche Aufstellung des Programms erfolgt dann durch Beschluß der Landesregierung. Die genannte Zuständigkeit der Landesplanungsbehörde schließt das Recht ein, Landkreisen und Planungsverbänden, zu denen sich Landkreise, Ämter und Gemeinden zusammenschließen können, mit deren Zustimmung die Aufstellung von Raumordnungsteilplänen für bestimmte Gebietsteile als staatliche Auftragsangelegenheit zu übertragen, wenn dabei noch eine sach- und fristgerechte Erfüllung der Aufgabe gewährleistet ist. Auch im Falle der Delegierung hat jedoch die Landesplanungsbehörde das Einvernehmen mit den beteiligten Landesministern herzustellen, die Bundesbehörden zu beteiligen und den Landesplanungsbeirat zu hören.

Schließlich wären noch die Organisation und die Zuständigkeiten der Landesplanungsbehörde in Schleswig-Holstein zu betrachten.

VII. Schleswig-Holstein:

Landesplanungsbehörde in Schleswig-Holstein ist nach dem dortigen Landesplanungsgesetz (vom 5. 7. 1961 — GVBl. S. 119) der Ministerpräsident. Ihm obliegt die Erfüllung der landesplanerischen Aufgaben, die in eine planende und in eine koordinierende Tätigkeit aufgegliedert sind. Zur Zuständigkeit der Landesplanungsbehörde gehört die Aufstellung von Programmen für die räumliche Entwicklung (Raumordnungsprogramme) und von Raumordnungsplänen für das Land oder für die Teilgebiete (Regionalpläne). Die Regionalplanung und damit die Aufstellung von Regionalplänen kann die Landesplanungsbehörde jedoch auf Antrag den regionalen Landesplanungsverbänden oder einzelnen Kreisen übertragen, wenn die Gewähr für eine sach- und fristgerechte Erfüllung der Aufgaben gegeben ist. Derartige von Verbänden oder einzelnen Kreisen aufgestellte Regionalpläne bedürfen der Genehmigung der Landesplanungsbehörde. Zu den genannten regionalen Landesplanungsverbänden können sich Kreise und kreisfreie Städte auf der Grundlage von öffentlich-rechtlichen Vereinbarungen oder nach Maßgabe des Zweckverbandsgesetzes (vom 7. Juni 1939 — RGBl. I S. 979) zusammenschließen. Unter den Voraussetzungen des § 3 dieses Gesetzes ist auch der Beitritt anderer Planungsträger möglich, wenn deren Aufgaben durch die regionalen Planungen betroffen werden. Die Kreise oder kreisfreien Städte können aber auch von der Bildung eines Planungsverbandes absehen und statt dessen vereinbaren, daß einer der Beteiligten die ihnen übertragenen Aufgaben erfüllen soll.

Ferner obliegt es der Landesplanungsbehörde, Raumordnungsverfahren durchzuführen, wenn durch Planungen eines Planungsträgers zugleich die Interessen anderer Planungsträger beeinträchtigt werden und ein solches Verfahren von einer dieser Stellen beantragt wird oder wenn es die Landesplanungsbehörde zur Abstimmung der Interessen für erforderlich hält.

VIII. Berlin, Bremen, Hamburg:

Wenn ich auch aus den schon dargelegten Gründen nicht näher auf die Regelung der Zuständigkeiten in Berlin, Bremen und Hamburg eingehen möchte, so darf ich doch darauf hinweisen, daß in diesen drei Ländern keine Landesplanungsgesetze oder ähnliche Regelungen erlassen worden sind. Bemerkenswert ist in diesem Zusammenhang aber, daß für Bremen und Niedersachsen eine Hauptkommission der Gemeinsamen Landesplanungsarbeit besteht, die in Empfehlungen die Ergebnisse ihrer Untersuchungen und ihre Beurteilung der raumordnerischen Situation bekanntgibt und damit gewisse Richtlinien setzt. Eine ähnliche Zusammenarbeit findet zwischen Hamburg und Schleswig-Holstein im Gemeinsamen Landesplanungsrat statt, dessen Entschließungen zum Teil durch Runderlaß des Ministerpräsidenten von Schleswig-Holstein (vom 12. Nov. 1963—ABl. S. 587) als Raumordnungsplan festgestellt worden sind. Hinzuweisen wäre auch noch auf den Aufbaufonds für den Planungsraum Hamburg/Niedersachsen.

Aus dem bisher Dargelegten ist zu ersehen, daß es in jedem Bundesland Landesbehörden gibt, denen für die Obliegenheiten der Landesplanung fest umrissene Zuständigkeiten zugewiesen sind. Ferner haben wir gesehen, daß das Hauptgewicht der Funktion dieser Behörden auf einer planenden und auf einer koordinierenden Tätigkeit liegt.

Planen und Koordinieren kann eine Behörde jedoch nur dann, wenn sie alle Maßnahmen und Vorhaben, die für die Ordnung des Raumes von Bedeutung sind oder bedeutsam werden können, so frühzeitig erfährt, daß ihr die Wahrnehmung ihrer Belange noch möglich ist. In den Landesplanungsgesetzen der Länder Baden-Württemberg, Bayern, Nordrhein-Westfalen und Saarland und im Erlaß der Landesregierung Rheinland-Pfalz ist daher bestimmt, daß die Landesbehörden alle beabsichtigten oder zu ihrer Kenntnis gelangenden Maßnahmen raumordnerischer Bedeutung den Landesplanungsbehörden rechtzeitig mitzuteilen haben. In Schleswig-Holstein fordert das Gesetz dagegen nur, daß die öffentlichen und privaten Planungsträger auf Verlangen der Landesplanungsbehörde die entsprechenden Auskünfte zu erteilen haben. Diese Mitteilungspflicht, gleichgültig ob sie von den Planungsträgern von sich aus oder nur auf Verlangen zu erfüllen ist, stellt zugleich eine wichtige Klammer für die Zusammenarbeit der eigentlichen Planungsbehörden der Länder mit den sonstigen Landesbehörden, zu denen auch die für die Fachplanung zuständigen Dienststellen gehören, dar. Sie trägt in großem Umfange dazu bei, daß die Tätigkeit der Landesplanungsstellen nicht eine Arbeit am grünen Tisch der ausdrücklich dafür Zuständigen bleibt, sondern eine breite Basis in der Mitarbeit aller von dieser Tätigkeit berührten Stellen findet. Ich möchte sagen, daß diese Mitteilungspflicht zwar keine formelle Zuständigkeit, jedoch ein wichtiges Tätigwerden aller Landesbehörden beim Vollzug der landesplanerischen Obliegenheiten im weitesten Sinne begründet.

Jedes Programm und jeder Plan hat nur dann Gewicht und erfüllt seine Aufgabe nur dann in vollem Umfange, wenn er nicht nur ein Wunschbild bleibt, sondern für alle verbindlich ist, die raumbedeutsame und die Landesplanung berührende Maßnahmen treffen wollen. Die bestehenden Landesplanungsgesetze bestimmen daher übereinstimmend, daß ein festgestelltes Landesplanungsprogramm oder ein genehmigter oder für verbindlich erklärter Raumordnungsplan die Wirkung hat, daß die Behörden keine Planungen aufstellen, bestehen lassen, genehmigen oder durchführen dürfen, die mit dem für verbindlich erklärten Raumordnungsprogramm oder Raumordnungsplan nicht in Einklang stehen oder zu bringen sind. Das für die Herbeiführung der Verbindlichkeit vorgesehene Verfahren mag in den einzelnen Ländern verschieden sein und eine gesetzliche Normierung, einen Beschluß der Landesregierung oder eine Genehmigung der zuständigen obersten Landesbehörde erfordern, die Wirkung der Verbindlichkeit ist überall gleich, sie bindet sämtliche Behörden. Dieser umfassenden Auswirkung und der Bedeutung der in Frage stehenden Pläne auf die gesamte Entwicklung des jeweiligen Gebietes wegen ist auch vorgesehen, daß bei der Erstellung der Pläne und vor allem bei der Herbeiführung ihrer Verbindlichkeit alle betroffenen obersten Landesbehörden oder sonstigen Behörden zu beteiligen sind oder ihr Einvernehmen herzustellen ist, soweit nicht schon nach anderen Grundsätzen ihre Mitwirkung erforderlich ist, wie zum Beispiel im Falle der Verbindlicherklärung durch Gesetz oder durch einen Beschluß der Landesregierung.

Die Verbindlichkeitserklärung ist eine weitreichende und teilweise nur schwer zu ändernde Festlegung. Nun handelt es sich aber bei der Landesplanung um einen „Plan im Lebendigen", der die freie Initiative der Menschen berücksichtigen muß und der die technische Entwicklung nicht in das Prokrustesbett vorgefaßter Vorstellungen einzwängen darf. Es wäre deshalb eine Illusion, annehmen zu wollen, man könnte für das ganze Land oder auch nur für größere, nach raumordnerischen Gesichtspunkten zusammengefaßte Teilgebiete oder Regionen in der Gegenwart Pläne aufstellen und diese in der Zukunft allmählich durchführen. Die Entwicklung bringt vielmehr immer wieder Neues, das nicht im voraus und nicht für lange Zeit übersehen werden kann. Die Landesplanungsgesetze in Bayern und Schleswig-Holstein machen es daher der Landesplanung ausdrücklich zur Pflicht, die Planung der Entwicklung fortlaufend anzupassen. Darüber hinaus ist in den meisten Landesplanungsgesetzen bestimmt, daß die Verbindlichkeitserklärung sich nur auf den Zeitraum von einigen Jahren (in Bayern z. B. bis zu fünf Jahren) erstrecken kann oder daß nach Ablauf einer gewissen Zeitspanne der Plan neu erstellt und zur erneuten Genehmigung vorgelegt werden soll. In Nordrhein-Westfalen hat man dafür einen Zeitraum von 10 Jahren gewählt. In anderen Ländern ist der fortschreitenden Entwicklung dadurch Rechnung getragen worden, daß der Gesetzgeber Vorschriften über das Verfahren bei einer Änderung eines verbindlichen Raumordnungsplanes erlassen hat und damit von der Wahrscheinlichkeit einer Änderung ausgegangen ist. Als Beispiele für derartige Bestimmungen darf ich die Landesplanungsgesetze in Hessen, in Nordrhein-Westfalen und im Saarland nennen.

Schon die bisherige Betrachtung der Zuständigkeiten und der Verwaltungspraxis der Landesplanungsbehörden zeigt, daß der Raumordnungsplan oder wie man das Ergebnis der planenden Tätigkeit sonst nennen will, eines der wichtigsten Mittel der Landesplanung ist. Er stellt durch seine Qualität sicher, daß die Planungsarbeit nicht blasse Theorie bleibt, sondern Früchte tragen und zur Richtschnur künftiger Vorhaben und Maßnahmen überörtlicher Bedeutung werden kann. Wie aber können die Leitsätze und Ziele der Landesplanung verwirklicht und störende Eingriffe in eine geordnete Nutzung des Bodens verhindert werden, solange keine verbindlichen Programme oder Pläne vorliegen, die das künftige Geschehen abstimmen und dem Interesse aller unterordnen? Nur ein Teil der Landesplanungsgesetze bringt hierzu nähere Bestimmungen, die ich wegen ihrer Bedeutung für die Einwirkungsmöglichkeiten durch die Landesbehörden einzeln besprechen möchte.

1. In *Baden-Württemberg* kann die Landesregierung durch Rechtsverordnung einen zwar bekanntgemachten, aber noch nicht für verbindlich erklärten Entwicklungsplan vorläufig für verbindlich erklären. Voraussetzung ist das Drohen der Gefahr, daß die Verwirklichung landesplanerischer Zielsetzungen durch die Ausführung eines Vorhabens unmöglich gemacht oder wesentlich erschwert wird. Die vorläufige Verbindlichkeit ist zu befristen und darf nicht länger als 24 Monate dauern. Sie tritt außer Kraft, wenn ein für verbindlich erklärter Entwicklungsplan in Kraft tritt. Liegt auch ein bekanntgemachter Entwicklungsplan noch nicht vor und droht die Gefahr, daß durch die Aufstellung eines Bauleitplanes die Verwirklichung der genannten Zielsetzung unmöglich gemacht oder wesentlich erschwert wird, so kann die Landesregierung durch Rechtsverordnung anordnen, daß ein Bauleitplan vorläufig nicht aufgestellt werden darf. Diese Sicherungsanordnung ist auf höchstens sechs Monate zu befristen, kann aber nach Anhörung des Landesplanungsrates wiederholt werden, wenn die Voraussetzungen fortbestehen. Sie tritt außer Kraft, wenn ein Entwicklungsplan bekanntgemacht wird oder seit ihrem ersten Erlaß zwölf Monate verstrichen sind.

2. Das Landesplanungsgesetz in *Nordrhein-Westfalen* sieht den Widerspruch und die landesplanerische Veränderungssperre vor. Liegen dort die Voraussetzungen vor, unter denen ein Flächensicherungsplan aufzustellen ist, besteht also die Gefahr, die räumliche Gestaltung eines Gebietsteiles werde sich so entwickeln, daß die Ziele der Landesplanung nicht mehr oder nur mit wesentlichen Schwierigkeiten erreicht werden können, so kann die Bezirksplanungsbehörde auf Antrag der Landesplanungsgemeinschaft oder von Amts wegen gegen bevorstehende, genau zu bestimmende Planungen, Entscheidungen und Maßnahmen von Gemeinden und Gemeindeverbänden Widerspruch erheben, soweit dieser zur Sicherung der Ziele der Landesplanung erforderlich ist. Der Widerspruch ist auf höchstens zwölf Monate zu befristen. Eine Verlängerung um weitere zwölf Monate ist möglich, wenn besondere Umstände dies erfordern. Zur Durchsetzung des Widerspruchs können die Regierungspräsi-

denten und die Landesbaubehörde Ruhr, also die Bezirksplanungsbehörden, durch Rechtsverordnung eine landesplanerische Veränderungssperre erlassen. Auf den Erlaß dieser Sperre finden die Vorschriften der §§ 14 bis 17 Abs. 1 bis 3 Bundesbaugesetz Anwendung. Sie tritt also nach Ablauf von zwei Jahren — bei zweimaliger Verlängerung um je 1 Jahr nach Ablauf von 4 Jahren — außer Kraft, wenn sie nicht bereits während ihrer Geltungsdauer aufzuheben ist, weil die Voraussetzungen für ihren Erlaß weggefallen sind. Dies wäre vor allem dann der Fall, wenn ein Flächensicherungsplan für das betroffene Gebiet für verbindlich erklärt und ein entgegenstehender gemeindlicher Plan dem verbindlichen Flächensicherungsplan angepaßt wird. Darüber hinaus können die Regierungspräsidenten und die Landesbaubehörde Ruhr zur Durchsetzung des Widerspruchs die Baugenehmigungsbehörden anweisen, im Einzelfall die Entscheidung über die Zulässigkeit einer baulichen Anlage für einen Zeitraum bis zu zwölf Monaten auszusetzen.

3. Im *Saarland* kann die Landesplanungsbehörde im Benehmen mit den beteiligten Landesministern gegen beabsichtigte Planungen oder Maßnahmen von nachgeordneten Behörden des Landes, von Landkreisen, Ämtern, Gemeinden und Planungsverbänden im Sinne von § 4 des Bundesbaugesetzes, sowie gegen derartige Vorhaben von Körperschaften, Anstalten und Stiftungen des öffentlichen Rechts, die der Aufsicht des Landes unterstehen, Widerspruch erheben. Der Widerspruch ist auch hier nur möglich, wenn die Gefahr besteht, daß infolge dieser Planungen, Entscheidungen oder Maßnahmen die Ziele der Raumordnung nicht mehr oder nur mit erheblichen Schwierigkeiten erreicht werden können oder wenn ein Raumordnungsplan noch nicht vorliegt oder für die Beurteilung der beabsichtigten Planung, Entscheidung oder Maßnahme nicht ausreicht (§ 10 Abs. 1 SLPG). Die Geltungsdauer des Widerspruchs ist auch im saarländischen Landesplanungsgesetz befristet. Der Widerspruch gilt in der Regel 12 Monate. Die Geltungsdauer kann aber um weitere 12 Monate verlängert werden, wenn besondere Umstände es erfordern (§ 10 Abs. 2 S. 1 SLPG). Während der Geltungsdauer des Widerspruchs sind Planungen, Entscheidungen und Maßnahmen auszusetzen, soweit sie von dem Widerspruch betroffen sind.

4. In *Schleswig-Holstein* schließlich hat die Landesplanungsbehörde einer Planung zu widersprechen, wenn in dem wegen dieser Planung durchgeführten Raumordnungsverfahren kein Einvernehmen über den Ausgleich der Interessen erzielt werden konnte. Der Widerspruch hat aufschiebende Wirkung. Über ihn entscheidet die Landesregierung nach Anhörung des Landesplanungsrates.

Die Widerspruchs- und Sperrmöglichkeiten in den genannten vier Ländern wirken sich also im Saarland nur gegen Behörden und Körperschaften des öffentlichen Rechts aus; in Baden-Württemberg, in Nordrhein-Westfalen und in Schleswig-Holstein dagegen können Anordnungen getroffen werden, die auch Vorhaben privater Planungsträger zeitweise verhindern.

In den übrigen Ländern haben die Landesplanungsbehörden nach dem derzeit geltenden Landesrecht keine Möglichkeit, Vorhaben zu inhibieren, die sich auf die Durchsetzung der landesplanerischen Leitgedanken störend auswirken. Dort konnte bisher nur versucht werden, in einem landesplanerischen Gutachten oder im Rahmen eines Raumordnungsverfahrens auf etwaige landesplanerische Bedenken gegen das beabsichtigte Vorhaben und auf die Nachteile für den Planungsträger selbst oder für die sonstigen Planungsträger hinzuweisen und im Wege der Freiwilligkeit eine allen Beteiligten oder Betroffenen gerecht werdende Koordinierung unter Beachtung der Gesichtspunkte der Raumordnung herbeizuführen. Gegenüber Behörden war dieses Ziel noch verhältnismäßig leicht zu erreichen, weil in jedem Landesplanungsgesetz mehr oder weniger deutlich zum Ausdruck gebracht worden ist, daß diese Stellen gehalten sind, die Grundsätze der Landesplanung zu beachten. Es wäre wohl eine etwas zu wörtliche Auslegung der Gesetzesbestimmung, wenn man unter Grundsätzen der Landesplanung nur verbindliche oder bekanntgemachte Zielsetzungen, nicht aber eine der besonderen Umstände wegen ad hoc erarbeitete Überlegung verstehen wollte. Privaten Planungsträgern gegenüber fehlte jedoch dort, wo keine Widerspruchsregelung getroffen war, jegliche Möglichkeit, mit Mitteln der Landesplanungsbehörden einen Zwang auszuüben.

Meine ohnehin nur skizzenhafte Darstellung der Zuständigkeiten der Landesbehörden für Obliegenheiten der Raumordnung wäre nur ein Torso, würde ich nicht auf das umfangreiche Gebiet der Mitwirkung der Landesplanungsstellen bei anderen, vor allem Fachplanungen eingehen. Diese Mitwirkung dient im wesentlichen dem Zweck, daß bei den Fachplanungen die Belange und Ziele der Raumordnung die notwendige Beachtung finden, daß also die Fachplanung in Einklang mit der Landesplanung gebracht wird.

Ich möchte bei diesem Streifzug durch eine Reihe von Raumordnungsklauseln oder die Raumordnung ansprechenden Bestimmungen in verschiedenen Gesetzen beim Bundesbaugesetz beginnen. Ohne dem Referat über die Auswirkungen der Ziele der Raumordnung und der Landesplanung auf die örtliche Bauleitplanung vorgreifen zu wollen, darf ich die Bestimmung des § 1 Abs. 3 des Bundesbaugesetzes erwähnen, derzufolge die Bauleitpläne an die Ziele der Raumordnung und Landesplanung angepaßt werden müssen. Diese Bestimmung entspricht dem allgemein anerkannten Grundsatz der Raumordnung, „daß der größere zu ordnende Raum den Vorrang vor dem kleineren hat, daß sich, anders ausgedrückt, der kleinere Raum in das Raumordnungsgefüge des größeren einzupassen hat, da er Teilstruktur einer größeren Gesamtstruktur ist" (so Dittrich im Sonderdruck aus dem Tagungsbericht Deutscher Straßentag 1960 S. 4). Dieser Grundsatz trägt einer selbstverständlichen Forderung Rechnung, ohne die eigenständige Ordnung des kleineren Raumes und das Prinzip der gemeindlichen Selbstverwaltung zu verletzen.

Die Anpassung der Bauleitpläne an die Zielsetzung der Landesplanung bedingt eine enge Zusammenarbeit zwischen den Trägern der Bauleitplanung, den Genehmigungsbehörden und den Landesplanungsbehörden. Üblicherweise teilt die jeweilige Gemeinde der Landesplanungsbehörde die Absicht, einen Bauleitplan aufzustellen, mit und erfragt die bei der Erstellung des Bauleitplanes zu beachtenden raumordnerischen Gesichtspunkte. Eine Reihe von Ländern hat dieses Verfahren in besonderen Erlassen geregelt oder im Landesplanungsgesetz festgelegt. Ich darf in diesem Zusammenhang auf die diesbezüglichen Erlasse in Rheinland-Pfalz, im Saarland und in Schleswig-Holstein und auf § 18 des nordrhein-westfälischen Landesplanungsgesetzes hinweisen, dessen Bestimmungen ich schon bei der Erörterung der Zuständigkeiten der Bezirksplanungsstellen in Nordrhein-Westfalen dargetan habe. Die Ziele der Raumordnung können sich aus bereits vorhandenen Raumordnungsplänen ergeben. Wo solche Pläne nicht vorhanden sind, wird die Landesplanungsbehörde in einem Raumordnungsverfahren oder auf sonstige, der Rechtslage im jeweiligen Land entsprechende Weise die bei der Aufstellung des Bauleitplanes zu beachtenden Ziele der Raumordnung und Landesplanung erarbeiten und bekanntgeben oder erklären, daß landesplanerische Bedenken gegen die Planungsabsichten der Gemeinde nicht bestehen.

Der Regelung im Bundesbaugesetz ähnliche Bestimmungen finden sich in einer Reihe von Gesetzen. Ich denke dabei an das Gesetz über die Landbeschaffung für Aufgaben der Verteidigung — kurz: Landbeschaffungsgesetz — (vom 23. Februar 1957 i. d. F. vom 23. 12. 1960—BGBl. I S. 1078) und an das Gesetz über die Beschränkung von Grundeigentum für die militärische Verteidigung — kurz: Schutzbereichgesetz — (vom 7. 12. 1956 — BGBl. I. S. 899), die in ihren §§ 1 bestimmen, daß der Beschaffung von Land bzw. der Erklärung eines Gebietes zum Schutzbereich die Anhörung der Landesregierung vorauszugehen hat. Deren Stellungnahme wird sich vorwiegend auf die landwirtschaftlichen, wirtschaftlichen und kulturellen Interessen, auf die Belange des Städtebaues und des Naturschutzes und auf die Erfordernisse der Landesplanung erstrecken und in der Regel von der für die Koordinierung der einzelnen Interessen zuständigen Landesplanungsbehörde in dem ihr vorgeschriebenen Verfahren erarbeitet.

Eine unmittelbare Beteiligung der Landesplanungsbehörden schreibt dagegen § 16 des Bundesfernstraßengesetzes (vom 6. August 1953 — BGBl. I S. 903) bei der Bestimmung und Planung der Linienführung der Bundesfernstraßen durch den Bundesminister für Verkehr vor. Andererseits ist die Straßenbaubehörde zu beteiligen, wenn die Orts- oder die Landesplanung die Änderung bestehender oder die Schaffung neuer Bundesfernstraßen zur Folge haben könnte. Für Differenzen zwischen den einzelnen Planungen ist bestimmt, daß die Bundesplanung den Vorrang vor der Landesplanung oder Ortsplanung hat. Ich darf in diesem Zusammenhang noch auf § 6 des neuen Raumordnungsgesetzes verweisen, der Vorschriften über die Anpassung besonderer Bundesmaßnahmen an die Ziele der Raumordnung und Landesplanung gebracht hat.

Raumordnungsklauseln befinden sich noch in verschiedenen anderen Gesetzen, wie z. B. in § 36 des Wasserhaushaltsgesetzes, und werden in neuerer Zeit in zunehmendem Maße in Gesetze aufgenommen, die für die Raumordnung bedeutsam werden können. Es darf angenommen werden, daß sich diese Tendenz mit dem Inkrafttreten des neuen Raumordnungsgesetzes noch verstärken wird.

Schon dieser leider nur äußerst knappe Überblick zeigt, daß die Zuständigkeiten der Landesbehörden für Obliegenheiten der Landesplanung vielfältig sind und gerade auf diesem Gebiet die Länder ein weites, verantwortungsvolles und für die Zukunft bedeutsames Betätigungsfeld haben. Sicher wird die immer größer werdende Erfahrung eine laufende Verbesserung der Verwaltungstätigkeit und der einschlägigen Gesetze bringen und so dazu beitragen, daß die Landesplanung die großen Erwartungen erfüllen kann, die gerade in letzter Zeit von allen Seiten in sie gesetzt werden.

Thesen

1. Art. 83 GG bestimmt und der föderalistische Aufbau der Bundesrepublik bedingt, daß Bundesgesetze, also auch solche über die Raumordnung, durch die Länder als eigene Angelegenheit auszuführen sind.

2. Das neue Raumordnungsgesetz enthält Rahmenbestimmungen im Sinne des Art. 75 Nr. 4 GG über die Aufgaben und Zuständigkeiten der Länder für Obliegenheiten der Landesplanung. Die Länder sind also gehalten, ihre derzeitigen landesgesetzlichen Vorschriften auf die Vereinbarkeit mit diesen Rahmenbestimmungen hin zu überprüfen, sie u. U. zu ergänzen oder zu ändern.

3. Das neue Raumordnungsgesetz trifft keine bindende Regelung darüber, ob die Regionalplanung durch Landesbehörden (als Staatsaufgabe) oder durch Planungsgemeinschaften (als Selbstverwaltungsaufgabe) zu vollziehen ist. Es stellt nur die Mindestforderung auf, daß die Gemeinden und Gemeinde-

verbände oder deren Zusammenschlüsse in einem förmlichen Verfahren an der Regionalplanung zu beteiligen sind (§ 5 Abs. 3 Raumordnungsgesetz).

4. In allen Ländern bestehen bereits derzeit Gesetze oder sonstige Regelungen über die Aufgaben und Zuständigkeiten bestimmter Landesbehörden für Obliegenheiten der Raumordnung und Landesplanung. Die einzelnen Vorschriften weichen z. T. erheblich voneinander ab. Es liegen ihnen jedoch im wesentlichen gemeinsame Leitgedanken zugrunde.

Auswirkungen der Ziele der Raumordnung und Landesplanung auf die örtliche Bauleitplanung

Von Erwin Lang

I. Unsere moderne Industriegesellschaft findet in der Gemeinde einen Daseinsraum, der die Gestaltung menschlichen Lebens in all seinen Bezügen sehr stark beeinflußt. Die starke „Differenzierung der Gemeinden nach Größe, Struktur und funktionaler Gliederung" ist das Ergebnis des sich mit dem Industrialisierungsprozeß vollziehenden ökonomischen und sozialen Wandels und der dadurch verursachten Veränderungen in der räumlichen Ordnung.

Wir können heute feststellen, daß wir noch mitten in einem Prozeß der Verstädterung stehen, der zur Zusammenballung der Bevölkerung in einigen Gebieten führt. Durch diesen Sog der sogenannten Ballungsgebiete wird das Leistungsgefälle zwischen den schwach strukturierten Räumen des flachen Landes und den wirtschaftlich expansiven Industriegebieten immer größer und damit eine keinesfalls wünschenwerte und bedenkliche Entwicklung des Gefüges unserer Bundesrepublik fortgesetzt. Krieg und Nachkriegsereignisse ließen die Menschen zunächst auf das Land strömen. Der Wiederaufbau zerstörter und die Neueinrichtung zusätzlicher Arbeitsplätze führten zu einer verstärkten Rückwanderung in die industrialisierten Ballungsräume. Nach dem heutigen Trend versuchen die Menschen, der Konzentration im Kernbereich der Städte wieder zu entfliehen. Sie ziehen entweder wieder auf das Land oder versuchen in den Randbezirken wegen der gesünderen Wohnverhältnisse ansässig zu werden.

Einem geringfügigen Absinken des Bevölkerungsanteils der Großstädte steht eine außerordentliche Zunahme der Bevölkerungsdichte in den Gemeinden des Umlandes gegenüber. Diese extensive Agglomeration deutet damit gleichzeitig an, daß sich die Problematik des Ballungsraumes nicht auf die Großstädte beschränkt, sondern in der gleichen Weise die umliegenden Landkreise und ihre Gemeinden erfaßt.

Im Ballungsraum lebt, wohnt, arbeitet und erholt sich der Mensch in verschiedenen Bereichen, bei denen Verwaltungsgrenzen sich überschneiden, verflechten und überlagern. Die wachsenden Ballungsräume weisen damit Kontaktvorteile auf, die erhalten und ausgebaut werden müssen.

Im Interesse ihrer Bürger müssen die Gebietskörperschaften deshalb kommunale Egoismen überwinden und versuchen, auf der Basis echter freiwilliger Zusammenarbeit die auftauchenden Probleme in eigener Verantwortung zu meistern. Dabei kommt es entscheidend darauf an, die lebendige Teilnahme der Bürger am Gemeinschaftsleben zu wecken, zu sichern und zu erhalten. Die wirtschaftlichen, kulturellen und sozialen Interessen müssen von der Gesamtheit der kommunalen Körperschaften als ein zusammenhängendes Ganzes im Wirtschafts- und Siedlungsraum betrachtet und von einem überörtlichen Gesichtspunkt aus beurteilt werden. Nur so kann man vermeiden, daß im Rahmen der obrigkeitlichen, zentralistischen Tendenzen des Staates der Spielraum der Gemeinden eingeschränkt wird. Deshalb darf eine echte demokratische Raumordnungspolitik nur auf der Initiative der Gemeinden aufbauen und kann nicht ohne Beteiligung der kommunalen Selbstverwaltung durchgeführt werden.

Übergeordnete gesellschaftspolitische Gründe zwingen heute die Kommunalpolitiker, ein enges in den Gemeindegrenzen verharrendes Denken zu vermeiden. Die Umschichtungen in der Bevölkerungsverteilung führen zu Engpässen bei der Schaffung von Wohnraum, Verkehrsverbindungen und Versorgungsleistungen. Die Bewältigung dieser Probleme zwingt auch zur „horizontalen Koordinierung", da sehr oft die finanziellen und personellen Möglichkeiten der einzelnen Gemeinden überfordert werden. Die einzelnen Verflechtungsmerkmale zeigen, daß die Räume aus nach kommunalpolitischen Gesichtspunkten früher gerechtfertigten Zuschnitten herauswachsen und damit der Gegensatz zwischen den Verwaltungsgrenzen und den tatsächlichen Gegebenheiten der Gegenwart und Zukunft immer fühlbarer wird. Sehr vielschichtige Probleme überschneiden und durchdringen sich gegenseitig, so daß nur ergänzende und koordinierende Maßnahmen den Verhältnissen gerecht werden können. Dabei darf man aber die Raumnutzung keinesfalls losgelöst von den sozialen und wirtschaftlichen Tatbeständen betrachten. Der Bedarf der Bevölkerung bestimmt fast ausschließlich die Art der Bodennutzung. Sie hängt sehr weitgehend von der Einwohnerzahl und der sozialen und wirtschaftlichen Struktur der Bevölkerung ab. Letztere zu beeinflussen, darf man nur im Rahmen einer gesellschaftspolitischen Konzeption versuchen. Hierbei muß man sich aber auf die Grundwerte unserer verfassungsmäßigen Gesellschaftsordnung stützen.

Eine grundsätzliche demokratische Forderung verlangt die maßgebliche Mitwirkung der unmittelbar Betroffenen. Die Frage nach der geeigneten Organisationsform beantwortet sich dahin, daß dies sich leichter in der Selbstverwaltung als in der Staatsverwaltung verwirklichen läßt. Das Problem der Verwaltung muß auf den Verwaltungszweck zurückgeführt werden. Dieser liegt jedoch in der Erreichung einer organischen Gemeinschaft freier Menschen.

Seit vielen Jahrzehnten werden Diskussionen und Auseinandersetzungen geführt, bei denen elementare Positionen des Verhältnisses von Bürgertum und Staat im Streite liegen.

Der Antagonismus von Staats- und Selbstverwaltung beherrscht wie vor über 100 Jahren auch heute die kommunalpolitische und kommunalwissenschaftliche Diskussion. Zeiten selbstverwaltungsfreundlichen Denkens und Handelns wechselten mit ausgesprochen verwaltungsstaatlich orientierten, ohne daß es einer der beiden Seiten gelang, sich endgültig gegenüber der anderen durchzusetzen. Auch die „Renaissance der Selbstverwaltung in der Nachkriegszeit", eine Antwort auf die verwaltungsstaatliche Handlungsweise des zusammengebrochenen totalitären Staates, konnte keine entscheidenden Erfolge erzielen. Zwar brachte man die Diskussion erneut voll in Gang, verankerte das Selbstverwaltungsrecht verfassungsmäßig und setzte einige selbstverwaltungsfreundliche Einzelregelungen durch. Einen echten Ausgleich der widerstreitenden Kräfte und Interessen konnte man jedoch nicht erreichen.

Die Mitwirkungsmöglichkeit des Laienelements ist am leichtesten dann gesichert, wenn im Rahmen der konsequenten Anwendung des demokratischen Prinzips die Verwaltungsgeschäfte im Wege der Dezentralisation von den Selbstverwaltungskörperschaften in eigener Verantwortung vollzogen, d. h. die Entscheidungen in die Lokalinstanzen verlagert werden.

Eine gut funktionierende Selbstverwaltung ist und bleibt eine staatspolitische Notwendigkeit, wenn die föderalistische Struktur unseres Staatsgebildes erhalten, allzu starken zentralistischen Tendenzen entgegengetreten und die Dezentralisierung öffentlicher Aufgaben um der Freiheit unserer Menschen willen durch die Selbstverwaltung gewährleistet werden sollen. Um der Freiheit und Sicherheit des Bürgers willen muß Macht von Macht kontrolliert werden. Unterschiedliche politische Meinungen auf der Ebene des Bundes, der Länder und der Selbstverwaltung, im horizontalen und vertikalen Bereich, und hier sogar selbst im Rahmen äußerlich gleicher politischer Gruppierungen setzen die Akzente der politischen Vorstellungen und geben erst durch ihre Verschiedenheit den Raum frei für die variablen Entfaltungsmöglichkeiten. Damit stoßen wir für die kommunale Selbstverwaltung zu den tiefsten Gründen ihrer Rechtfertigung vor.

Die Selbstverwaltungsgarantie nach Art. 28 GG wird weitgehend institutionell gesichert. Die Selbstverwaltung nach Art. 28 Abs. 2, Satz 1 GG ist den Gemeinden in zweifacher Hinsicht garantiert. Einmal wird die Kompetenz für alle Angelegenheiten der örtlichen Gemeinschaft garantiert und damit den Gemeinden ein eigener Aufgabenbereich gesichert. Zum anderen ist den Gemeinden auch eine Garantie für die eigenverantwortliche Führung der Geschäfte innerhalb dieses Aufgabenbereiches, die sich in Selbstverwaltung, d. h. in eigenem Namen, in eigener Verantwortung und durch gewählte Organe vollziehen soll, gegeben.

Beide Bereiche stehen unter dem Vorbehalt des Gesetzes, so daß sowohl in den Aufgabenbereich als auch in die eigenverantwortliche Führung der Geschäfte eingegriffen werden kann. Die Selbstverwaltung darf durch diese Eingriffe nicht generell aufgehoben oder derart eingeschränkt werden, daß sie innerlich ausgehöhlt wird und nur noch ein Scheindasein führt.

Das Bundesverfassungsgericht hat Einschränkungen der Gemeinden in bestimmten Notzeiten gerechtfertigt, wenn sie nicht für alle Zeiten bestehenbleiben und ihr künftiger Wegfall sich absehen. läßt. Das heißt jedoch, daß die Selbstverwaltungsrechte den Gemeinden nicht in ihren Einzelheiten verbürgt sind, wie sie ihnen bei Inkrafttreten der Verfassung zustanden. Demnach ist nur das „Wesen der Selbstverwaltung" oder der „Kern der Selbstverwaltung" geschützt.

Bis heute ist strittig geblieben, was zu dem verfassungsrechtlich gegen den Eingriff der Gesetzgebung geschützten Kernbereich der Selbstverwaltung gehört. Sowohl durch Entziehung von Aufgabenbereichen als auch durch die Beschränkung der Eigenverantwortung kann der Eingriff in den Kern der Selbstverwaltung erfolgen. Das Bundesverfassungsgericht hat festgestellt, daß der Kern der Selbstverwaltung veränderlich ist und der Wesensgehalt eines notwendigen Bestandteils der Selbstverwaltung je nach den Umständen enger oder weiter abzugrenzen ist.

Es ist heute unbestritten, daß die gemeindliche Planungshoheit zum Kern der kommunalen Selbstverwaltung gehört. Die Gemeinden haben sich bei der eigenverantwortlichen Aufstellung der Bauleitpläne (§ 2 Abs. 1 BBauG) nach § 1 Abs. 3 den Zielen der Raumordnung und Landesplanung anzupassen.

Lassen Sie mich nun nach diesen mehr allgemeinen Ausführungen versuchen, anhand von zwei konkreten Fällen aufzuzeigen, wie die Auswirkungen der Ziele der Raumordnung und Landesplanung auf die Bauleitplanung die Eigenverantwortlichkeit der Gemeinden und die Allseitigkeit des gemeindlichen Wirkungskreises berühren.

II. Wir wollen zunächst die Ansiedlung einer Ölraffinerie und petrochemischer Industrie unter raumpolitischen Gesichtspunkten betrachten.

Auf dem Gelände der ehemaligen Domänen Mönchhof und Klaraberg entstanden Industrieanlagen. Der zusammenhängende frühere Staatsbesitz von über 200 ha war im engeren Untermaingebiet das einzige größere am südlichen Mainufer gelegene Territorium, das auf Grund seiner günstigen Lage und Besitzverhältnisse für eine industrielle Nutzung geradezu prädestiniert war. Gemarkungsmäßig zählen ca. 90 ha zu Raunheim und der Rest zu Kelsterbach. Bereits 1956 wollte Raunheim den in seinem Gemarkungsbereich gelegenen Teil für die Industrieansiedlung freigegeben haben. Damals lehnte das Hessische Ministerium für Land- und Forstwirtschaft den Antrag mit der Begründung ab, daß die auf diesem Gelände betriebene intensive Saatgutwirtschaft ein solches Vorhaben nicht zulasse.

Im Zuge der immer größer werdenden Bedeutung der Kunststoffindustrie waren die Farbwerke Hoechst als einer der größten Chemie-Konzerne der Bundesrepublik gezwungen, für eine entsprechende Ausweitungsmöglichkeit der Produktionsanlagen und eine Sicherstellung der Rohstoffzufuhr auch im Hinblick auf die Auswirkungen des Gemeinsamen Marktes zu sorgen. Bei der näheren Überprüfung der sich am Rhein-Main-Dreieck anbietenden Möglichkeiten faßte man schließlich das Domänengelände ins Auge mit der Notwendigkeit, für die Befriedigung des Gesamtflächenbedarfs noch ca. 240 ha des benachbarten Kelsterbacher Stadtwaldes in Anspruch nehmen zu müssen.

Der beabsichtigte Ausbau besonders der Petrochemie erforderte zunächst die Möglichkeit zur Errichtung einer Ölraffinerie. Die früher vornehmlich in den Raffinerien als Abfälle entstandenen Teilprodukte sind heute wichtigste petrochemische Rohstoffe. Wirtschaftliche Überlegungen zwingen zur möglichst engen Nachbarschaft von Raffinerie und verarbeitender Industrie. Darüber hinaus wird durch das Vorhandensein einer Raffinerie die Möglichkeit geschaffen, andere chemische Industriezweige zu errichten. Die Rohstoffzufuhr ist wegen der günstigen Verkehrslage verhältnismäßig leicht zu lösen. Der Energiebedarf kann durch Heizöl, Gas und Dampf von der Raffinerie befriedigt werden.

Nachdem die Farbwerke Hoechst mit der Hessischen Landesregierung wegen eines Verkaufs des Domänengeländes eine grundsätzliche Einigung erzielt und mit der Caltex Oil Germany GmbH wegen des Baus einer Raffinerie und entsprechender Rohstofflieferungen verhandelt hatten, wandten sie sich an Raunheim und Kelsterbach.

Die Verhandlungen mit Raunheim scheiterten zunächst daran, daß die Farbwerke Alleineigentümer des Staatsgeländes werden und an die Caltex verpachten oder erst später verkaufen wollten. Raunheim lehnte aus folgenden Gründen ab: die Inanspruchnahme des gesamten in seiner

Gemarkung gelegenen Geländes durch einen Betrieb führe zu einer einseitig orientierten gemeindlichen Gewerbesteuerpolitik. Vier oder fünf mittlere Betriebe verschiedener Branchen auf gleichem Gelände würden eine kontinuierliche Steuerentwicklung eher garantieren und seien strukturell gesünder. Hinsichtlich der zu erwartenden Gewerbesteuer aus der Raffinerie sei man deshalb skeptisch, weil die Ölgesellschaften ihr eigener Rohstofflieferant seien. Bei der Preisgestaltung des Rohöls könnten sie durch entsprechende Manipulation dafür sorgen, daß eine Raffinerie praktisch ohne Gewinn arbeite und damit für die Standortgemeinde steuerlich uninteressant werde.

In der Nachbargemeinde Kelsterbach führte das Begehren der Farbwerke Hoechst, ca. 240 ha Stadtwald anzukaufen und industriell zu nutzen, zu sehr unterschiedlichen Wirkungen. Zunächst sah man den angebotenen Kaufpreis als unzureichend an. Darüber hinaus gingen jedoch die grundsätzlichen Meinungen über das gesamte Vorhaben sehr weit auseinander. Die Bebauung des in Kelsterbach gelegenen Domänengeländes war von untergeordneter Bedeutung und wurde nur insoweit diskutiert, als seine industrielle Nutzung zwingend die Heranziehung des Stadtwaldes zur Folge hat. Bedingungslose Ablehnung des gesamten Vorhabens und eine das Ausmaß der Inanspruchnahme des Waldes einschränkende Position bei gleichzeitigem Festhalten an der Verkaufspreisforderung standen sich bei den Vertretungskörperschaften gegenüber.

Die nun folgenden Verhandlungen führten schließlich zu einer befriedigenden Lösung. Besprechungen zwischen Raunheim und Kelsterbach, mit dem Landrat, der Stadt Frankfurt, der Landesregierung und den interessierten Firmen analysierten die Gesamtsituation und erbrachten einen vernünftigen Kompromiß. Die Bedeutung der Raffinerie für den gesamten Wirtschaftsraum des Rhein-Main-Gebietes wurde anerkannt. Sie stellt einen das Strukturgefüge ergänzenden und stabilisierenden Faktor dar. Gleichzeitig werden indirekt Tausende von Arbeitsplätzen gesichert und gefestigt.

Erwerber des Geländes in dem Raunheimer Gemarkungsbereich wurde die Caltex. Die Farbwerke reduzierten ihren Anspruch auf Kelsterbacher Waldgelände auf knapp 120 ha und machten hinsichtlich des Kaufpreises Zugeständnisse. Die Regierung und die Stadt Frankfurt anerkannten die Bedeutung der Zustimmung Raunheims und Kelsterbachs im Hinblick auf das Gesamtwirtschaftsgefüge. Die Stadt Frankfurt schloß deshalb sowohl mit Raunheim als auch mit Kelsterbach Verträge ab, nach denen sie diesen beiden Gemeinden jährlich je 500 000,— DM so lange zahlt, bis von den neuangesiedelten Industrien ein entsprechender Gewerbesteuerbetrag vereinnahmt wird.

Raunheims Gemeindevertretung wies durch einstimmigen Beschluß das Domänengebiet als Industriegelände für den Bau eines Ölhafens und der Ölraffinerie aus. Die Stadtverordneten Kelsterbachs stimmten durch Mehrheitsbeschluß dem Waldverkauf und der Ausweisung des Industriegeländes zu.

Der Hessische Landtag genehmigte den Verkauf des Domänengeländes an die Caltex und die Farbwerke Hoechst.

Das Land und nach überörtlichen Gesichtspunkten handelnde Selbstverwaltungskörperschaften trugen zusammen mit der Industrie den lokalen Gegebenheiten Rechnung. Sie brachten die Einzelinteressen in ein dem Raumbedürfnis entsprechendes ausgewogenes Verhältnis.

III. Eine besondere Problematik verbindet sich mit den Ausbauabsichten der Flughafen Frankfurt AG für den Flughafen Rhein/Main.

Dem zusätzlichen Bau einer Nord-Süd-Startbahn und der Erweiterung der Flughafengebäude sollten nach den Vorstellungen der Flughafendirektion ursprünglich ca. 1350 ha Wald geopfert werden. Die Frankfurter Stadtverordneten begrüßten die Ausführung der beabsichtigten Maßnahmen, da der Flughafen für die weitere Entwicklung der Stadt von entscheidender Bedeutung sei. Für die Stadt Frankfurt sei hierbei besonders die Tatsache günstig, „daß der Stadtwald eine ideale Abschirmung des Start- und Landeverkehrs darstellt".

Gerade aber die durch den Flugbetrieb verursachten Lärmbelästigungen haben bisher schon zu teilweise sehr massiven Protesten aus den an- und umliegenden Städten und Gemeinden geführt. Bürgermeister und Landräte, Ärzte und Krankenhausinsassen, Presse, Rundfunk und Fernsehen haben wiederholt auf die zeitweise unzumutbaren Beeinträchtigungen aufmerksam gemacht. Die radikalste Forderung gipfelte in dem Anspruch, den Flughafen in ein weniger dicht besiedeltes Gebiet zu verlegen. Zivile und militärische Flugleitung und auch die Bundesanstalt für Flugsicherung versicherten, dafür zu sorgen, daß vermeidbare Belästigungen unterbleiben.

Die „Schutzgemeinschaft Deutscher Wald" forderte bereits hinsichtlich der Erweiterungsabsichten des Flughafens kategorisch, von dem geplanten Projekt Abstand zu nehmen. Sie machte auf die nach ihrer Meinung bedenklichen Folgen einer Abholzung des Waldes aufmerksam. Mit der gleichen Intensität wandte sie sich gegen Wohnungs- und Industriebauvorhaben in Raunheim und Kelsterbach. Gemeindevertreter, Stadtverordnete und Kreistagsabgeordnete erhielten schriftliche Stellungnahmen, und oft sehr umfangreiche Presseveröffentlichungen trugen die Diskussion in die Öffentlichkeit. Der Kreistag des Kreises Groß-Gerau gab der Schutzgemeinschaft sogar die Gelegenheit, in einer Plenarsitzung ihre Ansichten sehr eingehend vorzutragen.

Zum besseren Verständnis des später Abzuhandelnden sei noch folgendes vorausgeschickt.

Als nach Freigabe der Bodenpreise diese ruckartig anstiegen, forderten vor den Bundestagswahlen 1961 alle politischen Parteien, aber auch Sprecher des Bundes und der Länder, daß im öffentlichen Besitz befindliches und zur Bebauung geeignetes Gelände zu vertretbaren Preisen besonders für den sozialen Wohnungsbau zur Verfügung gestellt wird.

Verhandlungen zwischen dem Gemeinnützigen Wohnungsunternehmen „Neue Heimat" und der Gemeinde Raunheim führten zum Abschluß eines Erbbaurechtsvertrages. Danach soll auf einem ca. 200 ha großen Waldgelände im Rahmen des sozialen Wohnungsbaues eine *Waldstadt* mit 7600 WE entstehen. Der Vertrag wurde für 99 Jahre geschlossen und ein jährlicher Erbbauzins von 1 305 000,— DM vereinbart. Beide Vertragspartner machten die Rechtswirksamkeit des Vertrages von der Genehmigung des Hessischen Ministers des Innern — als der obersten kommunalen Aufsichts- und Wohnsiedlungsbehörde — abhängig.

Der Minister forderte von dem Regierungspräsidenten eine gutachtliche Stellungnahme zu diesem Projekt im Hinblick auf mögliche Ausstrahlungen durch den Flughafen.

Die Bezirksplanungsstelle des Regierungspräsidenten nahm in Zusammenarbeit mit dem Technischen Überwachungsamt Darmstadt und der Bundesanstalt für Flugsicherung in Frankfurt/Main über einen längeren Zeitraum Messungen des Fluglärms in dem fraglichen Gebiet, aber auch in mehreren anderen im Flughafenbereich liegenden Städten und Gemeinden vor. Auf Grund dieses Gutachtens und gewisser forstwirtschaftlicher Überlegungen schlug der Regierungspräsident in seinem Bericht an den Minister für die Aufstellung des Flächennutzungsplanes gewisse Auflagen vor.

Der Minister trat den Ansichten des Regierungspräsidenten bei und wies ihn an, über den Landrat die für die Rechtskraft des Erbbaurechtsvertrages notwendige Genehmigung zu erteilen.

Der am 13. 6. 1961 abgeschlossene Erbbaurechtsvertrag wurde nach Vorliegen der Genehmigung mit Wirkung vom 1. 7. 1962 rechtswirksam.

Der Flughafen Frankfurt/Main liegt mitten im Ballungsraum „Engeres Untermaingebiet". Mit der Zunahme des Flugverkehrs auf diesem Flughafen nehmen auch die Störungen der umliegenden Städte und Gemeinden durch den Fluglärm zu. Um die Erweiterung des Flughafens sicherzustellen, hatte die Flughafendirektion im Jahre 1961 bei den betroffenen Gemeinden Antrag gestellt, das für die Flughafenerweiterung notwendige Gelände in den örtlichen Flächennutzungsplänen auszuweisen. Alle Gemeinden haben diesen Antrag abgelehnt. Andererseits mußten die Gemeinden im Genehmigungsverfahren für ihre Bauleitpläne gemäß § 2 Abs. 5 BBauG nach einem Erlaß des Innenministers die Flughafen Frankfurt/Main AG — als Träger öffentlicher Belange — hören. Diese hat in einer Reihe von Fällen gegen die beabsichtigten Planungen Bedenken geltend gemacht und hierbei im wesentlichen § 1 Abs. 4 BBauG angeführt. Diese Bedenken sind also auf die Leitsätze für die Planung ausgerichtet, nach denen sich die Bauleitpläne „nach den sozialen und kulturellen Bedürfnissen der Bevölkerung, ihrer Sicherheit und Gesundheit zu richten haben".

Gemäß § 12 Abs. 1 LuftVG ist bei Genehmigung eines Flughafens für den Ausbau ein Plan festzulegen. Nach § 6 LuftVG ist vor Erteilung der Genehmigung von Flugplätzen insbesondere zu prüfen, ob die geplante Maßnahme die Erfordernisse der Raumordnung, der Landesplanung und des Städtebaues angemessen berücksichtigt. Ist das in Aussicht genommene Gelände ungeeignet oder rechtfertigen Tatsachen die Annahme, daß die öffentliche Sicherheit oder Ordnung gefährdet wird, ist die Genehmigung zu versagen. Ergeben sich später solche Tatsachen, so kann die Genehmigung widerrufen werden. Die Genehmigung eines Flughafens, der dem allgemeinen Verkehr dienen soll, ist außerdem zu versagen, wenn durch die Anlegung und den Betrieb des beantragten Flughafens die öffentlichen Interessen in unangemessener Weise beeinträchtigt werden.

Die Genehmigung ist zu ergänzen oder zu ändern, wenn dies nach dem Ergebnis des Planfeststellungsverfahrens notwendig ist. Eine Änderung der Genehmigung ist auch erforderlich, wenn die Anlage oder der Betrieb des Flugplatzes „wesentlich erweitert oder geändert werden soll".

Eine Planfeststellung gemäß § 9 Abs. 1 LuftVG ist für den Flughafenbereich bisher nicht erfolgt und eine Änderung der Genehmigung nach § 6 Abs. 4 bisher auch noch nicht beantragt. Aus diesem Grunde sind Bedenken, die die Flughafen Frankfurt/Main AG nach § 1 Abs. 4 BBauG im Hinblick auf ihre Ausbauabsichten gegenüber den Flächennutzungsplänen der Gemeinden anmeldet, mehr als fragwürdig. Solange sie selbst keine für ihre Erweiterungsabsichten rechtsverbindliche Planung vorliegen hat, darf sie in der vorher bezeichneten Form nicht tätig werden.

§ 6 Abs. 2 LuftVG bestimmt eindeutig, daß vor der Erteilung der Genehmigung für Flugplätze (analog demnach auch bei einer Änderungsgenehmigung) insbesondere zu prüfen ist, ob die geplante Maßnahme die Erfordernisse der Raumordnung, der Landesplanung und des Städtebaues angemessen berücksichtigt. Die Formulierung im Gesetzestext bringt klar zum Ausdruck, daß die Bedürfnisse des Flughafens gegenüber denen der Städte und Gemeinden keinesfalls überwiegen.

Im § 6 Abs. 2 LuftVG heißt es: „Die Genehmigung eines Flughafens, der dem allgemeinen Verkehr dienen soll (analog also auch eine Änderungsgenehmigung) ist außerdem zu versagen, wenn durch die Anlegung und den Betrieb des beantragten Flughafens die öffentlichen Interessen in unangemessener Weise beeinträchtigt werden." Der Begriff des „öffentlichen Interesses" unterliegt als Blankett-Begriff der richterlichen Nachprüfung und steht deshalb außerhalb des Ermessens.

Derart strenge Vorschriften im LuftVG lassen folgenden Schluß zu: Werden die Interessen der Gemeinden durch einen Einspruch des Flughafens, den dieser auf § 1 Abs. 4 BBauG stützt, tangiert, so kann die Berufung der betreffenden Gebietskörperschaften auf § 6 LuftVG nicht nur den Einspruch zurückweisen, sondern eindeutig den Flughafen zwingen, seine Interessen denjenigen der betroffenen Städte und Gemeinden unterzuordnen. Denn die Bemühungen der Flughafen Frankfurt/Main AG, konsequent Städteerweiterungen im „Einflußbereich" des Flughafens verhindern zu wollen, lassen die Vermutung aufkommen, daß die Auffassung vorherrscht, Flughafenerweiterungen und die Ausdehnung und Modernisierung des Flugverkehrs würden in Zukunft ohne entscheidenden Respekt vor den Belangen der Bevölkerung erfolgen können.

Nicht unerwähnt darf bleiben, daß sich Bund, Land und die Stadt Frankfurt/Main in den Besitz der Aktien teilen und daß Hessische Kabinettsmitglieder im Aufsichtsrat der Flughafen Frankfurt/Main AG vertreten sind. Dadurch besteht zumindest die sehr große Gefahr, daß die Interessen der Flughafen Frankfurt/Main AG mit denen des Landes Hessen und der Stadt Frankfurt gleich gesetzt werden können und eine dadurch bedingte „entsprechende" Berücksichtigung bei der Fixierung der Ziele der Raumordnung und Landesplanung erfahren. Man könnte versucht sein, vorwiegend „nur" fiskalisch bestimmte Überlegungen mit dem Gewicht des „öffentlichen Interesses" auszustatten. Die Möglichkeit eines gewissen Prestigedenkens und auch -handelns der Stadt und des Landes müssen hier zumindest angedeutet werden.

Die von der Flughafen Frankfurt/Main AG gegen die örtlichen Bauleitpläne nach § 1 Abs. 4 BBauG geltend gemachten Bedenken wurden in öffentlichen Sitzungen der Gemeindevertretungen und Stadtparlamente behandelt und hierbei selbstverständlich auch die Ausbauabsichten des Flughafens angesprochen. Dadurch wurde eine Flut von Protesten ausgelöst. Zahlreiche Leserbriefe, Stellungnahmen von Organisationen, Pressekommentare, Fernsehberichte, Erklärungen der Flughafen-Direktoren und einzelner Minister wechselten und wechseln in bunter Reihenfolge. Durch Ministerialerlaß wurde der Regierungspräsident angewiesen, die Bauleitpläne von 13 Städten und Gemeinden „auf Eis" zu legen. Diese Maßnahme führte zu nur noch schärferen Reaktionen in der Öffentlichkeit.

Nach § 2 Abs. 1 BBauG liegt die örtliche Planungshoheit bei den Gemeinden. Diese haben gemäß § 1 Abs. 3 ihre Bauleitpläne den Zielen der Raumordnung und Landesplanung anzupassen. Der Flächennutzungsplan bedarf nach § 6 Abs. 1 der Genehmigung der höheren Verwaltungsbehörde. Nach § 6 Abs. 2 darf die Genehmigung nur versagt werden, wenn der Flächennutzungsplan nicht ordnungsgemäß zustande gekommen ist oder dem Bundesbaugesetz, den auf Grund dieses Gesetzes erlassenen oder sonstigen Rechtsvorschriften widerspricht. Die Rechtskontrolle erstreckt sich also auf die Einhaltung des Verfahrens und der materiellen Rechtsvorschriften.

Es ist deshalb mehr als bedenklich, wenn durch Ministerialerlaß der Regierungspräsident als höhere Verwaltungsbehörde angewiesen wird, das Genehmigungsverfahren für örtliche Bauleitpläne auszusetzen. Eine solche Handlung wird nicht durch das Gesetz gedeckt. Nach § 6 Abs. 4 BBauG ist über die Genehmigung des Flächennutzungsplanes binnen 3 Monaten zu entscheiden. Aus wichtigen Gründen kann die Frist *auf Antrag der höheren* Verwaltungsbehörde von der zuständigen obersten Landesbehörde verlängert werden. Nach dem Gesetzeswortlaut setzt die Verlängerung also einen Antrag der höheren Verwaltungsbehörde voraus.

Konzediert man aber eine solche Handlungsweise, so muß man doch feststellen, daß der Minister zwar sein Handeln an den Zielen der Raum- und Landesplanung zu orientieren hat. Hierbei muß jedoch eine gerechte Interessenabwägung Platz greifen, eine Interessenabwägung, für die der Natur der Sache nach durchaus ein gewisser Spielraum besteht. „Gerechte Abwägung der öffentlichen und privaten Belange“ bedeutet, daß nicht grundsätzlich die öffentlichen Belange als vorrangig anzusehen sind. Was für ein Interesse überwiegt, auch bei nicht konform gelagerten, verschiedenen öffentlichen Interessen, hängt vom Einzelfall ab. Jedenfalls dürfen aber als im öffentlichen Interesse liegend nur die objektiven Bedürfnisse angesehen werden und nicht etwa Planungswünsche unter Umständen extremer Willensrichtungen oder dergleichen.

Der Genehmigungsvorbehalt für den Flächennutzungsplan zugunsten der höheren Verwaltungsbehörde (§ 6 BBauG) ist unbefriedigend geregelt. Was geschieht beispielsweise, wenn die höhere Verwaltungsbehörde innerhalb der Frist von 3 Monaten nicht genehmigt, innerhalb dieses Zeitraumes auch keine Verlängerung der Frist beantragt, sondern erst zu einem späteren Zeitpunkt Antrag auf Verlängerung stellt und diese auch erreicht? Auch dieser Fall kam schon in der Praxis vor. Dadurch werden die im Gesetz vorgesehenen Fristen praktisch illusorisch.

Für die Gemeinden sind die möglichen Rechtsmittel in ihrer Wirkung unbefriedigend. Denn das Bundesbaugesetz knüpft an die Nichteinhaltung der Fristen im § 6 keine Rechtsfolgen, d. h., bei Fristversäumnis ist der Flächennutzungsplan weder genehmigt noch abgelehnt. Die Gemeinden haben in diesem Falle lediglich ein Klagerecht nach § 42 VwGO (Verpflichtungsklage).

Die um den Flughafen Frankfurt/Main liegenden und durch den Fluglärm in Mitleidenschaft gezogenen Städte und Gemeinden haben sich zu einer Arbeitsgemeinschaft zusammengeschlossen, um durch ein gemeinsames Vorgehen die Interessen aller wirksamer vertreten zu können. Aus Veröffentlichungen in der Tagespresse war zu entnehmen, daß der Frankfurter Flughafen ganz erheblich ausgebaut und erweitert werden soll. Als Baumaßnahmen sind u. a. die Verlängerung der südlichen der beiden vorhandenen Startbahnen, die Anlage einer neuen Nord-Süd-Startbahn und die Errichtung eines neuen und größeren Empfangsgebäudes für mehrere hundert Millionen DM vorgesehen. Die Pläne für den Bau der neuen Empfangsanlagen sollen bereits fertiggestellt und mit den Bauarbeiten soll begonnen worden sein.

Nach den einschlägigen Vorschriften des LuftVG dürfen Baumaßnahmen durch die Flughafen AG nur begonnen werden, wenn nach § 6 Abs. 4 LuftVG die ministerielle Genehmigung dazu erteilt und gemäß § 8 Abs. 1 LuftVG der erforderliche Plan nach § 10 LuftVG festgestellt ist. Im Auftrag der übrigen in der Arbeitsgemeinschaft gegen den Fluglärm zusammenarbeitenden Gemeinden richtete das Rechtsamt der Stadt Offenbach an den Hessischen Verkehrsminister folgende Fragen:

1. Wird mit Rücksicht auf die erheblichen Auswirkungen, die die erwogenen Baumaßnahmen auf dem Flughafen für die Bürger der Nachbargemeinden haben werden, eine Änderungsgenehmigung im Sinne des § 6 LuftVG und ein Planfeststellungsverfahren nach § 10 LuftVG für erforderlich gehalten,
2. wenn ja, hat die Flughafen AG die entsprechenden Anträge gestellt und ist der Beginn der Baumaßnahmen auf dem Flughafen bekannt,
3. wird eine Genehmigung oder ein Planfeststellungsverfahren und damit eine Stellungnahme der betroffenen Gemeinden zu den Baumaßnahmen nicht für erforderlich gehalten, so wird um eine Begründung für diese Auffassung gebeten.

Am 17. 4. 1964 wurde diese Anfrage an den Verkehrsminister gerichtet. Dieser antwortete mit Schreiben vom 16. 7. 1964, daß die Flughafen Frankfurt/Main AG am 14. 5. 1964 Antrag auf Genehmigung der Verlängerung der südlichen Startbahn um 750 m in westlicher Richtung auf eine Gesamtlänge von 3750 m gestellt und daß er diesem Antrag stattgegeben habe.

Der Verkehrsminister begründete seine Genehmigung, ohne zuvor die Gemeinden gehört zu haben, u. a. wie folgt:

„Von der Genehmigung der Anlage des Flughafens oder der wesentlichen Änderung seiner Anlagen ist die Planfeststellung zu unterscheiden. Sie darf entfallen, wenn die genehmigte Erweiterung oder Änderung, gleichgültig, ob diese wesentlich oder unwesentlich ist, von unwesentlicher Bedeutung ist. Nach § 8 Abs. 2 LuftVG liegt ein Fall von unwesentlicher Bedeutung vor, wenn Rechte anderer nicht beeinflußt werden oder wenn der Kreis der Beteiligten bekannt ist oder ohne ein förmliches Auslegungsverfahren ermittelt werden kann und wenn mit den Beteiligten entsprechende Vereinbarungen getroffen werden."

Er habe bei der Überprüfung festgestellt, daß Rechte anderer nicht beeinflußt werden und daß der störende Fluglärm nicht vom Flughafen, sondern von den dort startenden und landenden Flugzeugen ausgehe und die Störungen daher nicht von der Flughafen AG, sondern von den Fluggesellschaften verursacht würden. Er habe deshalb gemäß § 8 Abs. 2 LuftVG entschieden, daß die Planfeststellung unterbleiben könne.

Diese Argumentation erscheint mehr als fragwürdig. Die Städte und Gemeinden sind der Auffassung, daß die Verlängerung einer bestehenden Startbahn von 3000 m auf 3750 m eine wesentliche Änderung bzw. Erweiterung darstellt und deshalb ein Planfeststellungsverfahren erfordert. Raunheim hat deshalb Feststellungsklage erhoben mit dem Ziel, die erteilte Genehmigung des Verkehrsministers als in dieser Form für rechtlich nicht zulässig erklären zu lassen. Raunheim hatte, wie bereits erwähnt, wegen der Konzipierung einer Waldstadt 1961 einen Erbbaurechtsvertrag für 99 Jahre abgeschlossen, der nach der Genehmigung des Innenministers, der auch der für die Landesplanung zuständige Minister ist, 1962 rechtswirksam wurde. Der Flächennutzungsplan wurde wegen Bedenken der Flughafen AG bis heute noch nicht genehmigt und die „Neue Heimat" hat als Erbbauberechtigte den für 1964 fällig gewesenen Erbbauzins nicht gezahlt. Raunheim beantragte Zahlungsbefehl, dem die „Neue Heimat" widersprach. Nun wird vor dem Landgericht prozessiert.

Nach einem Erlaß des Hessischen Innenministers vom 25. 11. 1964[1] ist nach § 2 Abs. 5 BBauG[2] für den Raum Frankfurt/Main als bei der Bauleitplanung zu beteiligende Stelle (Träger öffentlicher Belange) die Flughafen Frankfurt/Main AG als untere Behörde aufgeführt. Hierbei ist es nicht von Bedeutung, ob ein Teil des von der Flughafen Frankfurt/Main AG als Flugplatz genutzten Geländes in der Gemarkung der betroffenen Gemeinde liegt. Maßgeblich ist vielmehr, ob das Vorhandensein des

---

[1] Az.: Vn K — 61 a 02/07 — 250/64; Durchführung des BBauG; hier: Neufassung des Verzeichnisses der Träger öffentlicher Belange.

[2] St.Anz. für Land Hessen Nr. 51, vom 21. 12. 1964, S. 1514 ff.

Flughafens Auswirkungen auf das Gebiet dieser Gemeinde im Gefolge hat.

Die Wünsche bzw. Bedenken der Flughafen Frankfurt/Main AG sind jedoch nur insoweit zu berücksichtigen bzw. zu beachten, als die Auswirkungen auf Gebiete angrenzender Gemeinden von Anlagen auf dem Flugplatz ausgehen, die ihrerseits nach den Bestimmungen der §§ 6 ff. LuftVG errichtet worden sind. Dabei ist davon auszugehen, daß die Anlagen auf dem Flughafen Frankfurt/Main insoweit ordnungsgemäß erstellt sind, als sie vorhanden oder genehmigt waren, als das LuftVG vom 10. 1. 1959 in Kraft trat. Auswirkungen später errichteter Anlagen, die nicht nach dem in den §§ 6 ff. LuftVG festgelegten Verfahren erstellt worden sind, dürften demzufolge unbeachtlich sein. Eine gerichtliche Entscheidung hinsichtlich dieser Feststellung wird wahrscheinlich auch hier notwendig werden.

IV. Ich habe bewußt die Flugplatzfrage in den Mittelpunkt gestellt, um an einem praktischen Falle die angesprochene Problematik möglichst anschaulich darzustellen. Nach Art. 28 Abs. 2 GG ist mit der Selbstverwaltung auch das Satzungsrecht der Gemeinden garantiert, allerdings im Hinblick auf die Bauleitplanung unter Genehmigungsvorbehalt. Die Genehmigung ist zwar nur auf die Rechtskontrolle begrenzt, im Gesetz ist aber eine Bindung der örtlichen Bauleitplanung an die Ziele der Raumordnung und Landesplanung erfolgt. Diese Ziele sind sehr veränderlich und dann rechtlich fragwürdig, wenn ihre Manifestation des Rechtssatz-Charakters als Gesetz oder Rechtsverordnung ermangelt. Denn das Selbstverwaltungs- und Selbstregelungsrecht der Gemeinden und Gemeindeverbände kann nur so und nicht anders begrenzt und eingeschränkt werden.

Die „Frankfurter Rundschau“ schrieb am 12. 3. 1965 anläßlich der Zustimmung des Bundesrates zum Bundesraumordnungsgesetz: „Das neue Gesetz, das eine Handhabe für eine wirksame Raumordnungspolitik bietet, wenn es auch nur den rechtlichen Rahmen umreißt, ist ein Anfang, denn Raumordnung kann nur als Aufgabe für Generationen betrachtet werden. Zeitlich setzt das Gesetz keine Grenzen. Das erstrebte Ziel ist eindeutig: Bessere Lebensbedingungen! Nun kommt es darauf an, ob Bund, Länder und Gemeinden aus den Erfahrungen der Vergangenheit Lehren für die Zukunft ziehen.

Zwar soll und muß die Gemeinde ihr Selbstverwaltungsrecht behalten, aber im Gesamtrahmen des Landes ist sie Partner. Gleiche Partner heißt: gleiche Chancen für die Stadt und die Landgemeinde. Von diesem Standpunkt geht die überörtliche Planung aus — Planung für den Raum, in dem wir leben und arbeiten, in dem sich also das Schicksal von Millionen Menschen abspielt.“

So weit, so gut! Die gemeindliche Planungshoheit muß aber auch in Zukunft als Kern der kommunalen Selbstverwaltung aus gesellschaftspolitischen Gründen garantiert bleiben und zwangsläufig zu einer echten Partnerschaft aller Gemeinden eines Planungsraumes führen, wenn eine vernünftige regionale Strukturpolitik verwirklicht werden soll. Hierbei spielen die Abgrenzung der Planungsbereiche und Regionen und die Art und Weise und die Möglichkeiten der politischen Willensbildung innerhalb der für die Planung zuständigen Gremien eine ganz entscheidende Rolle.

Lassen Sie mich schließen, indem ich Professor Dr. Gerhard Möbus zitiere, den Ordinarius für die Wissenschaft von der Politik an der Universität Mainz. Möbus sagt u. a.:

„Das Wesen des konstitutionellen Staates, der freiheitlicher Rechtsstaat ist, liegt im Verzicht auf den absoluten Primat des Politischen. Die Ursache dafür liegt in der Tatsache, daß der freiheitliche Rechtsstaat geistige und sittliche Entscheidungen voraussetzt, ohne die er nicht zu denken ist. Das lehrt seine Geschichte aufs eindringlichste. Es ist im letzten eine Geschichte einer Aussage über den Menschen, die den geistigen Angelpunkt des freiheitlichen Rechtsstaates ausmacht. Sie begegnet uns in der Verfassung der Bundesrepublik Deutschland im Art. 1: ‚Die Würde des Menschen ist unantastbar. Sie zu achten und zu schützen ist Verpflichtung aller staatlichen Gewalt.' Die Wahrheit ist, daß der Gedanke von der ‚Würde des Menschen' geschichtlich und geistig der Kern ist, aus dem der freiheitliche Rechtsstaat in Europa hervorgegangen ist. Daraus ergibt sich ein weiteres Merkmal für das Verhältnis des Menschen zum Politischen im freiheitlichen Rechtsstaat:

Neben den alten und unumgänglichen Maßstab des politisch Zweckdienlichen tritt mit der Menschenwürde als Maßstab die Frage: Was ist menschlich zumutbar? Und die Erfahrung lehrt, daß das politisch Zweckdienliche und das menschlich Zumutbare nicht in jedem Fall wie selbstverständlich zusammenfallen. Die Entscheidung setzt nicht nur ein ausreichendes Maß an Sachkenntnis voraus, sondern nicht selten einen entschiedenen Willen, das menschlich Unzumutbare abzuweisen, wie immer es sich darstellt. Der Schwierigkeitsgrad wird in dieser Sache nicht geringer, trägt man der Tatsache Rechnung, daß die funktionsfähige Demokratie der modernen Massengesellschaft nur repräsentative Demokratie sein kann."

Die Verwirklichung der Ziele der Raumordnung und Landesplanung darf nicht nur unter dem Gesichtspunkt des politisch Zweckdienlichen angestrebt werden, sie ist vielmehr auch zu orientieren und zu entscheiden am Maßstab des menschlich Zumutbaren.

Thesen

1. Der Bedarf der Bevölkerung bestimmt fast ausschließlich die Art der Bodennutzung. Sie hängt weitgehend von der Einwohnerzahl und der sozialen und wirtschaftlichen Struktur der Bevölkerung ab. Letztere zu beeinflussen, darf nur im Rahmen einer gesellschaftspolitischen Konzeption versucht werden, die sich auf die Grundwerte unserer verfassungsmäßigen Gesellschaftsordnung stützt.

2. Art. 28 II GG garantiert den Gemeinden:

   a) die Kompetenz für alle Angelegenheiten der örtlichen Gemeinschaft, sichert also ihren eigenen Aufgabenbereich;

   b) die eigenverantwortliche Führung der Geschäfte innerhalb dieses Aufgabenbereichs.

   Es wird jedoch nur der Kern der Selbstverwaltung garantiert.

3. Das Land und die nach überörtlichen Gesichtspunkten handelnden Gemeinden können zusammen mit den interessierten Wirtschaftskreisen den lokalen Gegebenheiten Rechnung tragen und ihre Einzelinteressen in ein dem Raumbedürfnis entsprechendes ausgewogenes Verhältnis bringen.

4. Die Verwirklichung der Ziele der Raumordnung und Landesplanung darf nicht nur unter dem Gesichtspunkt des politisch Zweckdienlichen angestrebt werden, sie ist vielmehr auch zu orientieren und zu entscheiden am Maßstab des menschlich Zumutbaren.

Die Verwirklichung raumbeeinflussender und raumbeanspruchender Entscheidungen der Landesplanung

Von Diether Haas

I.

Am Schluß einer so langen, reichhaltigen Tagung fällt es dem Redner etwas schwer, mit seinem vorbereiteten Manuskript eine Diskussion aufgreifen und fortführen zu sollen, so daß er also gezwungen ist, das, was er sich vorher gedacht hat, zwar nicht in den Grundzügen, aber doch in einigen Punkten abzuwandeln. Das gibt mir die Bitte an Sie in den Mund, Verständnis dafür zu haben, wenn ich teilweise in einigen Passagen jetzt extemporiere. Es gibt mir zugleich die Möglichkeit, die meinem Temperament etwas mehr entspricht, zwar nicht gedruckt, doch sachlich und vielleicht auch überspitzt die Dinge darzustellen.

Vorgestern wurde so oft von Durchbrüchen geredet, daß ich dieses Wort selbst auch noch einmal verwenden möchte. Nämlich zur Beurteilung des Vortrages von Herrn Dr. Becker-Marx gestern, der zum ersten Male in dieser Tagung den Durchbruch zur Verwirklichung von Raumordnung und Landesplanung gewagt hat. Einen Durchbruch, von dem ich meine, daß er der entscheidende ist für alles das, was wir hier geredet, gesagt und gehört haben. Denn die Verwirklichung der planerischen Maßnahmen steht so oft und so stark im Schatten und im Hintergrund der Diskussion, daß es mir dringlich genug scheint, darauf hinzuweisen, wie wichtig diese Frage ist. Und ich kann es mir nicht versagen, mit Erstaunen die Tatsache zu vermerken, daß das Grundprinzip des Planverwirklichens, nämlich das do ut des, bis zur Wissenschaft noch nicht so durchgedrungen ist, daß noch die Meinung auftreten konnte, dies Prinzip stünde im Widerspruch zum Rechtsstaat.

Die Verwirklichung ist mein Thema. Aber zuvor möchte ich mir ein paar Bemerkungen gestatten, die außerhalb meines Themas liegen, um mich gegen Mißverständnisse abzuschirmen.

Erstens: Ich habe den Eindruck, daß wir uns noch nicht alle ganz einig sind darüber, daß der Gesamtrahmen, von dem wir sprechen, drei verschiedene Phasen umfaßt; mindestens drei verschiedene Phasen. Die erste Phase, die hier meist unter dem Stichwort Raumordnung angesprochen wird, ist die Phase, in der man das Ziel bestimmt, das Ziel anspricht und damit die Grundsätze entwickelt, nach denen die staatliche und kommunale Tätigkeit in allen Sparten sich zu entfalten haben wird. Raumordnung also als Zielansprache. Dieses Ziel nun wieder hat in aller Regel nicht Dinge zum Gegenstand, die sich selbst entwickeln, in ihren Grenzen irgendwo abzustecken und zu beeinflussen, also irgendwo die private Entwicklung, die kommunale Entwicklung zu hemmen und geringfügig zu steuern. Sondern Raumordnung, und so verstehe ich es jedenfalls und ich glaube Sie alle, heißt doch, daß wir aktiv werden wollen, um Entwicklungen abzuknicken, um Dinge anders sich entwickeln zu lassen, als sie sich bei Sichselbstüberlassensein entwickelt haben würden. Das heißt also: Diese Raumordnungsgrundsätze sollen durch aktives Handeln aller öffentlichen Institutionen in die Wirklichkeit umgesetzt werden. Das Umsetzen ist die zweite Phase. Es geschieht sowohl durch die Landesplanung als auch durch die Bauleitplanung als auch durch all die Maßnahmen, die nötig sind, aus den Planungen Realität werden zu lassen. In dieser zweiten Phase spielen sich meine Ausführungen ab. Die dritte Phase, die eine mehr oder weniger lange Lebensdauer haben wird, ist die Phase, in der das, was durch Verwirklichung von Raumordnungsprogrammen und Landesplanung entstanden ist, nun lebt und die Maschine läuft. In dieser Phase brauchen wir die Kommunen, die kommunalen Körperschaften, die diese Maschine betreuen, warten, fortentwickeln und am Leben erhalten. Hier, meine ich, ist der Ort, wo die kommunale Selbstverwaltung ihren eigentlichen Platz hat. Und damit möchte ich zugleich einen Einwurf von gestern verdeutlichen: In der zweiten Phase hat auch die kommunale Selbstverwaltung ihren Platz. Aber sie hat dort nicht ihre motorische Funktion. Dort stehen staatliche Tätigkeit, staatliche Verantwortung und staatliches Wollen im Mittelpunkt der Überlegung. Das ist meine Auffassung.

Zweiter Gedankenkreis: Mein Thema sind nicht Organisationsfragen, die so stark im Vordergrund der Diskussionen gestanden haben und die uns natürlich alle, weil wir uns in der Verwaltung damit ständig beschäftigen müssen, außerordentlich interessieren, und die uns im Vordergrund zu stehen scheinen. Aber, wenn Sie mir diesen ketzerischen Gedanken gestatten, Organisationsfragen sind, meines Erachtens, nebensächliche Fragen. Sie sind Hilfsmittel. Sie sind ein Gerüst, in dem das geschieht, worauf es wirklich ankommt.

Ich komme nun in meinem Thema nicht ganz darum herum, auf die organisatorischen Dinge einen Seitenblick zu werfen. Ich darf aber das Wesentliche, was meine Grundauffassung ist und die ich nachher nicht näher mehr erläutern möchte, vorweg sagen. Bei der Entwicklung der Raumordnungsgrundsätze und auch bei deren Umsetzung in Landesplanung und dann in die Bauleitplanung haben wir den Ort, wo das Gegenstromprinzip, das häufig erwähnte, meines Erachtens seinen Platz hat. Wo es auch in einem Falle der Fachplanung, wie er gestern am Flughafenbeispiel geschildert wurde, notwendig ist, miteinander zu reden, die Impulse und die Anregungen ebenso wie die Bedenken und die Kritik aufzunehmen. Das ändert aber nichts daran, daß an diesem Orte — erste Phase und zweite Phase — die staatliche Entscheidung im Konfliktsfalle den Ausschlag geben muß. Andernfalls — so meine ich — können wir auf die Raumordnung ganz verzichten.

Aber die Umsetzung dieser Pläne, dieser Programme und dieser Grundsätze muß nun einmal auf dem Weg über den Bauleitplan erfolgen, so jedenfalls die bisherige Rechtslage. Denn nur der Bauleitplan macht sie verbindlich für jedermann, insbesondere für den Grundeigentümer. Damit fängt aber das Dilemma erst an ärgerlich zu werden. Denn, so schön das Gegenstromprinzip ist, so schön das Miteinanderreden ist, Interessengegensätze aufzuheben oder aufzulösen ist das alles ja nicht in der Lage. Die Interessengegensätze bleiben gerade so deutlich und so krass bestehen, wie wir es gestern gehört haben. Das heißt also: da wir ein aktives Tätigwerden ins Auge fassen müssen, tritt die Frage auf: wie kann man eine Gemeinde — eine Gemeinde, die den Bauleitplan zu entwickeln hat — zwingen, einen Bauleitplan überhaupt aufzustellen. Und wie kann man sie zwingen, einen Bauleitplan mit einem bestimmten, gewünschten Inhalt zu machen. Da liegt, meine ich, und das scheint mir auch noch nicht deutlich genug herausgekommen zu sein, das eigentliche Problem. Das Problem, das man vielleicht damit lösen kann, daß man eine Gebietsreform betreibt, um zu erreichen, daß Interessengegensätze innerhalb der Gemeinde zusammengefaßt werden, so daß sie in der Gemeinde ausgetragen werden müssen, und der Bauleitplan dann tatsächlich entsprechend den Grundsätzen der Raumordnung und der Landesplanung zustande kommt. Man kann auch sagen, man gründet einen Regionalverband und überträgt diesem die Bauleitplanung. Dann sind wir aber schon bei der gestern kontrovers gebliebenen Frage, ob denn nun die Schaffung eines Bauleitplanes zur Wesensgarantie, zur unantastbaren Wesensgarantie der Gemeinden und Gemeindeverbände gehört. Darüber kommen Sie vielleicht hinweg, wenn Sie den Regionalverband zu einem Gemeindeverband im Sinne von Art. 28 GG machen. Vielleicht müssen Sie aber, um eine städtebauliche Planung, wie sie durch die Raumordnungsgrundsätze erzwungen und durch die Landesplanung umgesetzt ist, überhaupt Wirklichkeit werden zu lassen, den Gemeinden das Planen in diesem Raum oder für diesen Zweck wegnehmen und eine Fachplanung daraus machen. Das ist nur ein Stichwort. Sie müssen jedenfalls irgendwo die Möglichkeit schaffen, daß derart verbindliche Pläne überhaupt zustande kommen.

Dritter Gesichtspunkt: War nun schon das, was ich eben sagte, nämlich die Bauleitplanung, eine Frage des Zwanges zur Aktivität, so ist das erst recht bei der Verwirklichung der Fall. Das ist mein Thema und ich werde des näheren noch darauf zurückkommen. Ich darf nur gleich sagen: ich fange bei meinem Thema ganz primitiv bei dem gegenwärtigen Zustande an. Bei dem gegenwärtigen Rechtszustand und praktischen Zustand, der durch das Bundesbaugesetz bestimmt ist und durch das Auseinanderfallen von Bundesbaugesetz und vielerlei Gesetzen der Fachplanungen, die aber alle auch nötig sind, wenn ein Raumordnungsprogramm oder eine landesplanerische Entscheidung in die Wirklichkeit umgesetzt werden soll.

Ich will mich nachher nicht wiederholen. Ich darf jetzt also nur vorgreifen: Wenn Sie ein Gebiet entwickeln wollen, dann müssen Sie die Bundesfernstraßen ausbauen und dann müssen die Eisenbahnen verbessert werden. Es müssen also Fachplanungen von zwei außerhalb der Landes- und außerhalb der Gemeindekompetenz stehenden Fachressorts in ein Konzept gebracht werden mit der Landesplanung.

Sie werden sehen, wo wir landen, wenn wir bei der gegenwärtigen Rechtslage des Bundesbaugesetzes mit diesem Problem fertig werden wollen.

Damit möchte ich meine Vorbemerkungen abschließen und mich nun meinem eigenen Thema zuwenden, das ja so schrecklich kompliziert klingt, aber doch, wie ich meine, das, was gesagt werden soll, trifft. Zur Exegese des Themas noch ein paar Sätze. Ich sehe darin einen Hinweis auf zwei Grundthesen: Einmal die Behauptung, daß Planen und Verwirklichen zweierlei ist, und zum anderen die notwendige Bescheidung darin, daß das Verwirklichen den Vollzug einer von anderer Seite getroffenen Planungsentscheidung darstellt. Bei beiden Gedanken möchte ich noch kurz verweilen.

Wir sollten nicht müde werden zu betonen, wie sehr der bestgemeinte und vollendet gedachte Plan abhängig davon ist, aus seiner ideellen und papierenen Existenz durch die Maßnahmen zu seiner Verwirklichung in Leben umgesetzt zu werden — wie wichtig es also ist, die Realisierbarkeit eines Planes mit allen ihren mehr oder weniger vorhersehbaren Komponenten rechtzeitig und möglichst richtig zu erkennen. Das führt zu der oft praktizierten Überlegung, daß man Planen und Verwirklichen zeitlich und gedanklich miteinander verschränken müsse, um zu brauchbaren Ergebnissen zu kommen. Für unsere mehr analytische Betrachtung ist es aber ebenso unerläßlich, zunächst klar zu erkennen, daß es sich um zwei verschiedene Aufgaben handelt, die ich hier logisch getrennt sehen möchte. Praktisch bedeutet das: Bestehen und Inhalt der Planung unterstelle ich als feststehend.

Und nun zur zweiten Aussage: Die Frage nach dem Vollzug der Planung führt uns alsbald zu den Fragen nach dem „Wer“ und dem „Wie“.

Beide Aspekte werden im Mittelpunkt meiner Ausführungen stehen, wobei das Thema mir nur scheinbar aufgibt, mich vornehmlich mit dem Grund und Boden zu befassen. Der Vollzug der Planung erfordert aber mindestens zweierlei: zum einen die Bereitstellung des Grund und Bodens für die in der Planung vorgesehenen Zwecke und Nutzungen; wir wissen, daß das gemeinhin nur gegen Geld — sei es Kaufpreis oder Rendite — geschieht. Sie erfordert zum anderen (und das wird leicht vergessen) auch die Bereitstellung von weiteren Geldmitteln zur Investition in den bereitgestellten Grund und Boden. Und diese Mittel sollen entweder von Privatleuten aufgebracht werden, die das üblicherweise auch nur im Hinblick auf die erzielbare Rendite tun, oder die öffentliche Hand, vornehmlich die Gemeinde, soll das Geld bringen; gerade die Gemeinde muß aber in erster Linie an die eigenen Interessen, d. h. die Interessen ihrer Steuerzahler und der Bürger, die die Gemeindeväter wählen sollen, denken und wird erst in zweiter Linie den Vollzug der Planung zu ihrem Ziel erheben.

Diese kurzen Hinweise sollen darauf hindeuten, daß die Beschaffung von Grund und Boden nur eine Seite des Problems, die Beschaffung des Geldes die zweite und oft wichtigere darstellt. Wenn — was der Idealfall wäre — der Vollzug der Planung mit den Interessen der für die Investition in Betracht kommenden Privatleute oder öffentlichen Körperschaften völlig parallel laufen würde, so könnten wir das zweite Problem vernachlässigen; dem ist aber, wie Sie mir zugeben werden, oft oder in der Regel nicht so. Daher lassen Sie mich nunmehr versuchen, der Frage etwas genauer nachzugehen, wer denn eine Planung verwirklicht, verwirklichen kann und darf oder zu verwirklichen verpflichtet ist.

II.

Die erste Aussage hierzu erwarten wir im allgemeinen von dem Plan selbst und dem ihm zugrunde liegenden Gesetz, heute also dem Bundesbaugesetz. Sieht man allerdings genauer hin, so erweist sich diese Annahme jedenfalls weitgehend als Trugschluß.

Die Rechtsaussage des Bauleitplanes ist nämlich eine rein negative; wie das Bundesbaugesetz uns lehrt, besagt sie nicht mehr, als daß der Eigentümer eines Grundstücks mit seinem Grundstück nichts anderes tun darf, als im Plan vorgesehen ist. Ob der Eigentümer aber die im Plan vorgesehene Nutzung verwirklicht, ob er sein Grundstück verkauft, ob er gar nichts mit ihm anfängt oder die vorhandene Nutzung — bis zu einem Verbot — fortsetzt, bleibt ihm überlassen.

Neben dieser negativen Rechtswirkung des Bebauungsplanes gibt das Bundesbaugesetz allerdings einige Anknüpfungspunkte, in denen es bestimmten Stellen und Personen *Befugnisse* verleiht, die den Plan seiner

Verwirklichung näherbringen sollen — immer freilich ohne jemandem die Initiative oder Verantwortung für den Vollzug des Planes aufzuerlegen.

Hier ist in erster Linie an die *Umlegung* zu denken, eine der Gemeinde verliehene Befugnis, den ersten Schritt zur Planverwirklichung, nämlich die Bodenordnung zu betreiben. Die Gemeinde kann sogar, wenngleich mit geringem praktischem Nutzen, ein Baugebot erlassen und durch Übereignungsauflage sanktionieren. Hier ist also der Gemeinde eine gewisse Verwirklichungsmöglichkeit gegeben, keinesfalls aber eine Pflicht auferlegt.

Ein weiterer Anknüpfungspunkt findet sich in den Bestimmungen über die *Enteignung*, nach denen jeder Bürger, der willens ist, den Plan zu verwirklichen, eine Enteignung zu seinen Gunsten verlangen kann. Der praktische Nutzeffekt dieser Möglichkeit ist — verglichen mit den Opfern, die das Gesetz durch die Gestaltung des § 87 Abs. 2 dafür fordert — gering. Er wird weiter eingeschränkt durch die (leider recht unklar gefaßten) Bestimmungen, die wieder der Gemeinde das Recht der Enteignung „zur Vorbereitung der planungsgemäßen Nutzung" vorbehalten; das wirkt sich bei minderwertig gebauten Grundstücken und unerschlossenen Flächen, ja selbst bei Baugrundstücken, von denen nur ein Splitter für Straßenverbreiterung vorgesehen ist, hemmend aus. Auch hier haben wir es also im wesentlichen mit einer Befugnis der Gemeinde zu tun; irgendeine Verpflichtung zum Planvollzug besteht nicht.

Schließlich soll nicht die mittelbare Verwirklichungsbefugnis der Gemeinde vergessen werden, die in den Bestimmungen über die Erschließung und die Erschließungsbeiträge liegt und mit der inzwischen weggefallenen Baulandsteuer ursprünglich gedacht war; auch dort wieder eine Befugnis, keine Pflicht.

Betrachtet man die bisher gewonnenen Erkenntnisse noch etwas genauer, so zeigen sie, daß es im wesentlichen im freien Willen der Gemeinde, die den Bauleitplan — sei es aus freiem Willen, sei es gezwungen — geschaffen hat, liegt, die Planverwirklichung zu fördern, indem sie sich zunächst einmal der Ordnung und Bereitstellung des Grund und Bodens widmet. Von der Beschaffung des Geldes für die notwendigen Investitionen war bislang keine Rede; sie bleibt Sache der Gemeinde für die meisten Flächen öffentlicher Nutzung, für alle Arten von Bauland, dagegen Sache des Eigentümers oder desjenigen, der durch Kauf Eigentümer geworden ist. Nun will ich nicht verkennen, daß die Vorstellung des Gesetzgebers dahin ging, die Gemeinde werde einen Bebauungsplan nur dann aufstellen, wenn einerseits sie selbst in der Lage und interessiert sei, die Grundstücksbeschaffungskosten und die auf sie entfallenden Investitionen zu übernehmen, und andererseits die privaten Grundeigentümer hinlängliches Interesse gezeigt haben, ihren Teil der Investition zur Verwirklichung des Bebauungsplanes vorzunehmen. Ich behaupte jedoch, daß diese Ausgangsannahme weitgehend irrig war, und zwar aus zwei Gründen: Einmal kann die Gemeinde nicht umhin, Bebauungspläne auch dann aufzustellen, wenn sie selbst an die Verwirklichung noch gar nicht denkt; das ergibt sich aus der Doppelfunktion, die das Bundesbaugesetz — vielleicht in irriger Vereinfachung des früheren Planungsrechts — dem Bebauungsplan zumißt; er soll nämlich sowohl die Grundlage von Verwirklichungsmaßnahmen sein, zum anderen aber auch die früher den Baupolizeiverordnungen zufallende Rolle des Ordnungsinstruments für die Steuerung vereinzelter privater Investitionsvorhaben darstellen. Wegen dieser letzteren Funktion ist die Gemeinde gezwungen zu planen, auch wenn sie weit davon entfernt ist, dem Plan die Verwirklichungsfunktion geben zu wollen. Bei dieser Problematik, die durch die Entschädigungsvorschriften des Gesetzes noch weitaus komplizierter wird, kann und will ich heute nicht länger verweilen. Der zweite, für uns im Mittelpunkt stehende Gesichtspunkt ist der, daß durch Raumordnung und Landesplanung Ziele gesetzt und Anstöße gegeben werden, welche mit dem Vorstellungsbild des Bundesbaugesetzes keineswegs übereinzustimmen brauchen, gleichwohl aber mit den oben skizzierten Rechtswirkungen des Bebauungsplanes und den daran geknüpften Befugnissen *der Gemeinde* bewältigt werden sollen. Das ist m. E. in den bisherigen Diskussionen noch nicht genügend erkannt worden. Und damit bin ich beim Zentralpunkt meines Vortrages.

III.

Um die folgenden Überlegungen deutlicher zu machen, möchte ich Sie bitten, mir bei einer Unterstellung zu folgen, wie sie hier und da wohl der Realität entsprechen wird, wenngleich es zweifellos viele Varianten geben mag. — Varianten, denen allen gemeinsam ist, daß sie Maßnahmen in mehreren Gemeinden erfordern. Nur auf diese Weise, glaube ich, kommen wir dem Thema wirklich nahe. Ich unterstelle also, daß die zu verwirklichende Entscheidung der Landesplanung folgendermaßen aussieht: Im Umland einer mit Menschen, Industrie und Dienstleistungsbetrieben vollgestopften Großstadt befindet sich eine größere Zahl kleinerer, gerade noch durch die Landwirtschaft bestimmter Gemeinden und, etwas weiter entfernt, eine Kleinstadt. Die Landesplanung hat entschieden — auf die Gründe kommt es hier nicht an —, daß die Kleinstadt zu einer lebensfähigen Mittelstadt entwickelt, die Ausuferung der Großstadt in den Zwischenraum unterbunden und das Umland beider Städte in landwirtschaftlicher Kultur erhalten werden soll. Ich unterstelle — wie bereits gesagt — weiter, daß diese Entscheidung der Landesplanung in der gesetzlich vorgesehenen Form ergangen und von den betroffenen Gemeinden in ihrer Bauleitplanung bereits umgesetzt worden ist.

Wir sind uns sicher einig darüber, daß diese Entscheidung der Landesplanung eine einschneidende Veränderung sowohl der sozialen Gegebenheiten und menschlichen Beziehungen anstrebt, als auch eine selbsttätig wahrscheinlich anders verlaufende Entwicklung hemmen oder gar verhindern will. Mit Hilfe der negativen Wirkungen der Bauleitplanung, also mit Hilfe der Bestimmungen über die zulässige und nicht zulässige Nutzung des Grund und Bodens läßt sich, wenigstens für eine gewisse Zeit, der hemmende Zweck dieser landesplanerischen Entscheidung verwirklichen. Wie lange das gut geht, hängt von unterschiedlichen Faktoren ab: am wenigsten vielleicht von den durch die Bauleitpläne entstehenden Entschädigungsfolgen; weit stärker gewiß von der Reaktion der gewerblichen Wirtschaft, die gerade bei ihrem heutigen Landhunger irgendwie mit Druck auf die Planung antworten wird; am stärksten aber wohl von dem Verhalten der arbeitenden Bevölkerung, die mit ihrer vom Grundgesetz verbürgten Freizügigkeit noch stärker als die Wirtschaft in der Lage ist, jedes Planungskonzept zu „unterlaufen". Es besteht daher wohl auch nirgendwo ein Zweifel darüber, daß die Haltbarkeit der unterstellten landesplanerischen Entscheidung davon abhängt, ob und wie rechtzeitig es gelingt, ihre positiven Vorstellungen zu verwirklichen, also das Ziel zu erreichen. Und welches ist nun das Ziel und was muß dazu geschehen?

Sehen wir uns zunächst den *Grünraum* an: Hier muß es vor allem darum gehen, die Lebensverhältnisse so zu gestalten, daß das Gefälle zwischen Stadt und Land gemildert wird und die auf dem Lande arbeitende Bevölkerung — einschließlich der nächsten Generation (!) — ihr dortiges Dasein als lebenswert empfindet. Das erfordert ganz erhebliche Investitionen für Kanalisation, Schulwesen und schnelle Verkehrsverbindungen zwischen der Stadt und den Dörfern. Damit ist es aber nicht getan; darüber hinaus muß der Landwirtschaft, gleichgültig ob sie in der bisherigen oder einer intensiveren Form betrieben wird, die Möglichkeit zu wirtschaftlichem Kapital- und Arbeitseinsatz gegeben werden. Auch die Wege dazu sind uns bekannt: Flurbereinigung, Mechanisierung sowohl des Anbaues als auch der Lagerung und Bearbeitung der Erzeugnisse sowie — als wichtigstes, aber oft vergessenes Mittel — Schutz vor dem Städter. Welche Maßnahmen diesem letzteren Ziel dienen können, ist ein noch nicht hinlänglich untersuchtes Problem; gewisse Hinweise ergeben sich aus folgenden Stichworten: Anlage von geordneten Parkplätzen und Zeltplätzen; Verbesserung der Müllabfuhr in den Städten; Trennung des landwirtschaftlichen Verkehrs von den Autostraßen; Schaffung von Übergangszonen zwischen der städtischen Bebauung und den landwirtschaftlich genutzten Flächen durch öffentliche Grünanlagen und Dauerkleingärten; Abschirmung der Punkte, die den Massenverkehr anziehen, also der Bäder, Sportplätze oder Ausflugsgaststätten. Alle diese meist kostspieligen Maßnahmen zur Aufwertung des Grünraums sind unwirtschaftlich. Sie finden daher — bitte denken Sie an die vorangehenden Erörterungen zur Frage, wer die Planverwirklichung betreibt — selten einen Träger. Unterläßt man sie aber, so wird die Planung verhältnismäßig schnell gefährdet: Die Landflucht hält an; die Landwirte verlieren die Lust und verkaufen ihre Flächen oder sie suchen den Ausweg in eine Nutzung, die vom Bauleitplan nicht verboten, aber dem landesplanerischen Ziel nicht gemäß ist: Sie verpachten an Golfklubs oder ähnliche Vereine, schaffen Reitställe und -bahnen, verlegen sich auf gewerbliche Betätigungszweige, die noch im Außenbereich zulässig sind (Schweinemästereien, Geflügelfarmen u. ä.); jedenfalls sinkt die wünschenswerte Pflege der landwirtschaftlichen Böden allmählich und immer rascher ab, so daß der Spekulation mit ihrem Druck auf Gemeinden und Planungsdienststellen Tür und Tor geöffnet wird.

Betrachten wir nun die bisherige *Kleinstadt*, so kommt es darauf an, die zur Zeit in die Großstadt pendelnde Arbeitsbevölkerung festzuhalten, Gewerbebetriebe neu anzusiedeln und qualifizierte Arbeitskräfte seßhaft zu machen. Das kommt meist den steuerlichen Interessen der Gemeinde entgegen. Deren Bemühungen werden aber trotzdem nicht zu einem dauerhaften Erfolg führen, wenn nicht gleichzeitig die oft zu gering eingeschätzte Notwendigkeit erkannt wird, Folgemaßnahmen zu ergreifen; noch häufiger wird es sogar nötig sein, Vorleistungen zu erbringen, ehe es gelingt, Industrie und Handel seßhaft zu machen und die Kleinstadt zu einer lebensfähigen ausgewogenen Mittelstadt zu entwikkeln. Auch hier gehört dazu die Verbesserung aller zivilisatorischen Einrichtungen, die normalerweise der Gemeinde zur Last fallen: Entwässerung, Müllabfuhr, Schulwesen, öffentliche Parkanlagen, Sportplätze, städtisch angelegte, unterhaltene und beleuchtete Straßen. Damit ist es aber nicht getan: Land oder Bund müssen einen leistungsfähigen Verkehrsanschluß an die Großstadt und an die Umschlagplätze der industriellen Produktion herstellen oder verbessern; das erfordert in der Regel eine Verbesserung des Bahnanschlusses und der Bahnhofsanlagen sowie den autobahnartigen Straßenanschluß an die Großstadt, fast immer auch den Bau einer leistungsfähigen Personenschnellverkehrsverbindung. Hinzu kommt dann die Entwicklung eines oder mehrerer Einzelhandelszentren in der bisherigen Kleinstadt, ohne die man die Frauen, deren Einfluß auf die Entscheidung der Arbeitnehmer wie der Gewerbetreibenden und ihrer leitenden Angestellten leicht unterschätzt wird, nicht für das Seßhaftwerden in der Mittelstadt gewinnen kann.

Alles dieses braucht die *Großstadt* nicht zu beeinträchtigen, auch wenn dort vordergründig möglicherweise zunächst ein Wehgeschrei angestimmt wird. Für unsere heutige Erörterung brauche ich auf die Konsequenzen, die sich an diesem dritten Punkt des Kräftedreiecks ergeben, nicht näher einzugehen. Es möge der Hinweis genügen, daß die Probleme hier vornehmlich bei den Steuerquellen und dem Finanzausgleich liegen.

Wenden wir uns nun der Verwirklichung zu: Faßt man alles das ins Auge, was geschehen müßte, wenn die landesplanerische Entscheidung Realität werden soll, so zeigt sich deutlich: Die bisher gefundenen Antworten auf die Frage, wer die Planung verwirklicht — nämlich die Gemeinden nach eigenem Willen, die privaten Grundeigentümer nach eigenen wirtschaftlichen Renditeüberlegungen und das Kapital nach der Gewinnchance —, lassen uns erkennen, daß für die ins Auge gefaßte landesplanerische Entscheidung im Grunde niemand da ist, der gewillt, legitimiert oder gar verpflichtet wäre, die Verwirklichung zu betreiben. Den meisten Gemeinden fehlt das Interesse, eigene Mittel einzusetzen, während andere, an sich interessierte Gemeinden finanziell nicht in der Lage sind, die erforderlichen Vorleistungen zu erbringen und Folgelasten zu tragen; den privaten Grundeigentümern fehlt entweder der Anreiz oder das Kapital; und fremdes Kapital wird das Risiko der Fehlinvestition nicht laufen, das so lange besteht, als nicht gesichert ist, daß das *gesamte* Konzept der landesplanerischen Entscheidung verwirklicht wird.

Natürlich wird mancher von Ihnen mir widersprechen wollen und darauf hinweisen, daß trotzdem vieles geschieht, was das Bild weniger grau erscheinen läßt, als ich es eben gemalt habe. Da sind die sehr fruchtbaren Ansätze z. B. in einigen schleswig-holsteinischen Randbezirken um Hamburg zu nennen, in denen der Kreis, gestützt durch die Kreissparkasse und eine Landesentwicklungsbank, eigene Gesellschaften geschaffen hat, die sich um die Entwicklung und die Industrieansiedlung kümmern; da gibt es vielerlei Zweckverbände; da sind gewisse Ausgleichsfonds des Landes zu nennen, die — verbunden mit den Mitteln des Grünen Plans — mehr oder weniger gezielt auf die Gesundung der Grünräume angesetzt werden; und da ist schließlich der im politischen Tauziehen gelegentlich doch auftretende sinnvolle Effekt der Investitionspolitik von Bundesbahn und Bundesstraßenverwaltung anzuführen, abgesehen von vergleichbaren Investitionen der Länder. Das alles will ich nicht bestreiten. Worauf ich hier (wie in meinem Diskussionsbeitrag auf dem Deutschen Juristentag) jedoch hinweisen muß, ist folgende These: In einem Land, in dem die Freizügigkeit der Menschen und die freie unternehmerische Entscheidung der Eigentümer von Grund und Boden und Kapital verbürgt sind, brauchen wir eine Organisationseinheit, die berufen und verpflichtet ist, landesplanerische Entscheidungen zu verwirklichen, eine Stelle also, die mit ihren koordinierenden und steuernden Mitteln Gewähr dafür bieten muß, daß eine solche Entscheidung nach einem festen Verwirklichungsprogramm auch tatsächlich verwirklicht wird. Daß ihr nach Abstimmung des Programms die Möglichkeit gegeben sein muß, über beträchtliche Anteile der beteiligten öffentlichen Haushalte gedanklich zu disponieren und deren Einsatz zeitlich zu steuern, dürfte nach dem bisher Gesagten unzweifelhaft sein, wenn man an die zahlreichen, sei es unwirtschaftlichen, sei es als Vorleistungen aufzubringenden Investitionsmittel denkt, die ich in dem nur kurzen Abriß soeben geschildert habe[1].

Privates Geld und Investitionsinteresse sind ebenso vorhanden wie der überplante Grund und Boden; beides zusammenzuführen, ist die Aufgabe. Diese ist aber nicht lösbar mit Planungsentscheidungen, sondern mit klaren, durch öffentliche Investitionen garantierten Verwirklichungsprogrammen — dem in einer freien Wirtschaft legitimen und verfassungskonformen Mittel der mittelbaren Lenkung. Zu dieser müssen wir uns aber bekennen, wenn wir Raumordnung und Landesplanung wollen.

IV.

Soviel zur Seite des Kapitals; nun zur Problematik des Grund und Bodens. Wir wissen ja alle, daß der Weg zur Planverwirklichung, gleichgültig ob es sich um Straßen, Schulen, Wohnungen oder Fabriken handelt, über die Herrschaft am Grundstück führt.

Wenn die oben skizzierte Entscheidung der Landesplanung bekanntgeworden ist, so wird man in der Regel Flächen im landwirtschaftlichen Umland im Laufe der Zeit ohne große Mühe erwerben können; ja, wenn die Maßnahmen zur Aufwertung dieses Bereichs nicht sehr rechtzeitig einsetzen, wird hier das Grundstücksangebot wahrscheinlich größer sein als erwünscht.

Die Flächen in den Entwicklungsgebieten rund um die Kleinstadt dagegen sind in der Regel nicht zur rechten Zeit und zu angemessenem Preis freihändig zu erwerben. Diese Erfahrung trifft auch dann zu, wenn eine spekulative Steigerung der Verkehrswerte noch keineswegs nachweisbar eingetreten sein sollte, wenn also die Gutachterausschüsse im Vergleichswertverfahren noch bei den ursprünglichen Bodenwerten stehen. Viel wesentlicher ist die Tatsache, daß die Verkaufsbereitschaft der Grundeigentümer ziemlich schlagartig ausgetrocknet ist, weil — und wer verstünde das nicht — niemand sich nach Jahren den Vorwurf machen möchte, seinen Besitz zu früh und zu billig abgegeben zu haben.

---

[1] Daß hier erst wirklich die Problematik der Selbstverwaltungsgarantie einsetzt, dürfte auf der Hand liegen — ebenso wie die Haushaltsreform, mindestens aber die vom Träger des Budgetrechts gebilligte Aufstellung längerfristiger Investitionsprogramme unerläßliche Voraussetzung für den Erfolg solcher oder ähnlicher Strukturänderungspläne ist.

In dieser Situation richten sich die Gedanken dann auf das Hilfsmittel der Enteignung. Ich will hier nicht davon sprechen, daß die — wie wir gesehen haben — in der Regel allein enteignungsbefugten Gemeinden die Handhabung dieses komplizierten Instruments kaum beherrschen und fast immer scheuen; ich will auch nicht das Klagelied wiederholen, unser Instrumentarium sei viel zu schwerfällig. Für mich steht an dieser Stelle die Erwägung im Vordergrund, daß schon aus einem anderen Grunde das Mittel der Enteignung für solche Aufgaben nicht erfolgversprechend eingesetzt werden kann: In aller Regel werden in den und um die zu entwickelnden Gebiete Flächen benötigt, die zur Zeit landwirtschaftlich genutzt sind, teilweise auch als Entwicklungsreserve im Besitz ländlicher Gewerbebetriebe stehen. Für alle solche Flächen ist der Weg zur Einleitung eines Enteignungsverfahrens aber erst dann frei, wenn dem gegenwärtigen Eigentümer ein angemessenes Angebot mit Ersatzland gemacht worden ist. Das jedoch ist sowohl der Gemeinde als auch dem etwaigen Entwicklungsinteressenten, möge er Straßenbauverwaltung, Wohnungsbauträger oder Gewerbebetrieb heißen, in aller Regel nicht möglich. Es kommt hier weder darauf an, ob wir die Regelung des Bundesbaugesetzes für gerecht oder ungerecht halten, ob wir uns für die Wertabschöpfung einsetzen, ob wir sie für unpraktisch oder für ein Sakrileg halten — die Enteignungsvoraussetzungen des angemessenen Gebots sowie die Regelung des Ersatzlandanspruchs sind das entscheidende Hindernis. Ich möchte natürlich nicht so verstanden werden, als ob ich die Tendenz des Bundesbaugesetzes, die in § 100 zum Ausdruck kommt, mißbilligte, auch wenn ich der Meinung bin, daß dem Eigentümer mit dieser Bestimmung eine Waffe in die Hand gegeben wird, die er oft mißbrauchen kann. Mir kommt es vielmehr darauf an zu zeigen, daß bei größeren, raumordnungsbedingten Strukturveränderungen entweder die Enteignungsprinzipien verändert werden müssen oder, will man sie aufrechterhalten, die Durchführung des Grunderwerbs organisatorisch bei einer Stelle mit weiterem räumlichen Wirkungsbereich zentralisiert werden muß, als dies nach der gegenwärtigen Regelung möglich ist. Denn selbst wenn man an dem Ersatzlandanspruch auch für Grundeigentümer im Weichbild der zu entwickelnden Kleinstadt festhalten will, wird man das Problem ihrer Umsiedlung lösen können; man wird nur eine Möglichkeit finden müssen, wie die Landwirte in Gebiete auch künftig landwirtschaftlicher Nutzung und die ländlichen Gewerbebetriebe in bereits entwickelte Teile der neuen Mittelstadt umgesetzt werden. Beide Aufgaben, vor allem aber die erste, sind für die Gemeinde nicht lösbar.

Man könnte statt an die Enteignung natürlich auch an den Versuch einer Umlegung oder gar einer großflächigen Flurbereinigung denken. Ich glaube jedoch, in diesem Kreis kann ich mir ersparen zu verdeutlichen, daß die Problematik dadurch nicht anders wird und die Interessen der für die Durchführung derartiger Verfahren naturgemäß zuständigen Stellen ebenso wie die Kompliziertheit des Verfahrens mit zahllosen Beteiligten die Dinge eher noch schwieriger machen.

In der Praxis geht es daher heute und gewiß auch in Zukunft anders zu. Heute wird gezahlt. In dieser, auf den ersten Blick sehr marktwirtschaftlich und daher richtig erscheinenden Methode liegen aber einige nicht nur unerwünschte, sondern die Planverwirklichung von der finanziellen Seite gefährdende Unstimmigkeiten. Sie alle haben ihre bekannte Wurzel in dem Problem, daß der Grund und Boden nicht beliebig reproduzierbar und durch die Planungsentscheidung sogar im wesentlichen unauswechselbar geworden ist. Das ärgerlichste Problem liegt in dem Umstand, daß jeder Schritt zur Beschaffung des Grund und Bodens und zur Verwirklichung der für das Gesamtkonzept notwendigen Maßnahmen, also z. B. schon der Bau einer ersten Straße als Vorleistung infrastruktureller Art, zwangsläufig die Bodenwerte der gesamten Umgebung ansteigen läßt. Jeder Schritt zur Planverwirklichung macht also den nächsten Schritt teurer. Diese Entwicklung ist unvermeidlich, auch wenn man die Beschaffung des Grund und Bodens nach meiner oben angedeuteten Lösung effektiver organisiert; er ist die Folge davon, daß die Planverwirklichung in aller Regel abschnitts- und stufenweise erfolgt und daß die Enteignungsentschädigung am Verkehrswert orientiert ist. Hier könnte man theoretisch ausweichen, wenn es möglich wäre, sämtlichen benötigten Grund und Boden vor dem Einsetzen der ersten Investitionen insgesamt und etwa gleichzeitig zu erwerben und bei der Bewertung die Vorteile der Wertsteigerungen unberücksichtigt zu lassen, die durch die Planung und die Aussicht auf ihre Verwirklichung entstehen. Beides scheint mir allerdings im gegenwärtigen Deutschland illusionär zu sein: Man würde nicht nur mit dem Grundsatz brechen müssen, daß die Enteignung erst dann zulässig ist, wenn das betroffene Grundstück alsbald benötigt wird; man würde darüber hinaus auch der Enteignungsbehörde und dem Richter ein eigenes Wissen darum verschaffen müssen, wie bei der Finanzierung eines derartig großen Vorhabens der Zeitfaktor, die Kosten des Grund und Bodens und das Verhältnis von öffentlichen Vorleistungen zur Ertragsfähigkeit des Nettobaulandes einzuschätzen sind. Freilich gibt es Denkmodelle, mit denen auch diese Probleme zu lösen sind: Die beiden wichtigsten davon sind die sog. Zonenenteignung — mit oder ohne Ersatzlandanspruch — und die früher auch in Deutschland selbstverständliche Beteiligung des Nettobaulandes an den Grunderwerbskosten für den öffentlichen Bedarf durch unentgeltliche Abtretung. Das Modell der Zonenenteignung läßt sich auch noch verfeinern, indem man Elemente der mit dem Bundesbaugesetz verschwundenen Zusammenlegung einbezieht; ich denke hier an die Zwangsbeteiligung der bisherigen Grundeigentümer, die sogar als Alternative zum Ersatzlandanspruch denkbar wäre; nur beiläufig darf ich auf die inzwischen wohl erzielte Einigkeit darüber hinweisen, daß auch die städtebauliche Sanierung ohne dieses Instrument nicht zu verwirklichen sein wird. Die unentgeltliche Abtretung von Flächen für den öffentlichen Bedarf kennen wir im Bundesbaugesetz auch noch heute im Rahmen der Umlegung; warum sollten wir sie nicht auch außerhalb der Umlegung sinnvoll praktizieren können und damit vielleicht sogar das Problem der Wertabschöpfung praktisch lösen? Ob es nötig wäre, wie in der modernen Großstadt etwa 40—50 vH des Bruttolandes für öffentlichen Bedarf zu beanspruchen, möge dahinstehen; daß im Rahmen eines Entwicklungsvorhabens, wie ich es hier ins Auge gefaßt habe, alle, auch die überörtlichen Einrichtungen des Gemeingebrauchs und Gemeinbedarfs vom Nettobauland mitgetragen werden sollten, halte ich nicht nur nicht für ungerecht; mir scheint es sogar ein Gebot des gerechten Ausgleichs der unterschiedlichen Schicksalsentscheidungen zu sein, die die Planung nach gewiß wohlerwogenen Gesichtspunkten getroffen hat, die dem Bürger aber doch immer zufällig erscheinen müssen.

V.

Es wäre noch manches über die Verteilung der Steuerquellen und den Finanzausgleich zu sagen; auch der richtige Einsatz der Einheitsbewertung und der steuerlichen Förderungsmittel könnte vielfältig diskutiert werden. Damit würde mein Monolog aber zu umfänglich.

Wichtig erscheint mir aber ein Hinweis, der freilich den hier anwesenden Bürgermeistern nicht neu ist: Raumordnungsgrundsätze kann man überall in der täglichen Arbeit der Verwaltung zu verwirklichen sich bemühen; soll die Ordnung eines bestimmten Raumes dagegen als Aufgabe ernsthaft angepackt werden, so müssen wir aus den gewohnten Verwaltungsvorstellungen hinauswachsen; hier geht es nicht mehr um Verwaltung, sondern um Management.

Lassen Sie mich daher zum Schluß nur meine Thesen für beide Problemkreise — Finanzierung und Grunderwerb — noch einmal zusammenfassen: Wollen wir raumordnende Entscheidungen der Landesplanung in die Wirklichkeit umsetzen, so sind zwei entscheidende Voraussetzungen zu schaffen: Es ist unerläßlich, eine weit oberhalb der Gemeinden stehende staatliche oder vom Staat gesteuerte Stelle zu benennen, die mit der Verantwortung für die Verwirklichung der Planungsentscheidungen belastet wird; sie muß in den Stand gesetzt sein, dieser Aufgabe gerecht zu werden, indem sie ein verbindliches Zeitprogramm aufstellt, dementsprechend den Grunderwerb tätigt, die öffentlichen Investitionen steuert und private Investitionen bestmöglich fördert. Zum anderen müssen wir unsere Vorstellungen über die Beschaffung des Grund und Bodens gründlich revidieren; wahrscheinlich ist es nötig, die Zonenenteignung einzuführen, den Ersatzlandanspruch, etwa durch die Wahlmöglichkeit zwischen Geldentschädigung und Beteiligung, abzuschwächen und schließlich den Gedanken der unentgeltlichen Flächenabtretung auszubauen.

Ich behaupte nicht, daß mit diesen Mitteln — von denen Herr Halstenberg wahrscheinlich sagen wird, sie seien im Entwurf des Städtebauförderungsgesetzes schon ins Auge gefaßt — unser Problem mit Sicherheit zu lösen sei. Ich behaupte jedoch, daß ohne diese oder gleich wirksame Mittel Raumordnung und Landesplanung papierene Wunschbilder bleiben müssen.

Thesen

1. Die Verwirklichung von raumbeeinflussenden Entscheidungen der Landesplanung erfordert
   a) die Verfügungsmacht über weite Teile des überplanten Grund und Bodens,
   b) erhebliche Investitionen der öffentlichen Haushalte und des privaten Kapitals.

2. Das Bundesbaugesetz legt die Verantwortung für die Verwirklichung in beiden Beziehungen — unmittelbar oder mittelbar — in die freie Entscheidung der Gemeinden, ohne Rücksicht auf Gleichklang oder Widerstreit von Gemeindeinteressen und Zielen der Landesplanung. Die technische und finanzielle Leistungsfähigkeit der Gemeinden wird zudem im Bundesbaugesetz überschätzt.

3. Sollen wir raumordnende Entscheidungen der Landesplanung in die Wirklichkeit umsetzen, so sind zwei entscheidende Voraussetzungen zu schaffen:
   a) Es ist unerläßlich, eine weit oberhalb der Gemeinden stehende staatliche oder vom Staat gesteuerte Stelle zu benennen, die mit der Verantwortung für die Verwirklichung der Planungsentscheidungen belastet wird; sie muß in den Stand gesetzt sein, dieser Aufgabe gerecht zu werden, indem sie ein verbindliches Zeitprogramm aufstellt, dementsprechend den Grunderwerb tätigt, die öffentlichen Investitionen steuert und private Investitionen bestmöglich fördert.
   b) Zum anderen müssen wir unsere Vorstellungen über die Beschaffung des Grund und Bodens gründlich revidieren; wahrscheinlich ist es nötig, die Zonenenteignung einzuführen, den Ersatzlandanspruch, etwa durch die Wahlmöglichkeit zwischen Geldentschädigung und Beteiligung, abzuschwächen und schließlich den Gedanken der unentgeltlichen Flächenabtretung auszubauen.

Rechtsschutzprobleme bei Maßnahmen der Landes- und Regionalplanung

Von Rudolf Stich

I. Einleitung

1. Nach dem Inhalt des einen oder anderen Referats der letzten zwei Tage und nicht weniger Diskussionsbeiträge, besonders des gestrigen Nachmittags, war ich nahe daran, mein Referat als nutzlos zu betrachten. Denn wer die *Bindung an die geltende Verfassungsordnung als Hinderungsgrund für eine wirksame Raumordnung* ansieht und gewohnt ist, solche Hindernisse mit politischen und vor allem finanziellen Mitteln aus dem Weg zu räumen, dem muß es schwerfallen, der Untersuchung über Probleme des materiellen und formellen Verfassungsrechts in diesem Bereich eine Berechtigung zuzuerkennen. Nun will ich gewiß eines nicht bestreiten: Nach dem Gedankenaustausch der letzten Tage und den zahlreichen Vorarbeiten zu den behandelten Themen dürfte der Nachweis erbracht sein, daß es manche im Verfassungsrecht verankerte Struktur gibt — so vor allem die *Gliederung des Bundesgebietes in die bestehenden Gebietskörperschaften der verschiedenen Stufen* —, die den Grundforderungen einer modernen Raumordnung nicht gerecht wird. Wer in diese Verdammung aber auch den *Verfassungsgrundsatz der Rechtsstaatlichkeit* einbezieht, vergißt gerade aus seiner heutigen rechtsstaatlichen Geborgenheit heraus, warum die Schöpfer des Grundgesetzes in ihr Verfassungswerk nicht wenige materielle und formelle rechtsstaatliche Garantien aufgenommen und in Art. 28 vorgeschrieben haben, daß auch die verfassungsmäßige Ordnung in den Ländern den Grundsätzen des republikanischen, demokratischen und sozialen Rechtsstaats im Sinne des Grundgesetzes entsprechen muß.

Das deutsche Volk war und ist es doch, das es in der Präambel zu diesem Grundgesetz als sein wichtigstes Anliegen bezeichnet, „dem staatlichen Leben ... eine neue Ordnung zu geben". Mit der *neuen Ordnung* war nach der Ära des Unrechtsstaats eine neue *politische* Ordnung gemeint, die wieder die Würde des Menschen achten und seinem Drang nach freier Entfaltung der Persönlichkeit entsprechen sollte. Besinnt man sich hierauf zurück, so kann man nicht ernsthaft wollen, daß diese neue politische Ordnung auch nur teilweise geopfert werden sollte, um die zügige Verwirklichung raumordnerischer Gedanken und Ziele sicherzustellen. Wo der materielle und formelle Rechtsschutz nach einer inzwischen mehr oder minder gewandelten Auffassung zu „Auswüchsen" geführt haben sollte, wird es Aufgabe der Literatur und ihr folgend der Rechtsprechung sein, entsprechend einem gewandelten gesellschaftlichen Bewußtsein etwa einer stärkeren Betonung der Sozialbindung des Eigentums oder der Raumordnungspflichtigkeit der Gemeinden Geltung zu verschaffen. Die rechtsstaatliche Ordnung muß aber — jedenfalls in ihren wesentlichen Zügen — unangetastet bleiben. Diese Überlegungen geben mir die Gewißheit, daß im Rahmen unserer Tagung auch ein Referat über Rechtsschutzprobleme bei Maßnahmen der Landes- und Regionalplanung seinen legitimen Platz hat.

2. Wer über Rechtsschutzprobleme schreiben will oder reden soll, greift gewöhnlich als erstes zu den *Entscheidungssammlungen der Verwaltungs- und Verfassungsgerichte*. Dort findet man die praktischen Fälle, in denen die Probleme bedeutsam geworden sind und mit denen man seine eigenen Ausführungen beleben kann. Zugleich bieten sich einem die mehr oder minder übereinstimmenden Lösungen dar, denen die Gerichte die Zweifelsfragen zugeführt haben. Sofern die Gerichtsentscheidungen unter Berücksichtigung der vorhergegangenen Äußerungen in Rechtsprechung und Literatur sorgfältig begründet sind, geben sie auch die ersten Hinweise auf die Stellungnahmen des wissenschaftlichen Schrifttums, mit denen man sich befassen muß. Schließlich besitzt man als Ausgangspunkt für die eigene Gedankenarbeit ein abgerundetes Bild vom sogenannten derzeitigen Stand der Rechtsprechung und Literatur in dem gerade interessierenden Problembereich.

Bei den Rechtsschutzproblemen, mit denen ich mich zu befassen habe, versagt dieses sonst so probate Rezept. Fast vergebens sucht man in den Entscheidungssammlungen nach einschlägigen Streitfällen und ihren Lösungen und auch im Schrifttum lassen sich *so gut wie keine Anhaltspunkte* finden. Sollte man daraus schließen, daß es Rechtsschutzprobleme im Bereich der Landes- und Regionalplanung nicht gibt? Richtiger wird wohl sein, das Fehlen veröffentlichter Gerichtsentscheidungen damit in Zusammenhang zu bringen, daß das Recht der Raumordnung und Landesplanung — wie uns die bisherigen Vorträge dieser Tagung gezeigt haben — entweder noch ganz neu ist (wie das Raumordnungsgesetz des *Bundes*[1] und das Landesplanungsgesetz des *Saarlandes*[2]) oder daß dort, wo solches Recht schon einige Zeit gilt (wie in *Nordrhein-Westfalen*[3],

[1] Vom 8. 4. 1965, BGBl. I S. 306.
[2] Vom 27. 5. 1964, Amtsbl. S. 525.
[3] Vom 7. 5. 1962, GVBl. S. 229.

Bayern[4], *Schleswig-Holstein*[5], *Hessen*[6] und *Baden-Württemberg*[7]), Maßnahmen zur Verwirklichung der Gesetzesziele in der Praxis aus einem Gefühl der Unsicherheit heraus so zögernd und behutsam angepackt — man würde wohl richtiger sagen „angetastet" — werden, daß es zu echten Konfliktsfällen noch kaum gekommen ist.

Das aber könnte geradezu als ein Hinweis zu werten sein, daß es noch zu früh ist, sich mit den Rechtsschutzproblemen der Landes- und Regionalplanung zu befassen. Sicher wäre diese Folgerung richtig, wenn sich solche Probleme nicht *an anderen Stellen als in der Rechtsprechung* deutlich genug abzeichneten: in den Beratungen der an Raumordnungs- und Landesplanungsgesetzen arbeitenden Parlamente und Parlamentsausschüsse, in den Äußerungen der kommunalen Spitzenverbände und schließlich in den Gesprächen mit Staats- und Kommunalbeamten, denen die Verantwortung dafür obliegt oder demnächst obliegen wird, daß das Recht der Raumordnung und Landesplanung nicht bloßer Gesetzestext bleibt, sondern Staats- und Verwaltungswirklichkeit wird.

Nicht weniger wichtig als die somit durchaus gegebene aktuelle Bedeutung der hier angeschnittenen Probleme ist eine andere Überlegung, an deren Beginn ich einen Gedanken Werner Webers stellen möchte, dem das Raumordnungs- und Landesplanungsrecht sowohl von seiner Entstehung als auch von seiner wissenschaftlichen Erfassung her vieles verdankt: „Ein föderalistisches Staatswesen, in dem Bund, Länder und Kommunen nebeneinander gebietskörperschaftlich auf dasselbe Territorium einwirken, aber — durch die Verfassung darin gestützt — ihre gegenseitige Unabhängigkeit streng zu wahren wissen, ein Staatswesen überdies, das auch in seinen Gestaltungsmaßnahmen dem Bürger gegenüber in enge rechtsstaatliche Grenzen gewiesen ist, hat es schwer, übergeordnete Gesichtspunkte für die Ordnung seines Raumes zur durchgängigen Geltung zu bringen[8]." In diesem Satz sind die *Verfassungsgrundsätze* angesprochen, die das Recht der Raumordnung und Landesplanung — wie übrigens auch das verwandte Recht des Städtebaues — maßgebend geprägt haben und noch prägen: *das Bundesstaatsprinzip, die Selbstverwaltungsgarantie und die Eigentumsgewährleistung.* Diese *materiellen* Prinzipien des Verfassungsrechts wären aber von begrenzter Wirksamkeit, wenn ihnen in *formeller* Hinsicht, also für ihre Durchsetzung in Konfliktsfällen, nicht solche *Rechtsschutzgarantien* an die Seite gestellt wären wie Art. 19 Abs. 4 des Grundgesetzes, die Generalklausel für den

---

4 Vom 21. 12. 1957, GVBl. S. 323.

5 Vom 5. 7. 1961, GVBl. S. 119.

6 Vom 4. 7. 1962, GVBl. S. 311.

7 Vom 19. 12. 1962, GVBl. 1963 S. 1.

8 Raumordnung und Raumplanung, DÖV 1963 S. 785.

verwaltungsgerichtlichen Rechtsschutz (§ 40 VwGO) und in gewissem Sinne auch Art. 93 des Grundgesetzes einschließlich der Möglichkeit, Verfassungsbeschwerde zu erheben (§§ 90 ff. BVerfGG).

Schon der *Gesetzgeber* muß bei seinen Regelungen diese Rechtsschutzgarantien ebenso im Auge behalten wie die materiellen Verfassungsgrundsätze. Deshalb kann es nichts schaden, wenn die erstmalige Ordnung eines Sachbereichs, alsbald nachdem sie Gesetz geworden ist, gedanklich in den „Schmelztiegel der gerichtlichen Nachprüfung" geworfen wird, um den Härtegrad der gesetzlichen Bestimmungen[9] zu erproben. Dabei können *Lücken, Ungereimtheiten, Fehler und gar Verfassungsverstöße* zutage treten, die die Verwirklichung der Gesetzesziele erschweren, wenn nicht unmöglich machen können. Die Gesetzgeber, die auf diesen Gebieten noch nicht gesprochen haben, sollten Feststellungen dieser Art bei ihren Gesetzgebungsarbeiten beachten, die anderen, an deren Regelungen Mängel entdeckt werden, sollten sie zum Anlaß nehmen, ihre Gesetze einer Durchsicht zu unterziehen, bevor sich unliebsame oder gar unerträgliche Folgen eingestellt haben. Es können aber auch schon *erste Auslegungshilfen* erarbeitet werden, die der Verwaltungspraxis in den Kommunalverwaltungen wie in den unteren und mittleren Staatsinstanzen, die die heißen Eisen ja stets als erste angreifen müssen, die eine oder andere Anfangsschwierigkeit meistern helfen.

3. Die somit in Angriff genommene Vorprüfung der Regelungen des Rechts der Landes- und Regionalplanung unter dem Gesichtspunkt des Rechtsschutzes ist allerdings mit der *Gefahr* verbunden, daß man mehr oder weniger weit *in die Beurteilung materieller Probleme hinübergreift.* Daß dies nicht nur eine Gefahr, sondern ein unentrinnbarer *Zwang* ist, liegt schon an dem Begriff des Rechtsschutzes. Bereits das Wort besteht aus zwei Teilen, von denen der eine auf einen Besitz, auf ein Haben und damit auf etwas *Materielles,* der andere auf einen Vorgang, auf ein Verfahren und damit auf etwas *Formelles* hinweist. Dementsprechend setzt auch die Eröffnung des Rechtsweges nach Art. 19 Abs. 4 des Grundgesetzes wie die Zulässigkeit einer verwaltungsgerichtlichen Anfechtungs- oder Verpflichtungsklage (§ 42 VwGO) immer eine im materiellen Recht verankerte Rechtsposition voraus. Und auch bei der Frage — um nur eine der folgenden Fragen herauszugreifen —, ob und wie sich eine Gemeinde dagegen zur Wehr setzen kann, daß sie nach einer Entscheidung der Landes- oder Regionalplanung zur Wohnentlastungsgemeinde einer benachbarten Industriegroßstadt bestimmt wird, obwohl

---

[9] Oder ausgedrückt mit Worten *Halstenbergs* im zweiten Vortrag dieser Tagung: die „verwaltungsrechtliche Realisierbarkeit" der gesetzlichen Regelungen über die Raumordnung und Landesplanung.

sie selbst gern einige gewerbesteuerstarke Industriebetriebe an sich gezogen hätte, muß die Untersuchung damit beginnen, wie weit die dem materiellen Verfassungsrecht angehörende Selbstverwaltungsgarantie reicht. Doch werde ich mich bemühen, nicht weiter in das materielle Recht einzudringen, als es die Lösung von Rechtsschutzproblemen erfordert.

Ferner werde ich von den *möglichen Rechtssubjekten*, die bei Maßnahmen der Landes- und Regionalplanung als Rechtsschutzsuchende in Frage kommen können, nur die zwei wichtigsten herausgreifen, nämlich die *Gemeinden* und die *Staatsbürger*. Wohl kann auch einmal der *Bund* oder eine seiner Behörden mit einer landesplanerischen Entscheidung nicht einverstanden sein[10] oder eine *Landesfachbehörde* kann die von ihr vorgebrachten Gesichtspunkte als übergangen oder nicht ausreichend berücksichtigt ansehen[11] oder ein *Interessenverband* kann sich in einer ähnlichen Lage befinden und die Frage stellen, wie er den von ihm vertretenen Belangen doch noch Geltung verschaffen könne[12]. Die Rechtsschutzprobleme werden aber bei ihnen nicht annähernd die gleiche Bedeutung erlangen wie bei den von den Programmen und Plänen der Landes- und Regionalplanung in erster Linie betroffenen Gemeinden als Trägern der Bauleitplanung und Staatsbürgern als Grundeigentümern und Wirtschaftsunternehmern.

II. Rechtsschutzprobleme aus der Sicht der Gemeinden

1. Beteiligung an Maßnahmen der Landes- und Regionalplanung

a) Inwieweit sind die Gemeinden vom Verfassungsrecht her befugt, an Maßnahmen der Landes- und Regionalplanung mitzuwirken und wie können sie ihr Mitwirkungsrecht, wenn es ganz oder teilweise übergangen wird, durchsetzen? Ausgangspunkt für die Beantwortung dieser Frage muß in materieller Hinsicht die *Selbstverwaltungsgarantie* des Grundgesetzes (Art. 28 Abs. 2 Satz 1) sein, die den Gemeinden das Recht gewährleistet, „alle Angelegenheiten der örtlichen Gemeinschaft im Rahmen der Gesetze in eigener Verantwortung zu regeln". Diese Verfassungsbestimmung hat den Bundesgesetzgeber veranlaßt, den Gemeinden im Bundesbaugesetz (§ 2 Abs. 1) *für den Bereich der Bauleitplanung*, also für die Aufstellung von Flächennutzungs- und Bebauungsplänen, die *Planungshoheit* zu garantieren[13]. Muß sie weiterhin Anlaß sein, den Gemeinden auf dem Gebiet der Landes- und Regionalplanung wenn auch

---

[10] Dazu finden sich wichtige Hinweise im Referat *Halstenbergs*.

[11] Siehe dazu aus der Sicht des Naturschutzes und der Landschaftspflege die Diskussionsbeiträge von *Offner* und *Lohmeyer*.

[12] Es kann insoweit auf den Diskussionsbeitrag von *Genzer* verwiesen werden.

nicht die Planungshoheit, so doch wenigstens ein Beteiligungsrecht einzuräumen?

b) *Die bestehenden Gesetze* gehen offenbar durchweg davon aus, daß die Gemeinden das Recht haben müssen, an der Aufstellung von Programmen und Plänen der Landes- und Regionalplanung, die sich auf ihre Entwicklung auswirken sollen, beteiligt zu werden. Das *Raumordnungsgesetz des Bundes* bringt dies mit den Worten zum Ausdruck, daß bei der Aufstellung von Zielen der Raumordnung und Landesplanung die Gemeinden und Gemeindeverbände, für die eine Anpassungspflicht begründet werden soll, oder deren Zusammenschlüsse zu beteiligen sind (§ 5 Abs. 2 Satz 2). *Baden-Württemberg* gibt den Gemeinden das Recht, sich mit anderen Gemeinden und mit Landkreisen zu Planungsgemeinschaften zusammenzuschließen (§ 7 Abs. 2), und bestimmt noch einmal besonders, daß bei der Aufstellung des Landesentwicklungsplanes und der Gebietsentwicklungspläne u. a. die Gemeinden zu beteiligen sind, soweit sie unmittelbar berührt werden (§ 14 Abs. 2). In *Bayern* sind die Raumordnungspläne im Benehmen mit den beteiligten Selbstverwaltungskörperschaften aufzustellen (Art. 11). *Hessen* überträgt die Aufstellung der regionalen Raumordnungspläne den kreisfreien Städten und Landkreisen zur Erfüllung nach Weisung (§ 3 Abs. 1); diese Träger der Regionalplanung haben die kreisangehörigen Gemeinden zu hören und ihre Belange zu berücksichtigen (§ 4). In *Nordrhein-Westfalen* ist der Gebietsentwicklungsplan von der Landesplanungsgemeinschaft unter Mitwirkung aller Behörden, Gemeinden und Gemeindeverbände zu erarbeiten, wobei ein Ausgleich der Meinungen anzustreben ist (§ 16 Abs. 1). Nach dem *saarländischen* Gesetz wirken bei der Aufstellung des Raumordnungsplanes die Landkreise, kreisfreien Städte und kreisangehörigen Gemeinden mit, soweit der Raumordnungsplan für ihre Entwicklung von Bedeutung ist (§ 4 Abs. 3). Nicht viel anders sagt das *schleswig-holsteinische* Landesplanungsgesetz, nachdem es zuerst den Zusammenschluß von Kreisen und kreisfreien Städten zu regionalen Planungsgemeinschaften geregelt hat (§ 5 Abs. 2), daß kreisangehörige Gemeinden, für deren Entwicklung die Aufstellung eines Regionalplanes von Bedeutung ist, bei der Aufstellung des Regionalplanes mitwirken; ihre Stellungnahmen sind der Landesplanungsbehörde im Genehmigungsverfahren mitzuteilen (§ 5 Abs. 4).

Keines der geltenden Landesplanungsgesetze bestreitet damit den Gemeinden das Recht, an Maßnahmen der Landes- und Regionalplanung,

---

[13] Siehe dazu vor allem den Schriftlichen Bericht des Ausschusses für Wohnungswesen, Bau- und Bodenrecht (24. Ausschuß) über den von der Bundesregierung eingebrachten Entwurf eines Bundesbaugesetzes, zu Drucksache III/1794, S. 3 (zu § 2).

von denen sie in ihrer Entwicklung beeinflußt werden können, mitzuwirken. Mit dieser Feststellung könnte man die zu Beginn angeschnittene Frage als unproblematisch abtun, wenn nicht gerade die zur Zeit den Landtagen von *Niedersachsen* und *Rheinland-Pfalz* vorliegenden Entwürfe[14] in dieser Hinsicht eine andere Richtung einschlügen. Im *niedersächsischen* Gesetz soll lediglich bestimmt werden, daß der Minister des Innern nach Anhörung der regionalen Planungsgemeinschaft zulassen kann, daß kreisangehörige Gemeinden Mitglieder einer regionalen Planungsgemeinschaft werden, wenn ihre Entwicklung für das Regionalprogramm von besonderer Bedeutung ist (§ 3 Abs. 3); ansonsten sollen die kreisangehörigen Gemeinden einige Vertreter in die bei der obersten Landesplanungsbehörde und bei den höheren Landesplanungsbehörden gebildeten Beiräte entsenden (§ 7). Nicht viel anders verhält es sich mit dem *rheinland-pfälzischen* Entwurf, nach dem lediglich vorgeschrieben werden soll, daß in den Organen der für die Aufstellung eines regionalen Raumordnungsplanes zuständigen Planungsgemeinschaft „auch Vertreter der kreisangehörigen Gemeinden der Landkreise" mitwirken (§ 16 Abs. 2)[15].

c) Gewiß können die Gemeinden nicht für sich in Anspruch nehmen, daß es sich bei der Landes- oder wenigstens bei der Regionalplanung um eine „Angelegenheit der örtlichen Gemeinschaft" handle[16]. Wenn man von der *herkömmlichen Zweiteilung der öffentlichen Verwaltungsangelegenheiten in Staatsaufgaben und Selbstverwaltungsaufgaben* ausgeht, muß man die Landes- und Regionalplanung — schon weil sie in ihrer Wirkung weit über den örtlichen Rahmen hinausreicht — den Angelegenheiten der Staatsverwaltung zurechnen. Doch spricht *Nordrhein-Westfalen* nicht ohne Grund gleich im ersten Paragraphen seines zweiten, 1962 erlassenen Landesplanungsgesetzes (Abs. 3) aus, daß die Landesplanung nach näherer Bestimmung des Gesetzes eine *gemeinschaftliche Aufgabe von Staats- und Selbstverwaltung* sei. Und ich darf nochmals Werner Weber zitieren, der zu dieser Frage ausführt, daß die Regionalplanung in den Schnittpunkt oder in die Grenzzone zwischen der gemeindlichen Bauleitplanung und der übergeordneten, staatlichen

[14] *Niedersachsen:* Entwurf eines niedersächsischen Gesetzes über Raumordnung und Landesplanung, vom 25. 7. 1963, Landtagsdrucksache V/27.
Rheinland-Pfalz: Entwurf eines Landesgesetzes für Raumordnung und Landesplanung, vom 5. 12. 1963, Landtagsdrucksache V/94.

[15] Nach dem derzeitigen Stand der Beratungen in den Landtagsausschüssen soll die Regionalplanung den Landkreisen und kreisfreien Städten als Pflichtaufgabe übertragen werden; die Regionen sollen in einem Anhang zum Landesplanungsgesetz abgegrenzt werden.

[16] Siehe dazu etwa *Werner Weber*, a. a. O. (s. Anm. 8) S. 786 f.; *Zinkahn*, Die Schranken der gemeindlichen Planungshoheit, BlGrBW 1963, S. 6 f.; *Nau*, Staatliche Raumordnung und gemeindliche Selbstverwaltung, DÖV 1963, S. 533 ff.

Landesplanung gerät; und er fährt fort: „Infolgedessen drängt die Regionalplanung dazu, so organisiert zu werden, daß sich in ihr staatliche und kommunale Planungsverantwortung verbinden[17].“

Vielleicht ist dieser Gedanke, daß nämlich die Landes- und *vor allem die Regionalplanung eine Gemeinschaftsaufgabe des Staates und der Gemeinden* ist, nach dem heutigen Stand des Staats- und Verwaltungsrechts noch nicht tragfähig genug[18], um auf ihn das Recht jeder Gemeinde gründen zu können, an Maßnahmen der Landes- und insbesondere der Regionalplanung beteiligt zu werden, die ihre Entwicklung beeinflussen sollen. Dann muß aber zumindest der Gedanke des rechtlichen Gehörs (vgl. Art. 103 Abs. 1 GG) zu einem ähnlichen Ergebnis führen[19]. In jedem Gesetz, das Regelungen über die Entziehung, Beschränkung oder Benutzung des Grundeigentums trifft, ist es eine Selbstverständlichkeit, daß dem Eigentümer ein Recht auf Anhörung eingeräumt wird, das sich entweder in einer formellen Beteiligung am Verfahren[20] oder doch wenigstens in der Möglichkeit äußert, Bedenken und Anregungen vorzubringen, über die entschieden werden muß[21]. Nicht weniger selbstverständlich muß es sein, daß die *Gemeinde als die verfassungsmäßig berufene Vertreterin der Belange der örtlichen Gemeinschaft* zumindest das Recht hat, mit ihren Anregungen und Bedenken angehört zu werden, bevor die Organe der Landes- und Regionalplanung Maßnahmen beschließen, die sich auf ihre weitere Entwicklung auswirken sollen[22]. Da jedes Land und jede Region aus Gemeindegemarkungen zusammengesetzt ist, kann jedes Ziel der Raumordnung und Landesplanung denknotwendig nur im Bereich einer oder mehrerer Gemeinden verwirklicht werden. Auch kann umgekehrt die Landes- und Regionalplanung nur auf den Gegebenheiten aufbauen, die in den einzelnen Gemeinden angetroffen werden. Wie ein Arzt und Forscher eine wirksame Arznei nicht losgelöst vom Kranken und seiner Krankheit entwickeln kann, sind auch Raumordnung und Landesplanung nicht in der Lage, ihr Ziel, das Land und seine Teile in ihrer räumlichen Struktur einer Entwicklung zuzuführen, die bei Beachtung der natürlichen Gegebenheiten den sozialen, kulturellen und wirtschaftlichen Erfordernissen gerecht wird und der freien Entfaltung der

---

[17] a. a. O. (s. Anm. 8), S. 787.

[18] Siehe zu diesem Problemkreis vor allem die Vorträge und Diskussionsbeiträge des 29. Staatswissenschaftlichen Fortbildungskursus der Hochschule für Verwaltungswissenschaften Speyer 1961, abgedruckt in Bd. 11 der Schriftenreihe der Hochschule Speyer.

[19] Im gleichen Sinne *Halstenberg* im zweiten Vortrag dieser Tagung.

[20] Siehe dazu etwa für die Umlegung § 48 und für die Enteignung § 107 BBauG.

[21] So bei der Aufstellung der Bauleitpläne nach § 2 Abs. 6 BBauG.

[22] Im gleichen Sinne: *Werner Weber*, a. a. O. (s. Anm. 8), S. 787, sowie *Nau*, a. a. O. (s. Anm. 16), S. 535.

Persönlichkeit in der Gemeinschaft am besten dient (§ 1 des rheinland-pfälzischen Entwurfs), ohne Mitwirkung der Gemeinden zu erreichen, deren Bevölkerung die Raumordnung letzten Endes zugute kommen soll.

d) Damit dürfte ausreichend begründet sein, daß *die Gemeinden das Recht haben müssen, an den ihr Gebiet betreffenden Maßnahmen der Landes- und Regionalplanung beteiligt zu werden,* ohne daß hier die Ausgestaltung dieses Beteiligungsrechts näher behandelt werden könnte. Ob das Beteiligungsrecht beachtet worden ist, haben die *Verwaltungsgerichte* zu überprüfen, wenn eine Gemeinde auf die *Genehmigung eines Bauleitplanes* klagt, die unter Hinweis auf entgegenstehende Programme und Pläne der Landes- und Regionalplanung versagt wurde, oder wenn sich die Klage gegen eine *kommunalaufsichtliche Maßnahme* richtet, mit der die Pflicht einer Gemeinde durchgesetzt werden soll, ihre Bauleitpläne jenen übergeordneten Programmen und Plänen anzupassen. In einem solchen Verwaltungsprozeß kann es sogar dazu kommen, daß *das Verwaltungsgericht das Landesplanungsgesetz zur verfassungsgerichtlichen Prüfung vorlegt,* wenn es der Ansicht ist, daß schon im Gesetz selbst das Beteiligungsrecht der Gemeinden nicht ausreichend verankert sei.

2. Anpassung von Bauleitplänen an die Programme und Pläne der Landes- und Regionalplanung

a) Das *Bundesbaugesetz* (§ 1 Abs. 3) verpflichtet die Gemeinde, ihre Bauleitpläne den Zielen der Raumordnung und Landesplanung anzupassen. Es erläutert nicht, *was* mit den Zielen der Raumordnung und Landesplanung gemeint sein soll, *wie* sie zustande kommen und *welche Rechtsnatur* sie haben sollen. Auch sagt es nichts darüber, was „anpassen" bedeuten soll, ob insbesondere nur *neue Planungen* an diesen Zielen auszurichten sind oder ob *auch bestehende Planungen* angepaßt werden müssen. Entsprechend seiner auf den Städtebau beschränkten Zielsetzung wollte das Bundesbaugesetz die Regelung der Einzelheiten dem Raumordnungsgesetz des Bundes und vor allem den Landesplanungsgesetzen überlassen[23].

b) Deshalb bestimmt nunmehr das *Raumordnungsgesetz des Bundes* unter der Überschrift „Raumordnung in den Ländern" (§ 5), daß *die Länder für ihr Gebiet* übergeordnete und zusammenfassende *Programme oder Pläne* aufstellen, die auch als Teilprogramme oder Teilpläne zulässig sind, in denen zumindest diejenigen *Ziele der Raumordnung und Landesplanung* enthalten sein müssen, die räumlich und sachlich zur Ver-

---

[23] Siehe dazu *Zinkahn,* a. a. O. (s. Anm. 16), S. 6 f.

wirklichung der Grundsätze der Raumordnung (§ 2) erforderlich sind. Die Ziele der Raumordnung und Landesplanung sind von den Behörden des Bundes und der Länder, den Gemeinden und Gemeindeverbänden, den öffentlichen Planungsträgern und im Rahmen der ihnen obliegenden Aufgaben auch von den bundesunmittelbaren und der Aufsicht des Landes unterstehenden Körperschaften, Anstalten und Stiftungen des öffentlichen Rechts bei Planungen und allen sonstigen Maßnahmen, durch die Grund und Boden in Anspruch genommen oder die räumliche Entwicklung eines Gebietes beeinflußt wird, zu beachten (§ 5 Abs. 4).

Die Bestimmung des Bundesbaugesetzes über die Anpassung der Bauleitpläne an die Ziele der Raumordnung und Landesplanung wird damit wiederum durch Bundesrecht dahin erläutert, daß die Ziele der Raumordnung und Landesplanung *in Programmen und Plänen der Landes- und Regionalplanung ihren Ausdruck finden müssen*, die in einem von den Ländern zu regelnden Verfahren aufzustellen sind[24]. Schon dadurch wird die Erfüllung einer Forderung gesichert, die das *Bundesverwaltungsgericht* in der bisher einzigen hier verwertbaren Entscheidung aufgestellt hat. Dieses Urteil vom 20. Mai 1958[25], das das Verhältnis der Landesplanung zur städtebaulichen Planung zum Gegenstand hat, geht zwar davon aus, daß die Landesplanung nicht mit starren Festlegungen arbeiten könne, weil sie stets die jeweiligen konkreten Planungen und veränderlichen Entwicklungstendenzen eines Gebiets in Rechnung stellen müsse; doch fordert die Entscheidung ganz richtig, daß die landesplanerischen Gesichtpunkte *hinreichend konkretisiert* und für eine gerichtliche Nachprüfung zugänglich sein müssen.

Das Raumordnungsgesetz des Bundes läßt auch erkennen, daß mit dem Wort *anpassen* in § 1 Abs. 3 BBauG *nicht nur neue, sondern auch schon bestehende Planungen* angesprochen sein sollen. Jedenfalls deutet in diese Richtung die bereits erwähnte Bestimmung, daß bei der Aufstellung der Programme und Pläne die Gemeinden und Gemeindeverbände, für die eine Anpassungspflicht begründet werden soll, oder ihre Zusammenschlüsse in einem förmlichen Verfahren zu beteiligen sind (§ 5 Abs. 3 Satz 2). Das gleiche ist einer anderen Vorschrift zu entnehmen, nach der die in den Programmen und Plänen der Landes- und Regionalplanung enthaltenen Ziele der Raumordnung und Landesplanung u. a. von den Gemeinden bei Planungen und allen sonstigen Maßnahmen, durch die Grund und Boden in Anspruch genommen oder die räumliche Entwicklung eines Gebiets beeinflußt wird, beachtet werden müssen (§ 5 Abs. 4).

---

[24] Demgegenüber vertritt *Halstenberg* im zweiten Vortrag dieser Tagung die Ansicht, daß die Raumordnungsgrundsätze des Bundesgesetzes auch schon für sich genommen Ziele der Raumordnung und Landesplanung im Sinne des § 1 Abs. 3 BBauG seien.

[25] BVerwGE Bd. 6, S. 342.

Und nichts anderes ergibt sich aus der Regelung, daß schon mit der Einleitung der Aufstellung, Änderung, Ergänzung oder Aufhebung von Zielen der Raumordnung und Landesplanung die für die Raumordnung zuständige Landesbehörde raumbedeutsame Planungen und Maßnahmen auch der Gemeinden für eine bestimmte Zeit untersagen kann, wenn zu befürchten ist, daß die Durchführung der Ziele der Raumordnung und Landesplanung unmöglich gemacht oder wesentlich erschwert wird (§ 7 Abs. 1). Interessanterweise findet sich in diesem Zusammenhang die bisher einzige Regelung im Raumordnungsrecht, bei der daran gedacht worden ist, daß jemand — zum Beispiel eine Gemeinde — gegen eine Maßnahme der Landesplanung Rechtsbehelfe ergreifen könnte. Für diesen Fall wird bestimmt, daß Widerspruch und Anfechtungsklage gegen eine Untersagung raumordnungswidriger Planungen und Maßnahmen keine aufschiebende Wirkung haben (§ 7 Abs. 2).

c) Auch die *Landesplanungsgesetze* gehen übereinstimmend davon aus, daß die Ziele der Raumordnung und Landesplanung ihren Niederschlag in Programmen und Plänen finden müssen, die in gesetzlich geregelten Verfahren aufgestellt werden, und daß für die Gemeinden eine Anpassungspflicht auch bezüglich der schon bestehenden Bauleitpläne begründet werden kann. Allerdings — und erst damit kommen wir zum Kern des Problems — haben die Landesgesetzgeber offenbar ganz unterschiedliche Ansichten darüber, welche Rechtsnatur die Maßnahmen der Landes- und Regionalplanung haben müssen, um die Anpassungspflicht wirksam werden zu lassen.

Am weitesten geht *Baden-Württemberg*, das die Verbindlichkeitserklärung durch *Gesetz* vorschreibt, wenn ein Entwicklungsplan auch für die Gemeinden verbindlich sein soll, während ansonsten ein Beschluß der Landesregierung für ausreichend erachtet wird (§ 16 Abs. 3)[26]. Nach der Verbindlichkeitserklärung darf keine Planung aufgestellt, aufrechterhalten, genehmigt oder durchgeführt werden, die mit dem Entwicklungsplan nicht im Einklang steht. — In *Bayern* soll die gleiche Rechtsfolge eintreten, wenn ein Raumordnungsplan ganz oder teilweise durch *Verordnung der Staatsregierung* für verbindlich erklärt worden ist (Art. 12). — Nach der *hessischen Regelung* wird das Raumordnungsprogramm durch *Gesetz* festgestellt (§ 2 Abs. 3), dagegen werden die regionalen Raumordnungspläne, die in ihrer Zusammenfassung den Landesraumordnungsplan bilden, von der Landesregierung *festgestellt* und dann von der obersten Landesplanungsbehörde im Staatsanzeiger *bekanntgemacht* (§ 6). Die Anpassungspflicht der Gemeinden wird nirgends vorgeschrieben, aber offenbar stillschweigend unterstellt, sonst könnte in der Entschädigungsrege-

[26] Außerdem ist in § 21 die vorläufige Verbindlichkeitserklärung durch Rechtsverordnung vorgesehen.

lung nicht von Aufwendungen die Rede sein, die den Gemeinden und anderen Planungsträgern zur Erfüllung von Rechtsansprüchen Dritter dadurch entstehen, „daß sie ihre rechtsverbindlichen Planungen dem Landesraumordnungsprogramm oder den festgestellten Raumordnungsplänen anpassen müssen" (§ 12 Abs. 2).

Die eingehendste Regelung über die Bekanntgabe der Ziele der Landesplanung und ihre Rechtswirkungen besitzt *Nordrhein-Westfalen* (§§ 11 bis 23). Das bloße Vorhandensein eines Landesentwicklungsprogramms, eines Landesentwicklungsplanes oder eines Gebietsentwicklungsplanes, in denen die Ziele der Landesplanung dargestellt werden, soll für die Gemeinden noch keine strikte Anpassungspflicht auslösen, sie *sollen* sich bei ihren Planungen nach ihnen richten (§ 18)[27]. Nur wenn die Gefahr besteht, daß die räumliche Gestaltung eines Gebietsteils sich so entwickelt, daß die Ziele der Landesplanung nicht mehr oder nur unter wesentlichen Schwierigkeiten erreicht werden können, ist ein *Flächensicherungsplan* aufzustellen, der *durch Rechtsverordnung für verbindlich erklärt* werden kann — mit der Wirkung, daß die Behörden des Landes sowie die Gemeinden und Gemeindeverbände keine Planungen aufstellen, bestehen lassen, genehmigen oder durchführen dürfen, die mit dem für verbindlich erklärten Flächensicherungsplan nicht vereinbar sind (§ 19).

Demgegenüber sollen nach dem *saarländischen Gesetz* die gleichen Rechtswirkungen schon dadurch ausgelöst werden, daß ein Raumordnungsprogramm oder Raumordnungsplan (bzw. Teilprogramm oder Teilplan) nach seiner *Aufstellung bzw. Genehmigung* durch die Landesregierung im Amtsblatt *bekanntgemacht* worden ist; dabei wird noch besonders hervorgehoben, daß bestehende Planungen anzupassen sind (§§ 2 bis 4, 8 und 9). Ähnlich bestimmt *Schleswig-Holstein*, daß Raumordnungspläne, für die *keine bestimmte Rechtsform*, ja nicht einmal eine Bekanntmachung vorgeschrieben ist, rahmensetzende Leitpläne mit der Wirkung sein sollen, daß die Behörden des Landes, die Gemeinden und Gemeindeverbände usw. keine Planungen aufstellen, bestehen lassen, genehmigen oder durchführen dürfen, die mit den Raumordnungsplänen nicht übereinstimmen (§ 9 Abs. 2).

Der *niedersächsische Entwurf* sieht für das Raumordnungsprogramm lediglich die *Auslegung zu jedermanns Einsicht und ihre Bekanntmachung* und für die Regionalprogramme noch zusätzlich ihre *Aufnahme in die Raumordnungsprogramme* vor (§§ 2 und 3). Daran soll sich die Wirkung knüpfen, daß u. a. die Gemeinden und Landkreise ihre raumbedeutsamen

---

[27] Hierin erblickt *Zinkahn*, a. a. O. (s. Anm. 16), S. 6 Anm. 5 einen Verstoß gegen Bundesrecht.

Planungen und Maßnahmen den Zielen der Raumordnung anpassen müssen. Zusätzlich soll der Träger der Bauleitplanung vor der Aufstellung oder Änderung eines Flächennutzungsplanes die Bekanntgabe der Ziele der Raumordnung und Landesplanung beantragen müssen, die ihm als landesplanerisches Rahmenprogramm bekanntgegeben werden (§ 12).

Nach dem *rheinland-pfälzischen Entwurf* sollen die Ziele der Raumordnung und Landesplanung im Landesentwicklungsprogramm und in den regionalen Raumordnungsplänen dargestellt werden (§ 9). Das Landesentwicklungsprogramm soll nach Anhörung des Landesplanungsbeirats *von der Landesregierung beschlossen* und mit seiner *Bekanntmachung im Staatsanzeiger* wirksam werden mit der Folge, daß es als Ziel der Landesplanung von den Behörden, Planungsträgern, Körperschaften, Anstalten und Stiftungen des öffentlichen Rechts bei allen raumbedeutsamen Maßnahmen im Gebiet des Landes zugrunde zu legen ist (§ 11). Für die regionalen Raumordnungspläne, die von den Landesplanungsgemeinschaften erstellt, von der obersten Landesplanungsbehörde im Einvernehmen mit den jeweils betroffenen obersten Landesbehörden nach Anhörung des Landesplanungsbeirats anerkannt und mit der Bekanntmachung der Anerkennung im Staatsanzeiger verbindlich werden sollen, ist die gleiche Rechtswirkung vorgesehen. Daneben sollen bis zur Verbindlichkeit der Raumordnungspläne die Ziele der Landesplanung in *landesplanerischen Gutachten* angegeben werden, die für ein bestimmtes Gebiet in Anwendung der Raumordnungsgrundsätze und unter Koordinierung der Fach- und Einzelplanungen die erforderlichen überörtlichen Maßnahmen zur Raumgestaltung aufzeigen sollen (§ 9 Abs. 2). Außerdem soll für die Aufstellung von Flächennutzungsplänen bestimmt werden, daß die Planungsabsichten der Gemeinde der zuständigen Landesplanungsbehörde mitgeteilt werden, die alsbald den Trägern der Bauleitplanung in einer *landesplanerischen Stellungnahme* die bei der Aufstellung der Flächennutzungspläne zu beachtenden Ziele der Raumordnung und Landesplanung bekanntgibt (§ 20).

d) Die Vielgestaltigkeit der bestehenden und beabsichtigten Regelungen ist wohl kaum zu überbieten. Ob sie einer gerichtlichen Nachprüfung standhalten, hängt von der Antwort auf die Frage ab, *welche Mindestanforderungen an die Ziele der Raumordnung und Landesplanung gestellt werden müssen, damit von ihnen eine Anpassungspflicht der Gemeinden ausgehen kann.* Um das Problem in den Griff zu bekommen, soll zuerst der Fall untersucht werden, daß eine Gemeinde von sich aus einen Bauleitplan aufstellen, ändern oder ergänzen will. Es ist kein Grund dafür ersichtlich, warum die Ziele der Raumordnung und Landesplanung, an die die Gemeinde ihre Bauleitpläne schon auf Grund des § 1 Abs. 3 BBauG anzupassen hat, die Natur einer Rechtsnorm haben müßten. Die Träger der Landes- und Regionalplanung können ihre Vorstellungen von der geordneten überörtlichen Entwicklung ebenso in einem *Plan ohne Rechtsnormcharakter* niederlegen wie die Gemeinde die Vorstellungen von ihrer geordneten städtebaulichen Entwicklung in einem *Flächennutzungsplan* (§ 5 BBauG). Wenn nach der zutreffenden Rechtsprechung des *Bundesverwaltungsgerichts*[28] vom Flächennutzungsplan — weil sein Inhalt zu den öffentlichen Belangen rechnet — Rechtswirkungen nicht nur auf die Gemeinde und die an der Planaufstellung beteiligten Behörden und Stellen, sondern auch auf die Baugenehmigungsbehörde und die Grundeigentümer ausstrahlen, kann für die *nicht* in die Gestalt des Gesetzes oder der Rechtsverordnung gekleideten Programme und Pläne der Landes- und Regionalplanung nichts anderes gelten[29]. Sie müssen von den Gemeinden auch deshalb beachtet werden, weil sie in der Regel die sozialen, kulturellen und Wohnbedürfnisse der Bevölkerung sowie ihre Sicherheit und Gesundheit, die Bedürfnisse der Wirtschaft, der Landwirtschaft, des Verkehrs, der Verteidigung und die Belange des Natur- und Landschaftsschutzes betreffen werden, die bei der Bauleitplanung auch nach § 1 Abs. 4 und 5 BBauG beachtet werden müssen.

Darüber darf jedoch nicht verkannt werden, daß es die Aufgabe der Ziele der Raumordnung und Landesplanung ist, *aus überörtlichen Interessen der Allgemeinheit einen bestimmten Rahmen* aufzustellen, in dem sich die Bauleitplanung der Gemeinde entfalten kann[30]. Dieser die Planungshoheit beschränkende Rahmen muß aber nach Art. 28 Abs. 2 Satz 1 GG seine Rechtsgrundlage in einem Gesetz haben. Deshalb ist — worauf vor allem *Zinkahn* richtig hinweist[31] — *durch den Landesgesetzgeber sicherzustellen, daß die Ziele der Raumordnung und Landesplanung in einem förmlich geregelten Verfahren festgelegt werden,* auf das auch im Hinblick auf rechtsstaatliche Anforderungen, insbesondere zur Vermeidung von Willkürentscheidungen, nicht verzichtet werden kann. Die weiteren Ausführungen *Zinkahns* zu dieser Frage darf ich wörtlich zitieren: „Formlose ‚Schubladenpläne' oder formlos ad hoc gefaßte Beschlüsse eines Landesplaners sind im Rahmen des § 1 Abs. 3 (BBauG) unbeachtlich. Selbstverständlich bleibt es den für die Landesplanung zuständigen Stellen unbenommen, Gutachten und Stellungnahmen abzugeben oder den Gemeinden Empfehlungen zu erteilen. Dabei handelt es

---

[28] Urt. v. 29. 4. 1964, BBauBl. 1964, S. 302 = DVBl. 1964, S. 527 = DÖV 1964, S. 383 = BB 1964, S. 827.

[29] So auch *Werner Weber* in dem Gutachten: Entspricht die gegenwärtige kommunale Struktur den Anforderungen der Raumordnung?, erstattet für den 45. Deutschen Juristentag in Karlsruhe, 1964, S. 50.

[30] Das schleswig-holsteinische Landesplanungsgesetz spricht in § 9 Abs. 2 recht plastisch von „rahmensetzenden Leitplänen".

[31] a. a. O. (s. Anm. 16), S. 7; s. auch *Schrödter*, Bundesbaugesetz, Kommentar, 1964, Rn. 7 zu § 1.

sich nicht um ‚verbindliche' Ziele, an die sich die Bauleitplanung gemäß § 1 Abs. 3 (BBauG) halten muß." Von diesem Ausgangspunkt her bestehen gegen die in *Rheinland-Pfalz* beabsichtigte Regelung, nach der vor der Aufstellung eines verbindlichen Raumordnungsplanes die Ziele der Landesplanung in „landesplanerischen Gutachten" angegeben werden sollen (§ 9 Abs. 2) und vor der Aufstellung eines Flächennutzungsplanes eine „landesplanerische Stellungnahme" eingeholt werden soll (§ 20), nicht unerhebliche Bedenken.

Der zweite hier zu untersuchende Fall ist gegeben, wenn *in einer Gemeinde rechtswirksame Bauleitpläne bestehen*, die nach den Programmen und Plänen der Landes- und Regionalplanung „angepaßt", also abgeändert oder aufgehoben werden sollen. Muß eine landesplanerische Maßnahme, die dies bezweckt, zumindest als Rechtsverordnung ergehen, wie es in *Nordrhein-Westfalen* für den Flächensicherungsplan als verbindliche Form des Gebietsentwicklungsplanes angeordnet ist (§ 19)? Der Lösung des Problems kommt man näher, wenn man zuerst die weitere Frage stellt, *wie die Anpassungspflicht durchgesetzt werden kann*. Da es hierfür in den Landesplanungsgesetzen an ausdrücklichen Regelungen fehlt, muß man auf das *Gemeinderecht* zurückgreifen, das im Rahmen der staatsaufsichtlichen Maßnahmen das Anordnungs- und Ersatzvornahmerecht davon abhängig macht, daß es die Gemeinde unterläßt, Beschlüsse zu fassen oder Anordnungen zu treffen, die zur Erfüllung einer der Gemeinde gesetzlich obliegenden öffentlich-rechtlichen Verpflichtung erforderlich sind[32]. Von einer solchen der Gemeinde *gesetzlich obliegenden öffentlich-rechtlichen Verpflichtung* wird man aber auch dann sprechen müssen, wenn *zwar die Programme oder Pläne der Landes- oder Regionalplanung keine Rechtsnormen sind, aber das zugrunde liegende Landesplanungsgesetz die Anpassungspflicht ausdrücklich vorschreibt.*

e) Ob die Voraussetzungen vorliegen, unter denen die Ziele der Raumordnung und Landesplanung mit verbindlicher Wirkung für die Gemeinden bekanntgegeben werden können, haben die *Verwaltungsgerichte* in einem Rechtsstreit, in dem es um die *Genehmigung eines Bauleitplanes* oder um die Rechtmäßigkeit einer *staatsaufsichtlichen Maßnahme* zur Durchsetzung dieser Ziele gehen kann, zu überprüfen. Auch dabei kann es sich unter Umständen als notwendig erweisen, ein Landesplanungsgesetz durch das Bundesverfassungsgericht auf seine *Vereinbarkeit mit dem Grundgesetz oder dem Raumordnungsgesetz des Bundes* nachprüfen zu lassen.

---

[32] Vgl. etwa § 109 der nordrhein-westfälischen Gemeindeordnung oder § 125 der rheinland-pfälzischen Gemeindeordnung.

3. Ersatzansprüche bei Planänderungen

a) Welche *Probleme* in diesem Zusammenhang auftauchen können, läßt sich am besten an folgendem Fall verdeutlichen: Eine Gemeinde in der Nähe einer Industriegroßstadt hat mit Genehmigung der höheren Verwaltungsbehörde in ihrem Flächennutzungsplan ein Industriegelände ausgewiesen und dafür einen Bebauungsplan aufgestellt. Um das Gelände baureif zu machen, kauft die Gemeinde, soweit sie nicht schon eigenes Gelände im Planbereich besitzt, von privaten Grundeigentümern einen erheblichen Teil der Grundflächen für die künftigen Erschließungsanlagen zu Preisen auf, die zwar noch keine echten Industriegeländepreise sind, aber doch schon erheblich höher liegen als die früheren Ackerlandpreise. Bevor die erste Industrieansiedlung zustande kommt, wird ein Regionalentwicklungsplan für verbindlich erklärt, in dem die noch unbebauten Teile der Gemeindegemarkung einschließlich des Industriegeländes zum Naherholungsgebiet der Großstadt bestimmt werden. Die Gemeinde ändert ihren Flächennutzungsplan entsprechend ab und hebt den Bebauungsplan für das Industriegebiet auf.

Zunächst entstehen der Gemeinde Kosten für die Änderung der Pläne. Dann muß sie den Grundeigentümern Herabzonungsentschädigung zahlen (§ 44 BBauG). Weiter erleidet sie dadurch eine Vermögenseinbuße, daß ihr eigenes Gelände, das schon vorher im Industriegebiet lag oder das sie für die Erschließung erworben hat, nur noch Ackerlandwert hat.

b) Als erstes erhebt sich also die Frage, ob die Gemeinde die *Kosten für Planänderungen* selbst tragen muß oder ob sie vom Land oder der Großstadt Ersatz verlangen kann. Einen derartigen Ersatz von Planungsmehrkosten durch das Land sieht lediglich das *hessische Landesplanungsgesetz* (§ 12 Abs. 1) vor, und auch nur insoweit, als die Aufwendungen 500,— DM übersteigen.

Ist das *Fehlen entsprechender Bestimmungen in den anderen Ländern* ein Verstoß gegen das Verfassungsrecht? Obwohl das Bundesbaugesetz (§ 37 Abs. 3 und § 38 Satz 3) den Gemeinden für ähnliche Fälle einen Erstattungsanspruch einräumt, möchte ich diese Frage verneinen. Die Verfassungsgarantie der kommunalen Selbstverwaltung legt dem Land nicht die Verpflichtung auf, den Gemeinden für alle Kosten, die ihnen aus der Vollziehung staatlicher Aufträge und Weisungen entstehen, jeweils speziellen Ersatz zu gewähren. Es kann dahingestellt bleiben, ob der Satz, daß den Gemeinden neue Aufgaben nur durch Gesetz auferlegt werden können, in dem auch die Aufbringung der Mittel zu regeln ist[33], Verfassungsrang hat. Denn einmal kann man die von der Landes- und

---

[33] Siehe § 2 Abs. 3 der rheinland-pfälzischen Gemeindeordnung.

Regionalplanung ausgelösten Planänderungen kaum als neue Aufgaben ansehen, weil sie von den Gemeinden im Rahmen *ihrer* Planungshoheit vollzogen werden. Und außerdem stehen die Gemeinden gerade bezüglich der Kosten, die ihnen aus der Erfüllung ihrer mannigfachen Aufgaben auf dem eigenen und dem staatlichen Sektor erwachsen, mit dem Land in einem derart vielschichtigen finanziellen Verbund, daß man es als eine *Angelegenheit des Finanzausgleichs* bezeichnen muß, diese Frage zu bereinigen[34].

Sofern — wie in *Hessen* — ein Teil der Planungsmehrkosten vom Land erstattet wird, haben in Streitfällen die *Verwaltungsgerichte* zu entscheiden[35]. Der Anspruch auf Kostenerstattung ist kein Entschädidigungsanspruch aus Enteignung oder enteignungsgleichem Eingriff (Art. 14 Abs. 3 GG), sondern ein *öffentlich-rechtlicher Erstattungsanspruch*, für den die Entscheidungszuständigkeit der *Verwaltungsgerichte* gegeben ist (§ 40 Abs. 1 VwGO)[36]. Die richtige Klageart ist die *Zahlungsklage*, da nicht angenommen werden kann, daß das Land über die Höhe der von ihm zu erstattenden Planungsmehrkosten einseitig hoheitlich entscheiden können soll.

Für die Inanspruchnahme der von den Planänderungen begünstigten Industriegroßstadt bietet das geltende Recht keinen Anhaltspunkt[37].

c) Einer anderen Situation sieht man sich bei den Aufwendungen gegenüber, die der Gemeinde dadurch entstehen, daß sie privaten Grundeigentümern nach einer Planänderung auf Grund des Bundesbaugesetzes (§ 44) *Herabzonungsentschädigungen* gewähren muß[38]. Ohne materielle Probleme ist die Rechtslage, wenn ein Land diesen Sachverhalt so regelt wie *Nordrhein-Westfalen* (§ 25): Das Land trägt an Stelle der Gemeinde die Entschädigung. Der Berechtigte kann den Anspruch nach seiner Wahl gegen das Land oder die Gemeinde richten. Das Recht der Gemeinde, Rückgriff gegen das Land zu nehmen, bleibt vorbehalten. — Nicht so weit gehen die Regelungen von *Baden-Württemberg* (§ 23), von *Hessen* (§ 12 Abs. 2), des *Saarlandes* (§ 12 Abs. 1) und von *Schleswig-Hol-*

---

[34] Siehe dazu etwa § 4 der rheinland-pfälzischen Gemeindeordnung; Näheres zum Finanzausgleich bei *Gönnenwein*, Gemeinderecht, 1963, S. 117 ff.

[35] Dies wird durch einen Vergleich mit der Kostenerstattungsregelung in § 37 Abs. 3 und § 38 Satz 3 BBauG bestätigt; beide Vorschriften sind in § 157 BBauG, der die im baulandgerichtlichen Verfahren anfechtbaren Verwaltungsakte aufzählt, nicht genannt.

[36] Näheres bei *Stich*, Die öffentlich-rechtlichen Zuständigkeiten der Zivilgerichte, Staatsbürger und Staatsgewalt, 1963, Bd. II, S. 387 ff.

[37] Anders § 37 Abs. 3 BBauG: Die Kosten sind „vom Träger der Maßnahme zu ersetzen".

[38] Vgl. auch dazu § 37 Abs. 3 und § 38 Satz 3 BBauG.

stein (§ 9 Abs. 4); doch gilt auch in diesen Ländern der Grundsatz, daß das Land die Herabzonungsentschädigungen ganz übernimmt.

Demgegenüber wollen die beiden Entwürfe von *Niedersachsen* und *Rheinland-Pfalz* eine *Selbstbeteiligung der Gemeinden* einführen (grundsätzlich 500,— DM). Dieser Selbstbehalt erscheint schon rechtspolitisch nicht angebracht, weil er die nicht selten vorhandene Abneigung einer Gemeinde gegen eine von der Landes- oder Regionalplanung veranlaßte Änderung ihrer Bauleitpläne nur vertiefen wird. Auch Gesichtspunkte der Verwaltungsvereinfachung lassen sich für die Selbstbeteiligung nicht ins Feld führen, weil der Betrag von 500,— DM in der Regel schon bei einem einzigen Bauplatz, den man zur Grünfläche herabstuft, bei weitem überschritten wird. Zudem ist die beabsichtigte Regelung kaum praktikabel, weil sie nicht klar erkennen läßt, ob der Selbstbeteiligungsbetrag für jeden einzelnen Entschädigungsfall, für alle Entschädigungsfälle im Geltungsbereich eines geänderten Bebauungsplanes oder für alle Entschädigungsfälle auf Grund mehrerer Planänderungen aus Anlaß einer Maßnahme der Landes- oder Regionalplanung gelten soll.

Gegen die *bestehenden Landesplanungsgesetze* erheben sich zum Teil insoweit Bedenken, als sie bestimmen, daß die Ersatzpflicht des Landes nicht eintritt, „wenn die Gemeinde von einem Begünstigten Ersatz verlangen kann". Das sind die Worte des *baden-württembergischen Landesplanungsgesetzes* (§ 23 Abs. 2), ähnliche Bestimmungen enthalten die Gesetze von *Hessen* (§ 12 Abs. 2) und des *Saarlandes* (§ 12 Abs. 1). Aus dem öffentlichen Recht läßt sich ein solcher *Ersatzanspruch gegen den von der Planänderung Begünstigten* nicht ableiten, es sei denn, daß vorher ein dahingehender Vertrag geschlossen wurde. Die Aufgabe der Landesplanungsgesetze wäre es gewesen, diesen Erstattungsanspruch selbst zu begründen, wie dies im *nordrhein-westfälischen Gesetz* geschehen ist (§ 25 Abs. 4). Dort ist bestimmt, daß derjenige Begünstigte, dessen Interessen die Verbindlichkeitserklärung eines Flächensicherungsplanes dient, gegenüber dem Land, der Gemeinde oder dem Gemeindeverband die Entschädigung trägt, wenn er mit der Verbindlichkeitserklärung oder mit dem auf Grund der Verbindlichkeitserklärung aufgestellten, geänderten oder aufgehobenen Bauleitplan einverstanden war[39].

Stellt man schließlich die Frage nach dem *Rechtsweg*, so fällt der Blick zunächst auf das Grundgesetz (Art. 14 Abs. 3 Satz 4), das die Streitigkeiten über die Höhe der Enteignungsentschädigung den ordentlichen Gerichten zuweist. Als nächstes denkt man — da eine Entschädigungsvorschrift des Bundesbaugesetzes (§ 44) im Spiel ist — an die besondere Zuständigkeit der Baulandgerichte (§§ 157 bis 171 BBauG). Ausschlaggebend

[39] Ähnlich § 37 Abs. 3 BBauG.

ist jedoch, daß der *Anspruch der Gemeinde gegen das Land auf Erstattung* der nach dem Bundesbaugesetz (§ 44) gezahlten Herabzonungsentschädigungen nicht in diesem Gesetz, sondern *im Landesplanungsgesetz seine Grundlage* hat. Auch hat man im Verhältnis der Gemeinde zum Land keinen Entschädigungsanspruch aus Enteignung oder enteignungsgleichem Eingriff, sondern einen eigenständigen öffentlich-rechtlichen Erstattungsanspruch vor sich, der vor den *Verwaltungsgerichten* in der Gestalt einer *Zahlungsklage* zu verfechten ist.

d) Unter den Grundeigentümern, die von der Aufstellung, Änderung oder Aufhebung von Bauleitplänen als Folge landesplanerischer Maßnahmen nachteilig betroffen werden, kann auch *die Gemeinde selbst* sein. Entweder können Flächen, die der Gemeinde schon seit längerer Zeit als Acker-, Wiesen- oder Waldgelände gehören und die mit der Einbeziehung in einen Bebauungsplan als Bauflächen die Aufwärtsentwicklung der Grundstückswerte mitgemacht haben, durch die Herabstufung (etwa zur Grünfläche) wieder an Wert verlieren. Oder die Gemeinde kann Gelände schon unter der Geltung des Bebauungsplanes für Bauerwartungslandpreise gekauft haben, um die Erschließung zu ermöglichen oder auch, um sich in der beabsichtigten Umlegung eine gute Ausgangsposition zu verschaffen.

Die großzügigste Regelung gilt auch hier wieder in *Nordrhein-Westfalen* (§ 25 Abs. 3): Das Land entschädigt die Gemeinden und Gemeindeverbände für Vermögensnachteile, die ihnen als Eigentümern von Grundstücken durch die Anpassung von Bauleitplänen an einen für verbindlich erklärten Flächensicherungsplan entstehen und ersetzt ihnen die Aufwendungen für Erschließungsanlagen, soweit diese infolge der Anpassung nicht mehr erforderlich sind; nur Verwaltungskosten werden nicht ersetzt. Im Grundsatz übereinstimmende, wenn auch nicht so eingehende Regelungen finden sich in *Baden-Württemberg* (§ 23 Abs. 3), im *Saarland* (§ 12 Abs. 2) und im Entwurf von *Rheinland-Pfalz* (§ 24 Abs. 2), während die anderen Landesplanungsgesetze und der Entwurf von *Niedersachsen* zu diesem Punkt schweigen.

Ist dieses Schweigen vom Verfassungsrecht her vertretbar? Mit dieser Frage berührt man ein schwieriges verfassungsrechtliches Problem, das in diesem Zusammenhang nicht erschöpfend behandelt werden kann: *Gilt die Eigentumsgewährleistung des Grundgesetzes (Art. 14) überhaupt für die Gemeinden?* Nach einhelliger Auffassung ergreift sie nicht solche Grundflächen im Eigentum der öffentlichen Hand, die wegen ihrer Zweckwidmung „öffentlichen" Charakter haben, also vor allem nicht die dem allgemeinen Verkehr dienenden Straßen, Wege und Plätze[40]. Ist dieser

---

[40] Siehe *Hamann*, Das Grundgesetz, Kommentar, 2. Aufl. 1960, Anm. B 1 a zu Art. 14, mit weiteren Nachweisen.

Rechtsgedanke aber auch auf solchen Grundbesitz öffentlicher Rechtsträger anzuwenden, der keinen öffentlichen Aufgaben dient, den die öffentliche Hand vielmehr nicht anders besitzt als ein Privatmann? Mit mehreren Stimmen der Verfassungsrechtslehre[41] neige ich der Ansicht zu, daß *insoweit auch den öffentlichen Rechtsträgern, insbesondere den Gemeinden, der verfassungsrechtliche Eigentumsschutz zugute kommen muß.* Dies bedeutet, daß die Landesplanungsgesetze, die keine Entschädigung für den Fall vorsehen, daß eine durch Maßnahmen der Landes- oder Regionalplanung veranlaßte Planänderung auch den Wert des Grundeigentums der Gemeinde herabmindert, unvollständig sind[42].

Die *Rechtswegfrage* ist für die zuletzt betrachteten Entschädigungsansprüche nicht so einfach zu beantworten, zumal *Nordrhein-Westfalen* auch die wertlos gewordenen Aufwendungen für Erschließungsanlagen ersetzt. Doch wird man in der rechtssatzmäßigen Verpflichtung der Gemeinde, Bauleitpläne mit der zwangsläufigen Folge anzupassen, daß auch gemeindeeigenes Gelände in seinem Wert gemindert wird, eine *Enteignung „durch Gesetz"* (Art. 14 Abs. 3 Satz 2 GG) sehen müssen. Dies bedeutet, daß die Gemeinden in diesen Fällen ihr Recht vor den *Zivilgerichten* suchen müssen (Art. 14 Abs. 3 Satz 4 GG).

III. Rechtsschutzprobleme aus der Sicht des Staatsbürgers als Grundeigentümer und Wirtschaftsunternehmer

1. Raumordnungsgrundsätze sowie Programme und Pläne der Landes- und Regionalplanung

a) Der Staatsbürger kann von den Maßnahmen der Landes- und Regionalplanung vor allem in seiner Eigenschaft als Grundeigentümer und Wirtschaftsunternehmer betroffen werden. Allerdings können ihn diese Maßnahmen *mit ganz unterschiedlicher Intensität* berühren und die folgenden Ausführungen versuchen deshalb, von dem am wenigsten faßbaren Betroffensein bis zum unmittelbaren Eingriff fortzuschreiten.

b) Die Überlegungen müssen nach diesem Gliederungsgedanken bei den *Raumordnungsgrundsätzen* beginnen, von denen das Raumordnungsgesetz des Bundes sagt (§ 3 Abs. 3), daß sie *dem einzelnen gegenüber keine Rechtswirkungen* haben sollen. Diese Bestimmung wird vom *rheinland-pfälzischen Entwurf* eines Landesplanungsgesetzes gewissermaßen näher erläutert, wenn er die Bestimmung vorsieht (§ 3 Abs. 2), daß die Grundsätze der Raumordnung nicht unmittelbar die Nutzung des

[41] Siehe etwa *v. Mangoldt/Klein,* Das Bonner Grundgesetz, Kommentar, 2. Aufl. 1957, Anm. III 1 a — S. 423 —, sowie *E. R. Huber,* Wirtschaftsverwaltungsrecht, 2. Aufl. 1954, S. 8.

[42] Dies könnte über die Junktim-Klausel des Art. 14 Abs. 3 Satz 3 GG sogar die Folge haben, daß die Anpassungspflicht nicht durchgesetzt werden könnte.

Grund und Bodens regeln, daß sie dem einzelnen gegenüber keine bindende Wirkung haben und daß sie keine Rechtsansprüche auf Maßnahmen der Raumordnung und Landesplanung, auf öffentliche Förderungsmaßnahmen oder Gewährung von Entschädigung begründen. Gegen diese Formulierungen wird man vom Rechtsschutz des einzelnen her kaum Bedenken anmelden können, weil sie zugleich besagen, daß allein aus den Raumordnungsgrundsätzen keine für den einzelnen nachteilige Rechtsfolge (etwa die Versagung einer Bauerlaubnis) abgeleitet werden kann. Immerhin ist beispielsweise denkbar, daß die Raumordnungsgrundsätze bei der *Verteilung von Subventionen* eine gewisse Bedeutung erlangen, da die Grundsätze des Bundesgesetzes (nach dessen § 3) u. a. unmittelbar für die Behörden des Bundes und wohl auch der Länder bei Maßnahmen gelten, durch die die räumliche Entwicklung beeinflußt wird; zu ihnen gehören auch raumwirksame Investitionen. In einem *Verwaltungsrechtsstreit* wegen der Versagung von Subventionen[43], die sich auf die Raumordnungsgrundsätze stützt, könnten deshalb auch diese Grundsätze angegriffen werden. Unter Umständen könnte das Verwaltungsgericht dazu kommen, die Raumordnungsgrundsätze dem *Bundesverfassungsgericht* (nach Art. 100 GG) zur Prüfung vorzulegen.

c) Nach den Raumordnungsgrundsätzen muß man sich den aus ihnen hervorgehenden *Programmen und Plänen der Landes- und Regionalplanung* zuwenden. Doch wird bei ihnen die Möglichkeit, ein klares Ergebnis zu gewinnen, durch zwei Dinge erschwert. Es wurde bereits darauf hingewiesen, daß in den einzelnen Ländern große Unterschiede in der Art und Weise bestehen, wie diese Programme und Pläne aufgestellt werden und wie sie Verbindlichkeit erlangen[44]. Außerdem geben die Landesplanungsgesetze, wie ebenfalls schon im einzelnen ausgeführt wurde[45], auf die wichtige Frage nach den *Rechtswirkungen* der Programme und Pläne entweder eine unklare oder überhaupt keine Antwort[46]. Man versuche beispielsweise einmal, sich aus folgender Bestimmung des *nordrhein-westfälischen Gesetzes* (§ 19 Abs. 7) einen Reim zu machen: „Die Verbindlichkeitserklärung (hier: des Flächensicherungsplanes) hat die Wirkung, daß die Behörden des Landes sowie die Gemeinden und Gemeindeverbände keine Planungen aufstellen, bestehen lassen, genehmigen oder durchführen dürfen, die mit dem für verbindlich erklärten Flächensicherungsplan nicht im Einklang stehen; auch

[43] Zu den gerichtlichen Zuständigkeiten in diesem Bereich s. etwa *BVerwG*, Urt. v. 23. 1. 1962, NJW 1962, S. 830, und *BGH*, Urt. v. 7. 11. 1963, NJW 1964, S. 196, sowie *Puppe*, Rechtsfragen der öffentlichen Darlehensgewährung an Private, DVBl. 1965, S. 68 ff.

[44] Siehe oben II 2 c.

[45] Siehe oben II 2 d.

[46] Keine Stellungnahme zu den Rechtswirkungen der Programme und Pläne findet sich beispielsweise in den Gesetzen von *Hessen* und *Schleswig-Holstein*.

vor der Anpassung der Planungen dürfen behördliche Entscheidungen und Maßnahmen, die dem für verbindlich erklärten Flächensicherungsplan widersprechen, nicht getroffen werden." Diese Vorschrift unterscheidet bei den *Landesbehörden* nicht, ob sie selbst planen und ihre Pläne durchführen, ob sie die Pläne der Gemeinden oder Einzelvorhaben der Staatsbürger genehmigen. Ihr Sinn und Zweck wird dadurch noch dunkler, daß die *Gemeinden* im gleichen Atemzug mit den Behörden des Landes genannt werden, aber die *Staatsbürger* als diejenigen, deren Planungen und Vorhaben — wenn man vom Wortlaut ausgeht — ebenfalls „genehmigt" werden können, mit keiner Silbe erwähnt.

Dabei dürfte der *Sinn der Regelung* doch wohl dahin gehen, daß auch raumbedeutsame Vorhaben *der einzelnen Staatsbürger* als Grundeigentümer oder Wirtschaftsunternehmer (etwa der Neubau größerer Industrieanlagen) erfaßt werden sollen. Wird doch schon der nicht für verbindlich erklärte *Gebietsentwicklungsplan nordrhein-westfälischen Rechts* (§ 16 Abs. 6 des Landesplanungsgesetzes) mit seiner Bekanntgabe „eine Richtlinie für behördliche Entscheidungen, Maßnahmen und Planungen, die für die Raumordnung Bedeutung haben". Nicht anders kann der Wortlaut der entsprechenden Vorschrift des *saarländischen Landesplanungsgesetzes* (§ 9) verstanden werden, nach der das Raumordnungsprogramm und der Raumordnungsplan die Wirkung haben sollen, daß sie u. a. von den Behörden des Landes und den Gemeinden „bei Planungen, Entscheidungen und allen sonstigen Maßnahmen zu beachten" sind, „durch die Grund und Boden in Anspruch genommen oder die räumliche Entwicklung eines Gebietes beeinflußt wird"[47].

Müßte man damit vom Wortlaut her eigentlich zum Ergebnis gelangen, daß sich die *Programme und Pläne der Landes- und Regionalplanung auch auf raumbedeutsame Vorhaben von Privatpersonen auswirken,* so stehen dem, wenn man die Folgerungen durchdenkt, doch erhebliche *Bedenken* entgegen. Wenn ein Bebauungsplan rechtswirksam zustande gekommen ist, muß er auf Grund einer späteren Maßnahme der Landes- oder Regionalplanung vielleicht von der Gemeinde angepaßt werden. Bis zu dieser Anpassung gilt der Bebauungsplan aber weiter — mit der aus dem Bundesbaugesetz (§ 30) zu entnehmenden Rechtsfolge, daß ein Vorhaben, das den Festsetzungen eines sogenannten qualifizierten Bebauungsplans entspricht, grundsätzlich genehmigt werden muß. Soll diese Regelung des Bundesbaugesetzes und sollen auch seine sonstigen Vorschriften über die Zulässigkeit von Vorhaben (§§ 29 bis 36), die nach der zutreffenden Rechtsprechung des Bundesverwaltungsgerichts[48] zusam-

[47] Ähnlich Art. 11 des bayerischen Landesplanungsgesetzes.

[48] Urt. v. 29. 4. 1964 (s. Anm. 18), s. auch *Stich*, Bauen im Außenbereich und Eigentumsgarantie, BB 1965, S. 107 ff.

men mit dem Flächennutzungs- und dem Bebauungsplan den Inhalt des Grundeigentums im Sinne des Verfassungsrechts (Art. 14 Abs. 1 Satz 2 GG) bestimmen, schon dadurch aus den rechtlichen Angeln gehoben werden, daß ein Programm oder Plan der Landes- oder Regionalplanung aufgestellt wird, mit dem der Inhalt des fortbestehenden Bauleitplanes nicht übereinstimmt? Ich muß mich einstweilen damit begnügen, diese Zweifel vorzutragen.

Geht man davon aus, daß sich die Programme und Pläne der Landes- und Regionalplanung auch auf die raumbedeutsamen Vorhaben der einzelnen Staatsbürger auswirken sollen, so ist bei der Frage nach dem *Rechtsschutz* zu unterscheiden, ob der einzelne gegen die Versagung einer Genehmigung vorgehen oder ob er sich schon vorher gegen eine solche überörtliche Maßnahme wenden will. Was die zweite Möglichkeit anbetrifft, muß zuerst nach der Rechtsnatur des Programms oder Plans gefragt werden. Fehlt es am Rechtsnormcharakter, so ist kein Rechtsbehelf gegeben. Wenn eine *Rechtsverordnung* vorliegt, kann in den Ländern, in denen der Normenkontrollantrag (§ 47 VwGO) zugelassen ist, dieser Weg beschritten werden[49]. Ist das Programm oder der Plan in *Gesetzesform* gekleidet, dann kann der einzelne Staatsbürger nicht unmittelbar dagegen vorgehen. Stets kann jedoch die Versagung der Genehmigung nach einem anderen Gesetz, also vor allem nach dem Bundesbaugesetz und den Landesbauordnungen, auch wenn diese Versagung auf eine landesplanerische Maßnahme zurückgeht, mit den üblichen Rechtsbehelfen im *Verwaltungsstreitverfahren* angegriffen werden. Soweit die Maßnahme der Landes- oder Regionalplanung nicht als Gesetz ergangen ist, kann das Verwaltungsgericht sie inzidenter auf ihre Vereinbarkeit mit höherem (Verfassungs- und Gesetzes-)Recht überprüfen; ein Gesetz muß es erforderlichenfalls zur *verfassungsgerichtlichen Prüfung* vorlegen.

2. Landesplanerischer Widerspruch oder Einspruch, Zurückstellung von Baugesuchen landesplanerische Veränderungssperre

a) Neben den Raumordnungsgrundsätzen und den Programmen und Plänen der Landes- und Regionalplanung, die sich auf die Rechte und Pflichten der einzelnen im allgemeinen nur mittelbar auswirken (s. o. 1), gibt es andere landesplanerische Maßnahmen, die den Staatsbürger in seiner Rechtsstellung *unmittelbar* betreffen können.

---

[49] Dabei taucht dann das Problem auf, ob in einem Normenkontrollverfahren nach § 47 VwGO auch Bundesrecht Prüfungsmaßstab sein kann. Siehe dazu *VGH Mannheim*, Beschl. v. 14. 3. 1963, DÖV 1963, S. 760 = JuS 1964, S. 39 mit weiteren Hinweisen auf Rechtsprechung und Schrifttum, ferner *Renck* und *Bachof*, DÖV 1964, S. 1 ff.

b) So findet sich im *saarländischen Landesplanungsgesetz* der *Sicherungswiderspruch* (§ 10), während dessen auf zwölf Monate befristeter Geltungsdauer Planungen, Entscheidungen und Maßnahmen auszusetzen sind, soweit sie von dem Widerspruch betroffen werden. Weniger klar ist die Regelung in *Nordrhein-Westfalen* (§ 21 Abs. 1), wo der Widerspruch nur gegen bevorstehende Planungen, Entscheidungen und Maßnahmen von Gemeinden und Gemeindeverbänden erhoben werden kann und die Bezirksplanungsbehörde in Verbindung mit dem Widerspruch die Anordnung treffen kann, welche Planungen, Entscheidungen und Maßnahmen die Gemeinde oder der Gemeindeverband zu unterlassen hat. Da eine andere Vorschrift (§ 22) noch einmal besonders die Zurückstellung von Baugesuchen regelt, ist anzunehmen, daß in *Nordrhein-Westfalen* der landesplanerische Widerspruch nicht als Mittel zur einstweiligen Hinausschiebung der Entscheidung über Genehmigungen gedacht ist, die von Privatpersonen beantragt werden. Der im *rheinland-pfälzischen Entwurf* vorgesehene „landesplanerische Einspruch" (§ 19) soll lediglich das raumordnerische Verfahren einleiten. *Niedersachsen* will dasselbe bestimmen (§ 11), aber zugleich anordnen, daß behördliche Entscheidungen über das raumbeeinflussende oder raumbeanspruchende Vorhaben, gegen das sich der Einspruch richtet, bis zum Abschluß des Raumordnungsverfahrens, längstens jedoch sechs Monate, auszusetzen sind. Da der landesplanerische Widerspruch oder Einspruch damit im Saarland und in Niedersachsen unmittelbar die Wirkung haben soll, daß über die Genehmigung eines raumbedeutsamen Vorhabens einige Zeit nicht entschieden werden darf, liegt bereits in diesem Widerspruch oder Einspruch ein den Antragssteller *belastender Verwaltungsakt*. Er kann nach den Vorschriften der Verwaltungsgerichtsordnung angefochten und von den Verwaltungsgerichten auf seine Übereinstimmung mit den Vorschriften des Landesplanungsgesetzes untersucht werden.

c) Die gleiche rechtliche Beurteilung gilt für die in *Nordrhein-Westfalen* zulässige Anweisung der Regierungspräsidenten oder der Landesbaubehörde Ruhr an die Baugenehmigungsbehörden, die *Entscheidung über die Zulassung baulicher Anlagen* im Einzelfall für einen Zeitraum bis zu zwölf Monaten *auszusetzen* (§ 22).

d) Diese Zurückstellung von Baugesuchen ist ebenso aus dem Bundesbaugesetz übernommen wie die *landesplanerische Veränderungssperre*, die in *Nordrhein-Westfalen* vom Regierungspräsidenten oder von der Landesbaubehörde Ruhr zur Durchsetzung des landesplanerischen Widerspruchs durch Rechtsverordnung erlassen werden kann. Sie hat die gleiche Rechtswirkung wie eine von der Gemeinde als Satzung beschlossene Veränderungssperre nach dem Bundesbaugesetz (§ 14), nur daß bei der Zulassung von Ausnahmen an die Stelle der Gemeinde die Bezirksplanungsbehörde tritt. Die *Ablehnung einer beantragten Ausnahme* ist ein Verwaltungsakt und das Antragsbegehren kann mit den Rechtsbehelfen der *Verwaltungsgerichtsordnung* weiterverfolgt werden. Was den Umfang der gerichtlichen Prüfungsbefugnis anbelangt, wird man vom Verfassungsgebot des geringstmöglichen Eingriffs in das Grundeigentum her weder der Baugenehmigungsbehörde noch der Bezirksplanungsbehörde bei ihren Entscheidungen einen Ermessensspielraum eröffnen können[50]. Allerdings ist der Begriff der „überwiegenden öffentlichen Belange", an dem sich die Entscheidung über die Ausnahme auszurichten hat, ein *unbestimmter Gesetzesbegriff*, der nicht selten mehrere Entscheidungen vertretbar erscheinen lassen wird[51].

3. Entschädigungsansprüche aus Maßnahmen der Landes- und Regionalplanung

a) Bei den Rechtsschutzproblemen, die aus der Sicht der Gemeinden entstehen können, wurden schon jene Erstattungs- und Entschädigungsansprüche behandelt, die den Gemeinden dadurch erwachsen können, daß sie entweder selbst zusätzliche Aufwendungen machen müssen oder Vermögenseinbußen durch Wertverluste erleiden oder infolge von Planänderungen den betroffenen Grundeigentümern Entschädigungen zahlen müssen. Entschädigungsansprüche gegen das Land auf Grund von Maßnahmen der Landes- und Regionalplanung können aber *auch die betroffenen Grundeigentümer* haben.

b) So kann beispielsweise wie in *Nordrhein-Westfalen* (§ 25 Abs. 1 und 2) gesetzlich geregelt sein, daß *das Land an Stelle der Gemeinde oder des Gemeindeverbandes die Entschädigung trägt*, wenn eine Entschädigungspflicht dadurch begründet wird, daß auf Grund der Verbindlichkeitserklärung eines Flächensicherungsplanes ein Bauleitplan aufgestellt, geändert oder aufgehoben wird und dadurch den betroffenen Grundeigentümern Planungsschäden (§§ 40 bis 44 BBauG) entstehen. Der Berechtigte kann den Anspruch *nach seiner Wahl* gegen die Gemeinde, deren unmittelbarer Eingriff die Entschädigungspflicht ausgelöst hat, oder gegen das Land richten. Für das Verhältnis zur Gemeinde sind die Vorschriften des Bundesbaugesetzes über das baulandgerichtliche Verfahren (§§ 157 bis 171) maßgebend. Da die *nordrhein-westfälische Regelung* nichts anderes enthält als einen gesetzlichen Schuldbeitritt[52], der

---

[50] Siehe auch hierzu die in Anm. 48 zitierte Entscheidung des *Bundesverwaltungsgerichts* und *meinen* Beitrag in BB 1965, S. 107 ff.

[51] Näheres *bei Ule*, Verwaltungsgerichtsbarkeit, 2. Aufl. 1962, Anm. II 1 zu § 114 VwGO.

[52] Siehe zu diesem Begriff *Palandt*, Kommentar zum Bürgerlichen Gesetzbuch, 24. Aufl. 1965, Überbl. 2 vor § 414 BGB.

die Rechtsnatur des aus dem Bundesbaugesetz fließenden Entschädigungsanspruchs unberührt läßt, ist die *Baulandkammer* auch zuständig, wenn der Berechtigte seinen Entschädigungsanspruch gegen das Land richten will.

c) Weniger eindeutig ist die Bestimmung der zuständigen Gerichtsbarkeit, wenn es sich um einen *Entschädigungsanspruch aus einer landesplanerischen Veränderungssperre* handelt. Das *nordrhein-westfälische Landesplanungsgesetz* (§ 25 Abs. 5) erklärt insoweit zwar die Entschädigungsvorschriften des Bundesbaugesetzes (§§ 93 bis 103) für sinngemäß anwendbar. Der Anspruch selbst entsteht aber nicht aus dem Bundesbaugesetz, sondern *aus dem Landesplanungsgesetz,* in dem eine Verweisung auf das Verfahren vor den Kammern und Senaten in Baulandsachen (§§ 157 bis 171 BBauG) fehlt. Rechtsstreitigkeiten wegen der Entschädigung aus einer landesplanerischen Veränderungssperre *nordrhein-westfälischen Rechts* gehen daher nach der allgemeinen Regel des Grundgesetzes (Art. 14 Abs. 3 Satz 4) vor die — allgemeinen — *Zivilgerichte,* deren erstinstanzliche Zuständigkeit sich in vermögensrechtlichen Sachen danach bemißt, ob der seit dem 1. Januar 1965 auf 1500,— DM erweiterte Zuständigkeitsbereich des Amtsgerichts überschritten ist oder nicht.

IV. Schlußbetrachtung

Versucht man, die Ergebnisse der vorangegangenen Untersuchung zusammenzufassen, der die Bestimmungen über Maßnahmen der Landes- und Regionalplanung unter dem Gesichtspunkt des Rechtsschutzes unterzogen wurden, so drängt sich als erstes der Eindruck einer nicht ärger vorstellbaren *Rechtszersplitterung* auf. Doch wäre diese Feststellung in einem *Bundesstaat* für sich genommen noch kein Grund, auf Abhilfe zu drängen, wenn nicht zugleich beträchtliche Mängel der rechtlichen Regelungen in den einzelnen Ländern erkennbar wären. Dies ist aber der Fall, da die bestehenden Landesplanungsgesetze und die in der Beratung befindlichen Entwürfe vom Blickwinkel der im Grundgesetz verbürgten Rechte der Gemeinden als Träger der Bauleitplanung wie der Staatsbürger als Grundeigentümer und Wirtschaftsunternehmer her *nicht wenige Unklarheiten und Lücken, ja sogar Widersprüche zum Verfassungsrecht* aufweisen. Es herrscht tatsächlich der von *Halstenberg*[53] dahingehend gekennzeichnete Zustand, daß sich *Raumordnung und Landesplanung zwar politische Geltung verschafft haben,* daß ihr *Instrumentarium aber rechtlich noch kaum durchdacht* ist und damit ihre *Ziele verwaltungsrechtlich noch kaum realisierbar* sind.

---

[53] Im zweiten Vortrag dieser Tagung.

Deshalb ist zu wünschen, daß die Länder das Inkrafttreten des *Raumordnungsgesetzes des Bundes* zum Anlaß nehmen, ihre Landesplanungsgesetze an die Rahmenvorschriften dieses Gesetzes anzupassen und *dabei zugleich die aufgezeigten Mängel in ihren Regelungen zu bereinigen*. Geschieht dies nicht, so ist damit zu rechnen, daß die Verwirklichung der Ziele des Raumordnungsgesetzes des Bundes und der Landesplanungsgesetze und vor allem die Durchsetzung der Programme und Pläne der Landes- und Regionalplanung, wenn die betroffenen Gemeinden oder Staatsbürger die zuständigen Gerichte anrufen — vorsichtig formuliert — auf erhebliche Schwierigkeiten stoßen.

Thesen

I. *Einleitung*

Maßnahmen der Landes- und Regionalplanung betreffen vor allem die Gemeinden als Träger der Bauleitplanung und die Staatsbürger als Grundeigentümer und Wirtschaftsunternehmer. Rechtsschutzprobleme werden daher vor allem aus ihrer Sicht entstehen. Die Erörterung der Rechtsschutzprobleme erfordert, daß zuerst in den materiellen Normen nach dem schutzwürdigen „Recht" geforscht und danach der Weg für seinen „Schutz", nämlich für seine Durchsetzung gesucht wird.

II. *Rechtsschutzprobleme aus der Sicht der Gemeinden*

1. Beteiligung an Maßnahmen der Landes- und Regionalplanung

   Die Gemeinden haben das Recht, an Maßnahmen der Landes- und Regionalplanung, die sich auf ihr Gebiet und ihre Entwicklung auswirken sollen, beteiligt zu werden. Wenn dieses Beteiligungsrecht vom Gesetzgeber oder von einem Planungsträger verletzt wird, können die Gemeinden dies in einem Verwaltungsstreitverfahren, das entweder die Versagung der Genehmigung eines Bauleitplanes oder eine kommunalaufsichtliche Maßnahme zur Durchsetzung eines Programms oder Planes der Landes- oder Regionalplanung betrifft, rügen. Das Verwaltungsgericht kann prüfen, ob das Landesplanungsgesetz oder die beanstandete Maßnahme der Landes- oder Regionalplanung das Beteiligungsrecht der Gemeinde verletzt; erforderlichenfalls muß es das Gesetz zur verfassungsgerichtlichen Prüfung vorlegen.

2. Bekanntgabe der Ziele der Raumordnung und Landesplanung

   Solange und soweit die Gemeinden noch keine Bauleitpläne aufgestellt haben, sind die Ziele der Raumordnung und Landesplanung im Sinne des § 1 Abs. 3 BBauG für sie bei ihrer Bauleitplanung auch dann verbindlich, wenn diese Ziele nur in Verwaltungsform, z. B. als Kabinettsbeschluß oder als von der Landesplanungsbehörde genehmigter Beschluß einer Planungsgemeinschaft, in einem gesetzlich geregelten Verfahren aufgestellt worden sind. Soweit die Gemeinden von ihrer Planungshoheit bereits Gebrauch gemacht haben, kann für sie die Pflicht, bestehende Bauleitpläne an Programme und Pläne der Landes- und Regionalplanung anzupassen, nur dadurch begründet werden, daß diese Programme und Pläne als Gesetze oder Rechtsverordnungen erlassen werden. Streitigkeiten über die bindende Wirkung von Maßnahmen der Landes- oder Regionalplanung können aus Anlaß der Versagung einer Genehmigung für Bauleitpläne oder einer kommunalaufsichtlichen Maßnahme vor die Verwaltungsgerichte getragen werden.

3. Ersatzansprüche bei Planänderungen

Wird den Gemeinden durch Maßnahmen der Landes- oder Regionalplanung die Verpflichtung auferlegt, bestehende Bauleitpläne abzuändern oder aufzuheben, so haben sie kein Recht, vom Land die Mehrkosten erstattet zu verlangen (Frage des Finanzausgleichs). Wenn ihnen ein solcher Erstattungsanspruch gesetzlich eingeräumt wird (wie in Hessen), kann er vor den Verwaltungsgerichten im Wege der Zahlungsklage geltend gemacht werden. — Die Aufwendungen, die den Gemeinden als Folge solcher Planänderungen dadurch entstehen, daß sie den betroffenen Grundeigentümern nach § 44 BBauG Herabzonungsentschädigung leisten müssen, sind in vollem Umfang vom Land zu ersetzen. Auch dabei handelt es sich um einen öffentlich-rechtlichen Erstattungsanspruch, der vor den Verwaltungsgerichten in der Form der Zahlungsklage durchzusetzen wäre. — Die Gemeinden können vom Land auch eine Entschädigung für Vermögenseinbußen fordern, die ihnen als Grundeigentümer dadurch entstehen, daß sie ihre eigenen Grundflächen herabzonen müssen. Diese Entschädigung wird für einen Enteignungseingriff im Sinne des Art. 14 GG gewährt; im Streitfall sind daher die Zivilgerichte anzurufen.

III. *Rechtsschutzprobleme aus der Sicht des Staatsbürgers als Grundeigentümer und Wirtschaftsunternehmer*

1. Raumordnungsgrundsätze sowie Programme und Pläne der Landes- und Regionalplanung

Die Raumordnungsgrundsätze des Bundes und der Länder sollen jedenfalls nach dem Wortlaut der Gesetze dem einzelnen gegenüber keine Rechtswirkungen haben. — Programme und Pläne der Landes- oder Regionalplanung sind jedoch im allgemeinen von den Landes- und Kommunalbehörden auch bei Entscheidungen über genehmigungsbedürftige raumbedeutsame Maßnahmen der einzelnen Staatsbürger zu beachten. In Ländern mit der Möglichkeit des Normenkontrollantrages (§ 47 VwGO) kann der einzelne, wenn die Programme und Pläne als Rechtsverordnung erlassen werden, unmittelbar ihre Nachprüfung durch das Oberverwaltungsgericht (bzw. den Verwaltungsgerichtshof) erreichen. Die Versagung einer beantragten Genehmigung kann immer vor den Verwaltungsgerichten angefochten werden. Im gerichtlichen Verfahren können inzidenter auch die Maßnahmen der Landes- und Regionalplanung auf ihre Rechtsgültigkeit überprüft werden. Soweit diese Maßnahmen Gesetzesform haben, kann eine Vorlage an das Verfassungsgericht in Frage kommen.

2. Landesplanerischer Widerspruch und Einspruch, Zurückstellung von Baugesuchen, landesplanerische Veränderungssperre

Diese Maßnahmen der Landes- und Regionalplanung wirken sich im allgemeinen unmittelbar gegen den einzelnen aus. Der landesplanerische Widerspruch oder Einspruch bewirkt, daß über die Genehmigung eines raumbedeutsamen Vorhabens einige Zeit (6 bis 12 Monate) nicht entschieden werden darf; er ist ein belastender Verwaltungsakt und kann der verwaltungsgerichtlichen Nachprüfung unterworfen werden. Entsprechendes gilt für die Zurückstellung von Baugesuchen. — Die landesplanerische

Veränderungssperre als Rechtsverordnung (Nordrhein-Westfalen) löst ein Verbot wertsteigernder Veränderungen, vor allem der Errichtung von Bauwerken, aus. Von diesem Verbot können Ausnahmen zugelassen werden. Die Ausnahme kann als begünstigender Verwaltungsakt vor den Verwaltungsgerichten erstritten werden.

3. Entschädigungsansprüche

Die Ansprüche der betroffenen Grundeigentümer auf Herabzonungsentschädigung nach § 44 BBauG sind immer vor den Baulandgerichten durchzufechten (§ 157 BBauG). An diesem besonderen Rechtsweg ändert sich nichts, wenn ein Landesplanungsgesetz bestimmt, daß der Entschädigungsanspruch auch gegen das Land gerichtet werden kann. — Regelt das Landesplanungsgesetz dagegen eigene Entschädigungstatbestände (wie Nordrhein-Westfalen für die landesplanerische Veränderungssperre), so sind die Baulandgerichte auch dann nicht zuständig, wenn wegen der Einzelheiten der Entschädigung auf die Vorschriften des Bundesbaugesetzes verwiesen wird; solche Klagen gehen vor die (allgemeinen) Zivilgerichte.

IV. *Schlußbetrachtung*

Einige der bestehenden Landesplanungsgesetze wie auch die in der Beratung befindlichen Entwürfe (Niedersachsen und Rheinland-Pfalz) weisen unter dem Gesichtspunkt der im Grundgesetz verbürgten Rechte der Gemeinden als Träger der Bauleitplanung und der Staatsbürger als Grundeigentümer und Wirtschaftsunternehmer nicht wenige Unklarheiten und sogar echte Verfassungswidrigkeiten auf. Wenn diese Mängel nicht behoben werden, ist damit zu rechnen, daß die Verwirklichung der Ziele der Landesplanungsgesetze und vor allem die Durchsetzung der Programme und Pläne der Landes- und Regionalplanung, wenn die betroffenen Gemeinden oder Staatsbürger die zuständigen Gerichte anrufen, auf erhebliche Schwierigkeiten stoßen.

Bericht über die Diskussionsbeiträge

Von Gerhard Veltman

Die Zahl von über 400 Teilnehmern zeigte, daß die Tagung einem Bedürfnis aller an den Problemen der Raumordnung und Landesplanung interessierten und mitarbeitenden Persönlichkeiten und Behörden entsprach. Das lebhafte Interesse der Teilnehmer fand einmal in regem persönlichem Meinungsaustausch seinen Ausdruck, darüber hinaus aber insbesondere in den vielseitigen und anregenden Diskussionen. Diese Aussprachen — die wie die gesamte Tagung unter der Leitung von Prof. Dr. Dr. *Becker* standen — währten vielfach wesentlich länger als das jeweils vorangegangene Referat. Im folgenden soll versucht werden, über die Schwerpunkte der Diskussionen und die Fülle der vorgetragenen Gedanken kurz zu berichten.

I.

Die Diskussion zum Vortrag von Staatssekretär *Duppré* (Mainz) über die Ziele der Raumordnung und Landesplanung leitete Regierungsdirektor *Schluroff* (Berlin) mit grundsätzlichen Ausführungen aus Berliner Sicht ein. Er verwies darauf, daß die Berliner Planungen stets die Wiedervereinigung und die dann erforderlichen Verbindungen zum Osten berücksichtigten und im Auge behielten. Hieran anknüpfend fragte er, ob auch im Westen so verfahren werde — er habe im bisherigen Verlauf der Tagung Hinweise dieser Art vermißt —, und ob alle selbst jetzt noch bestehenden Möglichkeiten zu informellen Gesprächen, Begegnungen und Abstimmungen mit dem Osten voll ausgenützt würden. Der Diskussionsredner glaubte hier eine Aufgabe zu erkennen, die im Streit der an der Raumordnung Beteiligten alle zusammenführen könne. Hier könne man sich in einheitlichem Bekenntnis und einheitlichem Handeln für die Zukunft ganz Deutschlands zusammenfinden.

Oberlandforstmeister Dr. *Offner* (Bonn) dankte dem Vortragenden dafür, daß er aus Ziffer 7 der Raumordnungsgrundsätze des § 2 mit der Einrichtung stadtnaher Erholungsgebiete und der Ausweisung von Naturparks so konkrete Folgerungen gezogen habe. Naturschutz und Landschaftspflege blieben immer in Sorge, daß alle materiell wichtigen, wirtschaftlichen Grundsätze gegenüber den ideellen Forderungen des

Landschaftsschutzes und der Ausweisung von Erholungsgebieten als vorrangig angesehen würden.

Das von *Duppré* geprägte Wort vom „denkerischen Durchbruch zu den Grundlagen der Raumordnung" griff Professor Dr. *Werner Weber* (Göttingen) auf. Er warnte vor der nach jedem Durchbruch zu beobachtenden Rückentwicklung, die hier in dem Gedanken bestehen könne, die Raumordnung sei doch nur Landesplanung und vielleicht doch nur ein Spezialgeschäft der professionellen Landesplaner. Wenn man das Raumordnungsgesetz so verstehe, dann verstehe man es seines Erachtens falsch. Es müsse daher die Auffassung des Vortragenden unterstrichen werden, daß Raumordnung sich nicht nur in dem niederschlage, was als Landesplanung etikettiert werde. Raumordnung sei mehr, und das Bundesraumordnungsgesetz sei — wenn es ernst genommen werde — eine Richtlinie, die sich der Bundesgesetzgeber für sein künftiges Wirken auch auf solchen Gebieten gesetzt habe, die zwar nicht im engeren Sinne den Titel Raumordnung trügen, die aber weit mehr als manche unmittelbaren Raumordnungsmaßnahmen wirklich raumordnungspolitisch bedeutsam seien. Das gelte vor allem von der Steuer-, Sozial-, Verkehrs- und Wirtschaftsplanungsgesetzgebung.

Ministerialdirigent Dr. *Halstenberg* (Bad Godesberg) schloß sich dem an und bezeichnete das Raumordnungsgesetz als die Legitimation, jetzt mehr zu fordern; bei dem Mehr, das nun an Gesetzes- und Verwaltungsinitiativen folgen müsse, habe man diese Grundsatzentscheidung im Rücken. Man kämpfe jetzt nicht mehr im luftleeren Raum für Planungstheorien, sondern ringe jetzt um die Vollziehung eines auf Vervollständigung angelegten rechtlich bereits erfaßten Bereiches.

Hieran knüpfte auch *Duppré* in seinem Schlußwort an und erklärte, es gehe jetzt selbstverständlich darum, zukünftig auch in anderen Gesetzen, die irgendwie von den Raumordnungsgrundsätzen berührt würden, die Linie durchzuhalten, die der Bundesgesetzgeber jetzt festgelegt habe.

II.

Die Aussprache über das Referat von Ministerialdirigent Dr. *Halstenberg* (Bad Godesberg) über „Bund und Raumordnung" beschäftigte sich eingehend mit der Frage des Normadressaten des Raumordnungsgesetzes. Ministerialrat Dr. *Brenken* (Mainz) meldete Bedenken gegen die Auffassung des Vortragenden an, die Raumordnungsgrundsätze gälten schlechthin für alle planerische Tätigkeit in den Ländern. *Brenken* meinte, diese Ausdeutung des § 3 ROG entspreche weder der Entstehungsgeschichte des Gesetzes noch auch den grundgesetzlichen Notwendigkeiten. Die Geschichte des Kompromisses zwischen Bund und

Ländern zeige, daß die erste Fassung des Gesetzes, in welcher noch ausdrücklich eine unmittelbare Geltung des Gesetzes für sämtliche Behörden des Bundes, der Länder und der Gemeinden vorgesehen gewesen sei, mit Rücksicht auf den rahmengesetzlichen Charakter des Gesetzes abgeändert worden sei. In den Beratungen des Rechtsausschusses des Bundesrates beim zweiten Durchgang sei eindeutig, auch von den Vertretern der Bundesregierung, klargestellt worden, daß mit der neuen Fassung die Landesplanungsbehörden gemeint seien. Die Wirkung der Grundsätze in den Ländern habe sich ja so vollziehen sollen, daß es — vorbehaltlich weitergehender landesgesetzlicher Regelung — zum Wirksamwerden der Raumordnungsgrundsätze jeweils einer Entscheidung der Landesplanungsbehörde bedurft hätte. Es sei also so, daß entweder die Grundsätze in ein Landesplanungsgesetz übernommen werden müßten oder jeweils Verwaltungsakte der Landesplanungsbehörde hinzuzutreten hätten, die die unmittelbare Verbindlichkeit der Grundsätze bewirkten.

Professor Dr. *Werner Weber* (Göttingen) bezeichnete den Gedanken, daß ein Gesetz nur für ganz bestimmte Behörden gelten solle, als etwas schockierend. Er führte aus, das Gesetz richte sich an jeden, den es angehe. Wenn die Bundesbehörden als Adressaten besonders genannt seien, so sei das eigentlich überflüssig und erkläre sich nur daraus, daß im Regierungsentwurf ursprünglich einmal die unglückliche Formulierung gestanden habe, es handle sich um Richtlinien für die Bundesbehörden.

Senatsdirektor Dr. *Haas* (Hamburg) betonte die außerordentliche praktische Bedeutung des hier — wie seines Erachtens auch bei § 1 BBauG — auftretenden Problems des Normadressaten. Könne etwa der Bürger in dem Baugenehmigungsverfahren vor dem Verwaltungsgericht geltend machen, der Bebauungsplan, auf den die Ablehnung seines Baugesuches gestützt werde, sei deshalb nichtig, weil er in Widerspruch zu den Grundsätzen des Raumordnungsgesetzes oder des § 1 BBauG stehe?

Halstenberg bestätigte, daß es sich bei dem angeschnittenen Problem um eine Grundsatzfrage handle. Er erklärte, er bleibe bei seiner Auffassung, selbst wenn ein Angehöriger seines Hauses die von *Brenken* angeführte Erklärung abgegeben habe. Seines Erachtens komme gar keine andere Möglichkeit als die allgemeine unmittelbare Geltung in Betracht. Wenn schon Bundesrecht für die Raumordnung geschaffen werde, dann sei es auch ohne Transponierung für alle Normadressaten im Sinne unserer Rechtssatzlehre gültig. Die Frage sei lediglich, ob die — geringe — Dichte des Rechtsstoffes im Streitfalle immer eine eindeutige Auslegung zulasse. *Halstenberg* begründete seine Auffassung aus dem Sinn des Gesetzes und erklärte, die an den Kompromißverhandlungen mit den Landeschefs selbst beteiligten Herren hätten aus den Verhandlungen den gleichen Eindruck wie er gewonnen. Beachtenswert scheine ihm auch noch, daß eine frühere Fassung des Gesetzentwurfs die Möglichkeit unmittelbarer Berufung des Bürgers auf die Raumordnungsgrundsätze habe ausschließen wollen, daß dieser Ausschluß aber nicht in das Gesetz übernommen worden sei.

Oberregierungs- und Baurat Dr. *von Kries* (Düsseldorf) glaubte, die Arbeit der früheren Landesplaner sei in den Ausführungen des Vortragenden zu wenig gewürdigt worden. Was hier als rein persuasorische Arbeit gekennzeichnet worden sei, habe seinen Grund in dem Wesen der Landesplanung. Das Schwergewicht landesplanerischer Tätigkeit liege nach wie vor im Sprechen miteinander, im Überzeugen und Einwirken auf Entscheidungen und Beschlüsse. Der Gegenstand, mit dem sich die Landesplanung befasse, eigne sich eben nicht hundertprozentig für rein gesetzesvollziehende Verwaltungsarbeit. Der Schöpfer des ersten Landesplanungsgesetzes in Nordrhein-Westfalen von 1950, Professor *Prager,* habe dies Gesetz immer als ein Schwert bezeichnet, das man brauche, aber nicht immerfort ziehe. *Von Kries* schloß damit, daß er sich zwar freue, nun auch ein Bundesgesetz zur Verfügung zu haben, aber davor warne, die Möglichkeiten rein verwaltungsmäßiger Durchsetzung zu überschätzen.

Halstenberg erklärte hierzu, es habe ihm ferngelegen, die hoch anzuerkennende Arbeit der Landesplanung in den letzten Jahrzehnten gering zu achten. Er habe lediglich ausdrücken wollen, der Startschuß für eine Bundesraumordnung sei erst jetzt gefallen. Was jedoch die Eignung der Landesplanung für die Verwaltung angehe, müsse er *von Kries* entschieden widersprechen. Wenn die Landesplanung sich nicht letztlich in hoheitliches Handeln umsetzen lasse, so gerieten wir in arge Verlegenheit, denn die Landesplanung sei schließlich nur ein Hilfsinstrument der Verwaltung. Eine Frage sei lediglich, bei welchem Stand des Verfahrens die Behörden zum hoheitlichen Handeln greifen wollten und müßten.

III.

In der Aussprache zum Referat über „Raumordnung und Selbstverwaltungsgarantie" von Ministerialdirigent *Nouvortne* (Hannover) pflichteten mehrere Redner dem Vortragenden bei, daß der Zusammenstoß zwischen der landesplanerischen Raumordnung und der kommunalen Selbstverwaltung erst noch bevorstehe. Oberstadtdirektor Dr. *Tigges* (Hamm) meinte aber, es sei noch durchaus offen, welches Ergebnis sich dabei einstellen werde. Der Akzent müsse wohl mehr zugunsten der Selbstverwaltung verschoben werden, wenn er auch einräume, daß deren Übergewicht nicht wie in der Vergangenheit eine totale Zersiedlung der Landschaft zur Folge haben dürfe. Die notwendige Auseinandersetzung hierüber dürfe weder Sieger noch Besiegte hinterlassen. *Tigges* führte weiter aus, der Vortrag habe ja gezeigt, welche Fragen noch offengeblieben seien. Besonders wichtig scheine ihm die Frage, inwieweit Gemeinden und Gemeindeverbände zu beteiligen seien und ob das Land in dieser Beziehung ein Wahlrecht besitze. Im Gegensatz zum Vortragenden sei er der Ansicht, die verfassungsmäßige Verpflichtung laufe nicht lediglich auf eine allgemeine Anhörung hinaus. Dies folge nicht nur aus Art. 28 des Grundgesetzes, sondern schon aus den Bestimmungen des Raumordnungsgesetzes. Die dort erwähnte Abstimmung der Planungen könne nur ein gegenseitiges, nicht lediglich ein einseitiges Anhören meinen. Selbst die Verpflichtung zur Anpassung gemeindlicher Pläne an die des Landes setze seines Erachtens die Anerkennung des Rechtes der Gemeinden und Gemeindeverbände voraus, sich selbst Gedanken zu machen und nicht nur Befehlsempfänger für Programme und Entwicklungspläne zu sein.

Professor Dr. *Werner Weber* (Göttingen) griff diesen Gedanken auf: Aus der naturgemäßen Einordnung der Kommunen in das größere Gemeinwesen ergebe sich ein Miteinander- und Zueinanderwirken, das am treffendsten wohl mit dem Ausdruck „Gegenstromverfahren" bezeichnet werde; das Selbstverständnis einer Gemeinde mit ihren Forderungen an die Gestaltung der politischen Gemeinschaft begegne hier in legitimer Weise den Forderungen, die die große Politik, Welt-, EWG-, Staats- und überörtliche Landespolitik an die Gemeinden herantrügen. Aus diesem Grunde könne dem Vortragenden auch nicht zugestimmt werden, wenn er die Typusbestimmung einer Gemeinde als überörtliche Aufgabe ansehe. Seines Erachtens, so fuhr *Weber* fort, handle es sich hier in erster Linie um eine Angelegenheit des legitimen Selbstverständnisses einer Gemeinde, ob sie sich nun als Wohnstadt, als Bad, als Industriegemeinde od. dgl. verstehen wolle. Staatssekretär *v. d. Groeben* (Kiel) erwähnte in diesem Zusammenhang die Grenzgebiete der EWG z. B. im Lande Schleswig-Holstein. Deren soziale Harmonisierung mit den Gebieten im Binnenlande der EWG werde Entscheidungen verlangen, die zweifellos die kommunale Substanz der Gemeinden, insbesondere der kleineren unter ihnen, außerordentlich stark berühren würden.

Daß gerade die kleineren Gemeinden hier Schwierigkeiten haben werden, war die Überzeugung auch anderer Redner. *Tigges* verwies darauf, daß die meisten der 24 000 Gemeinden in der Bundesrepublik ohnehin nicht in der Lage seien, eine eigene Planungskonzeption aufzustellen. *Weber* wies deshalb auch auf das Erfordernis einer Gebietsreform hin. Wie sollten etwa Stadtregionen ohne kommunale Gebietsreform geordnet werden können, wie sollten Aufgaben, die das EWG-System mit sich bringe, wie sollte überhaupt raumordnungsgerechte Kommunalpolitik ohne eine solche Reform möglich sein. Auch Dr. *Genzer* (Bonn) forderte die territoriale Verwaltungsreform. Er wies auf die Abhängigkeit vieler zu kleiner Gemeinden von den Zuschüssen des Bundes und der Länder hin, die ihnen u. a. die wirkliche Freiheit zu kommunaler Selbstverwaltung nähmen. Eine Gebietsreform würde zudem auch sicherstellen, daß die „Vielzahl der Mikroegoismen" nicht länger eine sinnvolle und rationelle Entwicklung behindern könnte. Demgegenüber glaubte Direktor *Bogner* (Mainz) die Ursache für die verschiedentlich angesprochene Überforderung der kleinen Gemeinden vornehmlich auf den Mangel an Fachleuten zurückführen zu können sowie darauf, daß die höheren Instanzen nicht sorgfältig genug auf Fragen und Auskunftsersuchen der Gemeinden eingingen.

Einen konkreten Vorschlag zum Thema Gebietsreform machte Stadtdirektor *Beyer* (Bremervörde). Er ging von dem Gedanken aus, daß Regionalplanungsverbände als Sonderbehörden doch recht beachtliche Probleme aufwürfen; regelmäßig, so meinte er, solle interkommunale Zusammenarbeit doch die Ausnahme sein. Man solle lieber die Landkreise so groß bemessen, daß sie als Raumordnungseinheiten in Betracht kämen. Dazu gehöre dann, daß die Landkreise keine Fläche mehr darstellten, in deren Mitte ein Loch, die kreisfreie Stadt, sei. Eigentlich dürften gar keine kreisfreien Städte mehr bestehen, weil Stadt und Umland stets zusammengehörten, und so sollte man die Gebietsreform mit den Großkreisen beginnen.

Dem widersprach Ministerialdirigent *Hofmann* (Mainz), der eine solche Lösung für kaum durchführbar hielt. Er befürwortete den Gedanken der Planungsregion, die einmal die Kraft des Selbstverwaltungsgedankens verkörpern, zum anderen aber durch das Erfordernis der staatlichen Genehmigung die Einordnung in die Gesamtplanung sicherstellen werde. So werde das erforderliche Zusammenwirken der beiden großen Kräfte am besten gewährleistet. Mehrere Diskussionsredner stimmten dieser Befürwortung der Planungsregion bei. So glaubten *Tigges* und *v. d. Groeben*, auf diese Weise werde die Gefahr einer Absorbierung der örtlichen Planung durch die Landesplanung vermieden, zumal eine wirklich saubere Scheidung von örtlichen und überörtlichen Aufgaben nicht immer möglich scheine. Sie erläuterten ihre Vorstellungen anhand einiger Beispiele wie Flugplatz- und Hafenplanung. *Nouvortne* räumte ein, daß eine genaue Unterscheidung heute für die große Masse unserer Gemeinden tatsächlich nicht möglich sei, suchte die Ursache dafür aber in der gegenwärtigen kommunalen Gliederung.

Weber sah die Ursache dieser Schwierigkeit mehr auf begrifflichem Gebiet, weil „örtlich" und „überörtlich" sich zwar theoretisch, nicht aber praktisch trennen ließen. Es gebe eben viele Aufgaben, bei denen es auf den Blickwinkel ankomme, ob man sagen könne, es handle sich nur um eine örtliche oder eine überörtliche Angelegenheit. Es sei doch keineswegs angängig, daß eine Angelegenheit durch das Interesse des Landes überörtlich werde; die Gemeinde verliere jedenfalls ihr vielleicht lebenswichtiges Interesse an einer Aufgabe nicht dadurch, daß diese zur überörtlichen erklärt werde. Die große Bedeutung dieses Problems liege gerade darin, daß die verfassungsrechtliche Garantie der gemeindlichen Selbstverwaltung nur den örtlichen Bereich umfasse.

Weber erblickte die richtige und sinnvolle, allein der Selbstverwaltungsgarantie des Grundgesetzes entsprechende Lösung darin, regionale Planungsgemeinschaften nach Art einer Gemeinschaftsarbeit zwischen Staat und Kommune zu entwickeln; die Aufgabe liege dann bei dem kommunal organisierten Regionalplanungsverband, und der Staat wirke mit einem sehr kräftigen Genehmigungsvorbehalt mit; dieser Genehmigungsvorbehalt, der seines Erachtens ein echtes Mitentscheidungsrecht enthalte, müsse aber justitiabel bleiben, und das sei nur bei hinreichender Konkretheit der Raumordnungs- und Landesplanungsziele und angemessener Publizität der Fall.

Tigges erwähnte in diesem Zusammenhang die Regelung im Lande Nordrhein-Westfalen, die einen guten Wegweiser in die Zukunft darstelle. Seien dort doch bereits Gemeinden und Gemeindeverbände im Rahmen einer Gemeinschaftsaufgabe als Planungsgemeinschaften tätig, und es sei vorgesehen, daß die Gemeinden als einzelne dabei beteiligt würden.

Verwaltungsgerichtsrat Dr. *Stich* (Neustadt) hielt eine Beteiligung der Gemeinden schon aus politischen Gründen für geboten; seien es doch die Gemeinden, die später die Planungen auszuführen hätten. Andererseits könne nicht übersehen werden, daß — entsprechend der Sozialpflichtigkeit des Eigentums — eine gewisse Raumordnungspflichtigkeit oder Raumordnungsbindung der Gemeinde bestehe. Unter diesen Umständen scheine ihm allein das von *Weber* in die Diskussion eingeführte Gegenstromverfahren möglich, und es sollte — soweit noch nicht geschehen — eindeutig in der Landesplanungsgesetzgebung verankert werden.

Nouvortne widersprach entschieden dem Gedanken, die Gemeinden *müßten* an der Planung beteiligt werden. Soweit man aus dem Raumordnungsgesetz etwas zum Gegenstromprinzip entnehmen könne, fordere das Gesetz nur, daß die Belange des kleineren Raums beim größeren berücksichtigt werden müßten und umgekehrt. Das Gesetz enthalte keinerlei Andeutungen darüber, ob dieser kleinere Raum körperschaftlich verfaßt sein müsse; eine Gleichstellung mit einer kommunalen Einheit möge wünschenswert sein, sei aber keineswegs zwingend abzuleiten. Ebenso müsse er sich gegen *Webers* Gedanken wenden, die praktisch den Gemeinden das Recht einräumen würden, eine neue Ebene kommunaler Zusammenschlüsse zu schaffen, in der unter Berufung auf die kommunale Eigenständigkeit wieder ein eigener Wirkungskreis eröffnet würde. Seines Erachtens würde so dem Begriff der Selbstverwaltungsgarantie Gewalt angetan.

Die Aussprache ging sodann zu einer Reihe von Einzelfragen über. Zunächst wurde erörtert, ob die Raumordnung ein Internum der Verwaltung sei, wie *Nouvortne* behauptet hatte. *Weber* wollte sie als ein Externum par excellence angesehen wissen, da sie doch in das Leben aller Kommunen hineinwirke. *Stich* und Ministerialdirigent Dr. *Kölble* (Bonn) präzisierten den Begriff des Internums — *Kölble* wollte ein Internum der öffentlichen Verwaltung allgemein von dem Externum unterschieden wissen, welches vorliege, wenn der einzelne Staatsbürger angesprochen werde, während *Stich* den Begriff des Internums bereits dann als verlassen ansah, wenn sich zwei Rechtsträger mit von der Verfassung abgegrenzten Kompetenzen gegenüberstünden, so daß es ein Internum der öffentlichen Verwaltung nicht geben könne. *Nouvortne* beschränkte sich daraufhin in seinem Schlußwort auf die Formulierung, es handle sich um ein Internum, das sich innerhalb des mehrstufigen Verwaltungsaufbaus vollziehe.

Weiter wurde kurz die Frage der Delegierbarkeit der Raumordnungsbefugnis berührt. *Kölble* machte verfassungsrechtliche Bedenken geltend, eine echte Kompetenz des Landes ohne Ermächtigung zu delegieren. *Nouvortne* hielt demgegenüber an seiner bereits im Referat geäußerten Auffassung fest, soweit die dort genannten Grenzen eingehalten würden.

Tigges mahnte, bei allen Raumordnungsdiskussionen einen wichtigen Partner nicht zu übersehen: die Wirtschaft. Die Erfahrung habe gezeigt, daß die Wirtschaft oft andere Vorstellungen von der zu treffenden Ordnung hätte und es oft verstünde, ihre Vorstellungen auch jenseits staatlicher und kommunaler Wünsche durchzusetzen. Man dürfe daher bei der Planung nicht nur die kommunale Selbstverwaltung, sondern auch die Wirtschaft nicht vergessen.

Abschließend machte *Weber* noch einen Vorschlag zur Terminologie: es möge von Raumordnung gesprochen werden, wenn man den ganzen Komplex meine. In dem Sinne handelten alle Gebietskörperschaften, was auch immer sie täten, in ihrem Bereich unter dem Gesichtspunkt der Raumordnung. Im Gegensatz zu diesem, den größeren Zusammenhängen vorbehaltenen Ausdruck stehe die Landesplanung als Bezeichnung für einzelne Ausschnitte aus dem umfassenden Bereich.

IV.

Während die Aussprache zum Referat von Ministerialdirigent *Nouvortne* (Hannover) bereits den Gedanken der Region unter dem Blickwinkel möglicher verfassungsrechtlicher Notwendigkeiten behandelt hatte, befaßte sich die durch das Referat von Dr. *Becker-Marx* (Mannheim) über „Regionalplanung" ausgelöste lebhafte Diskussion vornehmlich mit der technisch-praktischen Notwendigkeit der Region und den sich bei ihrer Einrichtung möglicherweise einstellenden Problemen.

Fast alle Diskussionsredner sprachen sich *für* die Schaffung von Regionen aus. Aber schon die Gründe hierfür waren recht unterschiedlich. So glaubte Dr. *Genzer* (Bonn) besonders auf den Gesichtspunkt allgemeiner Maßstabvergrößerung im EWG-Bereich hinweisen zu müssen, der den Blick über die überkommenen kleineren Einheiten hinaus weite. Andere Teilnehmer der Diskussion wie Landrat *Rittel* (Koblenz) und Oberregierungsrat *Brocki* (Düsseldorf) glaubten die heutige kommunale Struktur den gestiegenen Anforderungen nicht mehr gewachsen, so daß sich mit Notwendigkeit eine irgendwie geartete Zusammenarbeit entwickeln müsse. Auch die Vorstellungen über die erstrebenswerte Größe der Regionen schwankten — soweit sie überhaupt erwähnt wurden — zwischen einem Landkreis und einem Regierungsbezirk. Erster Landesrat Dr. *Naunin* (Münster) wies aber eindringlich darauf hin, daß zu kleine Regionen, die vielleicht nur zwei bis vier Kreise umfaßten, jedenfalls nicht die erforderliche Verwaltungskraft haben dürften. Regierungsrat Dr. *Lohmeyer* (Bad Godesberg) bat, bei der Diskussion über die zweckmäßigste Gestaltung der Regionen nicht zu vergessen, daß die naturräumliche Gliederung der Landschaft Ausgangspunkt für alle Einteilungen bleiben müsse. Demgemäß müsse auch die Erhaltung der Landschaft und ihrer natürlichen Funktionen in einem Landschaftsplan festgelegt und bei der Regionalplanung beachtet werden.

Trotz des Hinweises, es werde auch die Auffassung vertreten, man solle grundsätzlich auf Regionen verzichten, sprach sich von den Anwesenden nur Ministerialdirigent Dr. *Kölble* (Bonn) entschieden gegen die Notwendigkeit und Zweckmäßigkeit der Regionen aus. Er bejahte zwar die auf verschiedenen Ebenen erfolgende Planung, fürchtete aber, die Fülle dieser Planungen bedinge auch eine Fülle von Gewaltenträgern, und am Ende stehe eine völlige Atomisierung der öffentlichen Gewalt. *Brocki* äußerte ebenfalls Bedenken gegen die Fülle der Organisationsstufen und schlug statt dessen eine Stärkung der staatlichen Mittelinstanz vor. Staatssekretär *v. d. Groeben* (Kiel) meinte in diesem Zusammenhang, der Prozeß zunehmender Aufsplitterung staatlicher Verwaltung habe seinen tiefsten Punkt bereits durchschritten; er äußerte die

Ansicht, die neuen Aufgaben der Raumordnung eröffneten im Gegenteil weithin neue Aussichten und Chancen für eine stärkere Zusammenfassung der Verwaltung; dies müßten nicht nur die überzeugten Anhänger der inneren Verwaltung einsehen.

In Übereinstimmung mit *Brocki* warnte *v. d. Groeben* vor der Gefahr einer allzu schnellen institutionellen Verfestigung der Regionen; neue Organisationsformen seien schnell geschaffen, aber zählebig und mit der Tendenz, sich auszudehnen. Beide Redner rieten daher, Regionen nicht generell zu schaffen, sondern nur in den ihrer besonders bedürftigen Gebieten. Das fand grundsätzlich die Zustimmung von *Becker-Marx*.

Rittel wies anhand von Beispielen nach, in welchem Umfang übergemeindliche Körperschaften bereits heute Aufgaben der Gemeinden besorgen: in den Haushaltsplänen von Gemeinden, die mehreren Zweckverbänden angehörten, stehe praktisch gar nichts mehr drin, und eine solche Entwicklung könnten auch die Regionen hervorrufen. Das schlimmste aber sei, daß so etwas in der Region ohne bürgerschaftliche Mitwirkung geschehen könne. Es müßte daher, wenn schon Regionen geschaffen würden, eine echte politische Beteiligung der Bevölkerung sichergestellt werden. Auch *Kölble* wies darauf hin, daß Art. 28 GG in solchen Fällen wohl die Schaffung einer Volksvertretung fordere, stieß hiermit aber auf den Widerspruch Direktor *Dehes* (Mainz), der in Wortinterpretation des Art. 28 GG eine Volksvertretung nur in Gemeinden und Landkreisen vorgeschrieben sehen wollte, obwohl er selbst die Region als eine kommunale Stufe bezeichnete.

Auch abgesehen von der Frage der unmittelbaren Vertretung des Volkes bestand keine Einhelligkeit über den Kreis der im Regionalverband zu Beteiligenden. So forderte z. B. *Genzer* wegen des besonderen Maßes der gegenseitigen Abhängigkeit auch eine Beteiligung der Wirtschaft. Direktor *Bogner* (Mainz) wies aber darauf hin, daß politisch verantwortliche Entscheidungen wohl nicht von einem solchen Gremium getroffen werden könnten, es scheine ihm hingegen sinnvoll, der Regionalvertretung einen Beirat zur Seite zu geben, der Kreise der Wirtschaft und alle diejenigen Stellen umfasse, die an der Raumordnung interessiert seien.

Dehe hielt lediglich eine Beteiligung der Kommunen für sinnvoll, während alle anderen Diskussionsredner jeweils für die Mitbeteiligung der Gemeinden oder des Staates eintraten, je nachdem, ob sie die Regionalplanung als eine primär staatliche oder primär kommunale Aufgabe ansahen, die ohnehin eine Beteiligung der anderen Komponente zur Folge hat. So wies *Bogner* auf die s. E. bestehende Gefahr hin, daß bei Nichtbeteiligung der Gemeinden überörtliche Planung wie ein warmer — oder kalter — Regen auf die Gemeinden und Gemeindeverbände herniederriesele.

Für eine Beteiligung des Staates sprach sich Regierungsrat *Blank* (Köln) aus; eine Beschränkung auf einen Genehmigungsvorbehalt bedeute praktisch einen Verzicht der Länder auf einen ganz wesentlichen Teil der politischen Arbeit, zu der sie durch die Verfassung verpflichtet seien. Eine solche de-facto-Ausschaltung des Staates sei auch für die sachliche Arbeit wenig förderlich; ein jeder wisse, wie schwer es sei, eine Genehmigung zu versagen, wenn praktisch alles vorbereitet und politisch bereits festgelegt sei. Dem widersprach allerdings *v. d. Groeben;* ein richtig angewandter Genehmigungsvorbehalt bedeute mehr als nur ein Ja oder Nein am Schluß. Die Träger der Regionalplanung müßten es von Anfang an als ihre Aufgabe ansehen, sich in Übereinstimmung mit dem zu halten, der nachher die Genehmigung zu erteilen habe. *Blank* wies schließlich darauf hin, daß es für die Kommunen auch ökonomisch vorteilhaft sei, den Staat beteiligt zu sehen, da er ja über den ganzen technischen Apparat verfüge, dessen Fehlen bei vielen Gemeinden von *Bogner* und *Genzer* bedauert worden war.

Stadtdirektor *Beyer* (Bremervörde) warnte davor, die Regionalplanung als rein staatlich anzusehen; da sie sicherlich auch keine Selbstverwaltungsangelegenheit sei, müsse sie als ein Mittelding betrachtet werden. *V. d. Groeben* stellte abschließend fest, die rechtliche Einordnung der Regionalplanung müsse wohl noch weiter durchdacht werden; in Schleswig-Holstein jedenfalls werde sie eindeutig als eine staatliche Aufgabe begriffen. Mindestens sei es untragbar, wenn die Genehmigungspflicht auf eine bloße Rechtskontrolle beschränkt werde. Dieser Gedanke fand den Beifall von Senatsdirektor Dr. *Haas* (Hamburg). Im Grunde stimmte wohl auch *Becker-Marx* dieser Ansicht zu, wenn er ausführte, wer eine starke Regionalplanung wolle, der müsse auch eine starke Landesplanung wollen.

Professor Dr. *Werner Weber* (Göttingen) wandte sich dagegen, die Regionalplanung entweder als staatliche oder als kommunale Aufgabe bewerten zu müssen. Die vernünftige rechtliche Konstruktion, so führte er aus, bereite sicher noch Schwierigkeiten. Man müsse wohl zu der Auffassung kommen, daß hier in der Tat eine Verschränkung von kommunalen und staatlichen Aufgaben vorliege, daß man die rechtstechnische Durchführung dem anpassen müsse und dabei nicht von einer Alternative ausgehen dürfe. Er meinte allerdings, der Standort der Regelung des Regionalverbandes gehöre im Grunde genommen in das Kommunalverfassungsrecht und nicht in das Landesplanungsgesetz. Das bedeute aber nicht, der Regionalverband dürfe dergestalt Gebietskörperschaft werden, daß er mit der Universalität des Wirkungskreises ausgestattet werde. Dies verbiete schon die Vielfältigkeit der Aufgaben und der administrativen Traditionen in den verschiedenen Gebieten der Bundesrepublik. Ein sehr schönes staatlich-kommunales Gebilde ergäbe sich seines Erachtens, wenn die jetzige Regierungsbezirksverwaltung Staatsbehörde des Regionalverbandes würde.

Die Ansicht von *Becker-Marx*, die Regionen sollten nicht nur die Planung übernehmen, sondern auch deren Durchführung, fand zwar Zustimmung von *Genzer* und *Weber*, stieß aber auf starken Widerstand von Verwaltungsgerichtsrat Dr. *Stich* (Neustadt). Seines Erachtens, so führte er aus, erfolge die Verwirklichung der Regionalplanung in erster Linie durch die gemeindlichen Bauleitpläne; deren Aufstellung aber gehöre unstreitig zum Kreis der von Art. 28 GG garantierten Regelung unter eigener Verantwortung. Um den entscheidenden Beschluß des insoweit zuständigen Gemeinderates führe seines Erachtens kein Weg herum. *Becker-Marx* meinte hierzu, die Aufstellung der Bauleitpläne mache doch nur einen Teil der Durchführung der Pläne aus; gerade die von *Rittel* angeführten Beispiele regionaler Zusammenarbeit zeigten den weiten Rahmen dieses Betätigungsfeldes.

Im Gegensatz zu *Stich* zeigte sich *Genzer* von dem Gedanken einer Erweiterung des regionalen Aufgabenkreises keineswegs abgeschreckt. Er meinte vielmehr, hier werde sich naturnotwendig eine Ausweitung ergeben; vordringlich erscheine ihm insbesondere der finanzielle Ausgleich der Vorteile und Lasten unter den beteiligten Gemeinden.

Abschließend dankte *Becker-Marx* Professor Dr. *Werner Weber*. Dieser habe den Weg und Schritt über den Graben zum Regionalverband gewiesen, der als Idee vielleicht vielen vorgeschwebt hätte, aber *Weber* habe ihn erstmalig ausgesprochen und damit diese Diskussion ermöglicht.

V.

Ministerialdirigent Dr. *Niemeier* (Düsseldorf) leitete seine Stellungnahme zu dem Referat über Zuständigkeitsfragen von Regierungsdirektor Dr. *Schönhofer* (München) mit einem Hinweis auf die nordrhein-westfälische Landesplanungsgesetzgebung ein. In Nordrhein-Westfalen als einzigem Bundesland sei das erste Gesetz von 1950 inzwischen durch das Gesetz von 1962 abgelöst worden, und hierbei sei eine nicht uninteressante Entwicklung festzustellen: Im ersten Landesplanungsgesetz sei die Landesplanung als fast rein kommunale Aufgabe behandelt worden; die Landesplanungsbehörde habe lediglich die Möglichkeit einer Genehmigung oder eines Widerspruchs gehabt. Im zweiten Landesplanungsgesetz heiße es nunmehr, die Landesplanung sei eine gemeinschaftliche Aufgabe von Staat und Selbstverwaltung. Er müsse das als einen außerordentlichen Fortschritt ansehen.

Weiter ging *Niemeier* auf die Landesplanungsgesetze der Länder insgesamt ein; er glaubte, auch hier eine Entwicklung feststellen zu können. Es kristallisierten sich in allen Landesplanungsgesetzen langsam — bedingt durch die bisher fehlende Rechtssystematik — drei verschiedene Verfahren heraus. Er möchte sie als Raumordnungs-, Beteiligungs- und Anpassungsverfahren bezeichnen. Hierbei sei Gegenstand des Raumordnungsverfahrens, das speziell in Bayern, aber auch in Schleswig-Holstein seine besondere Ausprägung erfahren habe, die Koordinierung verschiedener Planungen mehrerer Planungsträger. Das Anpassungsverfahren habe die Anpassung der Bauleitplanung an die Ziele der Landesplanung zum Gegenstand, und im Beteiligungsverfahren sei geregelt, wie landesplanerische Pläne zustande kämen und welche Behörden dabei zu beteiligen seien. *Niemeier* glaubte, daß man sich über diese verschiedenen Verfahren klar werden und bei der Frage der Abgrenzung der Behördenzuständigkeiten diese drei Verfahren wählen müsse. Hierbei sei dann zu beachten, daß die Rechtsbehelfe der Landesplanung (in Nordrhein-Westfalen Widerspruch, Veränderungssperre, Zurückstellung, verbindlicher Flächensicherungsplan) ausschließlich in das Anpassungsverfahren gehörten und mit den beiden anderen Verfahren nichts zu tun hätten.

Abschließend äußerte *Niemeier* Bedenken hinsichtlich der vom Vortragenden dem § 1 III BBauG zugemessenen Bedeutung. Er glaube, so sagte er, daß diese Bestimmung keine bloße Raumordnungsklausel, sondern ein Gesetzesbefehl sei. Dies erhelle schon daraus, daß § 1 III BBauG weit über die Raumordnungsklauseln der verschiedensten Gesetze wie etwa des Bundesfernstraßengesetzes hinausgehe, welche lediglich besagten, die Belange der Raumordnung seien „zu berücksichtigen".

VI.

Die Diskussion zum Referat von Bürgermeister Dr. *Lang* (Raunheim) über Auswirkungen auf die örtliche Bauleitplanung führte zunächst zu einer lebhaften Auseinandersetzung über die vom Referenten angeschnittenen Flughafenfragen, deren Erörterung Regierungsdirektor *Schirrmacher* (Wiesbaden) bedauerte.

Oberlandforstmeister Dr. *Offner* (Bonn) meinte, in dem Falle der Flughafenerweiterung würden — wie so oft — die Akzente falsch gesetzt. Viel wichtiger als bestimmte wirtschaftliche Interessen sei gerade in Ballungsgebieten die Erhaltung einer Erholungslandschaft; wenn einmal der letzte Wald in der Frankfurter Gegend abgeholzt sei, dann sei nicht nur die Raunheimer, sondern die ganze Bevölkerung der Geschädigte. Die Erhaltung des Waldes sei menschlich unentbehrlich, und notfalls müsse man eben einen Flughafen aus einem Verdichtungsgebiet verlegen, denn auf die paar Millionen komme es nicht an, wenn man damit Hunderttausenden Ruhe und Erholung gewähren könne.

Hierauf erwiderte allerdings Oberregierungsrat *Brocki* (Düsseldorf) mit dem Hinweis, daß eben technisch nicht überall Flughäfen angelegt werden könnten, und meinte, man könne weder in ein Gebiet ausweichen, das nicht die nötige Infrastruktur aufweise, noch könne man etwa die Zugspitze abtragen, um dort Platz für einen Flughafen zu schaffen.

Die folgenden Diskussionsredner brachten sodann interessante Beispiele von der Entwicklung der anderen deutschen Großflughäfen. Bezirksplaner Oberregierungs- und Baurat *von Kries* (Düsseldorf) berichtete, wie die gleichen Probleme auch bei dem Flughafen Düsseldorf-Lohausen aufgetreten seien und wie die Stadt Düsseldorf durch verständnisvolles Eingehen auf die berechtigten Anliegen der hauptbetroffenen Gemeinde Ratingen die Probleme wieder aus der Welt geschaffen habe. Weiter ging noch Landrat Dr. *Haarmann* (Bad Oldesloe). Er stellte lobend dar, wie geschickt es die Stadt Hamburg verstanden habe, die Verlängerung des Flughafens Fuhlsbüttel ins Gebiet der Gemeinde Garstedt in Schleswig-Holstein zu erreichen. Hamburg habe mehr oder weniger unter Umgehung des Instanzenzuges mit der Gemeinde Garstedt verhandelt, und gegen viel Geld für kommunale Bedürfnisse Garstedts habe Garstedt die Zustimmung zur Verlängerung der Landepiste erteilt, und so sei das Problem gelöst worden.

Oberregierungsrat *Koch* (Wiesbaden) nahm den verschiedentlich als verpflichtende Norm erwähnten Begriff des Rechtsstaats zum Anlaß, darauf hinzuweisen, daß die Bundesrepublik Deutschland auch ein Sozialstaat sei und somit dem Schutz des einzelnen oder der Gemeinde vor dem Zugriff von oben auch die Verpflichtung entspreche, für Belange der Allgemeinheit offen zu sein. Der heute insoweit vielleicht etwas überholte Rechtsstaatsbegriff bedürfe einer Ergänzung. Es müsse versucht werden, diesen antiquierten Begriff allmählich zu überwinden, und gerade die mit Planung und Raumordnung Befaßten sollten da avantgardistisch sein. Wer sich also auf den Rechtsstaat berufe, könne sich nicht dagegen wenden, wenn er aus dem Gedanken des Sozialstaats heraus als raumordnungspflichtig in Anspruch genommen werde, weil etwa seine geographische Lage Opfer für die Allgemeinheit verlange.

Professor Dr. *Ule* (Speyer) nahm hierauf temperamentvoll gegen einzelne Wendungen seiner Vorredner Stellung. Er habe, so sagte er, einige Formulierungen in der Diskussion nur mit Beklommenheit hören können. Die rechtsstaatliche Struktur unseres Staatswesens sei so behandelt worden, als ob sie im Grunde genommen schon längst zum alten Eisen geworfen sei und nun sozusagen hier den letzten Fußtritt bekommen müsse. Da wolle er doch sehr erhebliche Bedenken geltend machen. Auch das gelobte Vorgehen in dem Hamburger Fall scheine ihm mit dem Wesen der öffentlichen Verwaltung nur in einem denkbar losen Zusammenhang zu stehen. Wenn das Schule mache, dann solle man doch gar nicht mehr von öffentlicher Verwaltung und vom Orientiertsein am Gemeinwohl und am Recht sprechen, dann sollten wir uns auf den Boden des do ut des des Kaufmanns begeben: wer am meisten bietet, macht das Geschäft.

Es sei daher nötig, so fuhr *Ule* fort, einmal darauf hinzuweisen, daß der Rechtsstaat nicht nur eine materielle, sondern auch eine formelle Seite habe, nämlich die Einhaltung eines geordneten Verfahrens. Dies allein biete eine gewisse Gewähr dafür, daß die vielen widerstreitenden Interessen angemessen zu Wort kämen und soweit möglich auch beachtet würden. Die zur Entscheidung Berufenen müßten jedenfalls wissen, worüber sie entschieden und dürften nicht von vornherein bestimmte Dinge einfach beiseite schieben. Keinesfalls aber sei es angängig, sich mit Hilfe des Geldbeutels zu arrangieren, um zu verhindern, daß mögliche sachliche Einwände überhaupt zu Wort kämen. Es sollte daher betont werden, daß die Einhaltung eines fairen Verfahrens das A und O jeder richtigen Verwaltungsentscheidung sein müsse.

Professor Dr. *Werner Weber* (Göttingen) unterstützte die Ausführungen von *Ule* und forderte, das nötige Regionalplanungsverfahren müsse von allen Beteiligten im Bewußtsein gemeinsamer Verantwortung gestaltet werden; bei fairem Einandergegenübertreten würden sicherlich bessere Ergebnisse erzielt, als wenn jeder gegen jeden anderen stehe und sich gleichsam in der Rolle des Individuums fühle, das nur seine Position verteidigt. Was die natürlichen Schwierigkeiten anlange, die etwa aus den Gegensätzen zwischen Staat und Kommune erwüchsen, so sei es an der Zeit, daß umgedacht würde. Hier aber, so führte *Weber* aus, müsse nicht der Rechtsstaat abgeschafft, sondern die dieser Lage gemäße rechtsstaatliche Methode entwickelt werden. Auch *Brocki* bedauerte, daß das herkömmliche rechtsstaatliche Instrumentarium in solchen Fällen nicht genüge, und forderte daher, eine Methode des Interessenausgleichs für derartig virulente Fälle zu entwickeln.

Senatsdirektor Dr. *Haas* (Hamburg) wies in diesem Zusammenhang darauf hin, die Besonderheiten des von *Haarmann* gelobten, von *Ule* getadelten Hamburger Verfahrens beruhten gerade darauf, daß kein rechtsstaatliches Verfahren zur Verfügung gestanden habe, um einen Interessenausgleich über die Landesgrenze hinweg herbeizuführen. Auch sonst könne ein herkömmliches Verfahren oft den Lebensinteressen der Allgemeinheit nicht genügen; so hätten nach der Hamburger Sturmflutkatastrophe 1962 neue Deiche gebaut werden müssen. Die Notstandssituation habe zum Erlaß eines Gesetzes geführt, das den Deichbau ohne das vorgeschriebene Verfahren ermöglicht habe. Das Verfahren sei aber jeweils nachzuholen gewesen, und wegen der in diesem Verfahren stekkenden Komplikationen und Schwierigkeiten vergingen wohl noch zehn Jahre, bis die in Hamburg geschütteten Dämme im Rechtssinne zu Deichen geworden seien.

Daß die Verwaltungsgerichte in einem solchen Fall weithin überfordert seien, war die Ansicht mehrerer Diskussionsredner. Sie könnten in manchen Fällen auch nicht mehr tun als die Behörden. *V. Kries* erwähnte aus der Geschichte des Düsseldorfer Flughafens, dort habe der Richter dasselbe gemacht, was die Landesplanung mache: der habe nicht entschieden, sondern die Beteiligten so lange im ungewissen gelassen, bis sie zu einem Einvernehmen gekommen seien.

Zu der von *Lang* aufgestellten Behauptung, die Bauleitplanung gehöre unbestritten zum Kern der gemeindlichen Selbstverantwortung, meldete *Haas* Widerspruch an. Er meinte — und fand darin im wesentlichen auch die Zustimmung von *Weber* — daß die geschilderten Vorfälle die Notwendigkeit staatlicher Planungshoheit besonders deutlich machten. Allerdings ergab sich im Zusammenhang hiermit die Frage nach dem Inbegriff eines auf die Rechtmäßigkeit beschränkten Genehmigungsverfahrens, das an die unter Umständen wechselnden Ziele der Raumordnung und Landesplanung gebunden ist; insbesondere dann, wenn diese Ziele noch nicht erklärt sind.

Schirrmacher meinte hierzu, sicherlich müßten die Ziele der Landesplanung konkret, von zuständiger Stelle erlassen und bekanntgemacht sein; Ziele der Landesplanung, die der Beamte im Schreibtisch habe und nur bei Bedarf hervorhole, um einen Bebauungsplan abzulehnen, könnten nicht als solche anerkannt werden. Auf jeden Fall gingen aber die Befugnisse der Genehmigungsbehörde über die Prüfung formaler Dinge hinaus, selbst wenn man den süddeutschen Gerichten nicht folgen wolle, die sogar die Begrünung eines Parkplatzes durch die Genehmigungsbehörde überprüfen ließen.

Zusammenfassend äußerte *Schirrmacher* die Ansicht, wir befänden uns erst am Anfang einer Entwicklung, wo die staatliche Exekutive als Aufsichtsbehörde und als Genehmigungsbehörde bei Bauleitplänen wesentlich stärker eingreifen werde und müsse, als dies bisher geschehen sei. Es sei nicht damit getan, die Formalien zu überprüfen; ohne eine Vertiefung in die Materie und Prüfung, ob Sinn und Absicht des Gesetzes nach § 1 erfüllt seien, sei auch die Aufgabe der Genehmigungsbehörde nicht erfüllt.

In seinem Schlußwort berührte *Lang* noch einmal eine Reihe der mit dem Flughafenbau in Zusammenhang stehenden Gesichtspunkte und bezeichnete es als Sinn seiner Ausführungen, es müsse erreicht werden, die berechtigten Interessen des Flughafens mit den lebensnotwendigen

Interessen der umliegenden Städte und Gemeinden sinnvoll zu koordinieren.

VII.

Die Aussprache zum Referat von Senatsdirektor Dr. *Haas* (Hamburg) über die Verwirklichung der Entscheidungen der Landesplanung diente vor allem der Klärung und Verdeutlichung einiger vom Vortragenden angeschnittenen Einzelfragen.

So wurde auf eine Frage von Oberverwaltungsgerichtsrat Dr. *Stiebens* (Koblenz) hin geklärt, daß *Haas* die vom ihm vorgeschlagene Abschwächung des Ersatzlandanspruchs nicht als eine entschädigungslose Enteignung verstanden wissen wollte. *Haas* wies darauf hin, daß das auch von *Stiebens* erwähnte Haften des Bauern an der Scholle heutzutage doch keineswegs so verbreitet sei. Selbstverständlich solle demjenigen, der weiter Bauer bleiben wolle, zu Ersatzland verholfen werden, aber der generelle Anspruch auf Ersatzland entspreche weder den Bedürfnissen noch auch den Möglichkeiten. Eine volle finanzielle Entschädigung müsse auf jeden Fall bleiben. *Stiebens* meinte demgegenüber, nur das langerprobte Flurbereinigungsverfahren könne hier wirklich allseits befriedigende Lösungen bringen.

Regierungsdirektor *Schluroff* (Berlin) widersprach der Auffassung, die Hergabe von Bauland für Erschließungszwecke stelle eine wirkliche unentgeltliche Abtretung oder entschädigungslose Enteignung dar. Die Entschädigung für das abgetretene Land habe der Eigentümer in der Wertsteigerung des ihm verbliebenen Landes in der Hand; daß vorher das größere Land weniger wert gewesen sei, sei ja keine Erfindung der Verwaltung oder Folge von Verwaltungsmaßnahmen gewesen, sondern Ausdruck der allgemeinen Bewertung auf dem Grundstücksmarkt.

Professor Dr. *Ule* (Speyer) ging sodann auf das Thema der Bodenvorratspolitik ein, deren rechtsstaatlicher Charakter angezweifelt worden war. *Ule* glaubte sich hier durchaus einig mit dem Vortragenden und führte aus, das derzeitige Verfahren sei wohl eine Folge unserer sehr liberal-individualistischen Eigentumsordnung und unseres Enteignungsverständnisses. Er wolle doch darauf hinweisen, daß er selbst in einem im „Verwaltungsarchiv" veröffentlichten Beispiel zur Frage des Preisstopps für Grundstücke in Entlastungsstädten einen Standpunkt eingenommen habe, der wahrscheinlich ganz auf der von *Haas* vertretenen Linie liege. In diesem Zusammenhang, so fuhr *Ule* fort, wolle er doch darauf hinweisen, daß er keineswegs gegen den Einsatz von Geldmitteln sei, etwa für Bodenvorratspolitik oder zur Vermeidung eines Enteignungsverfahrens. Das angeführte Beispiel kommunalen Geldeinsatzes

— dies führte *Ule* länger aus — könne er nur als eine gewisse Korrumpierung öffentlicher Entscheidungen ansehen. Dem widersprachen nochmals *Haas*, Regierungsdirektor *Carlsson* (Hamburg) und Landrat Dr. *Haarmann* (Bad Oldesloe) mit den bereits früher erwähnten Überlegungen.

Haarmann schnitt sodann das Thema der organisatorischen Bewältigung der anstehenden Aufgaben an. Er glaubte, aus dem Referat eine Tendenz herausgehört zu haben, wonach die Realisierung der Raumordnung nicht in die Hände der bestehenden Körperschaften, sondern in die einer Art Superministeriums oder Entwicklungsministeriums gelegt werden solle. Sodann zeichnete er das Bild solcher perfektionistischen Raumordnung, die zum Ziele hätte, die Infrastruktur zu schaffen und die Gemeinden in ein fertiges Bett zu legen oder an die fertige Maschine zu setzen, die sie dann nur noch zu warten brauchten. Man müsse skeptisch sein gegenüber dem Ruf nach immer neuen gesetzlichen Bestimmungen und Behördenorganisationen, man möge sich doch wieder des guten alten Verwaltungsgrundsatzes bewußt werden, daß eine gute Verwaltung selbst noch mit schlechten Gesetzen fertigzuwerden vermöge! *Haarmann* sprach sich demgegenüber für die herkömmliche interkommunale Zusammenarbeit aus, wobei er auf die Lösung der an Hamburg angrenzenden schleswig-holsteinischen Landkreise besonders hinwies.

Senatspräsident *Meyer* (Lüneburg) verwies darauf, daß der von ihm geleitete Bausenat des OVG Lüneburg durch die „klinischen Fälle" aus dem Bereich der Raumordnung vielleicht besonders deutlich die neuralgischen Punkte des Systems kennenlerne; aus dieser Sicht möchte er sagen, ein großer Teil der zu beklagenden Mängel beruhe darauf, daß es an den Voraussetzungen fehle, die Planungen noch gar nicht so weit getrieben seien, daß man auch in den kleinen Gemeinden wisse, welche Ziele die Landesplanung habe. *Haas* bezweifelte, ob vorhandene Pläne viel nützten; nach seinen Erfahrungen stimmten sie ohnehin bald nach ihrer Aufstellung nicht mehr mit der Wirklichkeit überein, so daß man sagen könne: wenn die von *Meyer* vermißten Pläne vorlägen, dann wären sie sicher falsch. Diese Formulierung rief allerdings zahlreiche Zwischenrufer auf den Plan.

Erster Landesrat Dr. *Naunin* (Münster) griff die Mängel der Planung auf, die, wie er *Haas* zugab, überwiegend lediglich eine Negativwirkung hätte und entgegen den Landesplanungsgesetzen eine Förderung erwünschter Entwicklungen nicht bewirkte. Nach Ansicht des Diskussionsredners sind zur Abhilfe vor allem zwei Maßnahmen erforderlich: einmal müsse die Planung in den verschiedenen Stufen besser zusammengefaßt, gleichsam verknüpft werden. Zum anderen sei eine personell bessere Besetzung der Planungsbehörden zu fordern. Zur Zeit gebe es nicht genügend Planer, die die Pläne mit Sachverstand ausarbeiten und die unendlich vielen Beteiligten anhören könnten, die vielfach überhaupt nicht wüßten, worum es sich handle. Die erforderliche „Seelenmassage" könne erfolgreich nur von Fachleuten betrieben werden, und von daher komme er zu der Forderung nach großen Planungsräumen, die allein die erforderliche Verwaltungskraft besäßen, um alle benötigten Spezialisten (Landwirte, Volkswirte, Verkehrsplaner, Geographen etc.) zu beschäftigen. *Naunin* warnte davor, Planungsräume zu schaffen, die die Duodezfürstentümer früherer Zeiten wieder aufleben ließen. Er verwies in diesem Zusammenhang lobend auf die auch sonst von anderen Rednern mehrfach als vorbildlich bezeichneten Niederlande.

Haas schloß die Diskussion mit dem Hinweis, sein Anliegen sei es nicht gewesen, bestimmte Organisationsformen zu propagieren, sondern auf die Notwendigkeit hinzuweisen, daß jedenfalls eine Art Manager für die letzte Koordinierung und Abstimmung sorgen müsse. Wer diese Funktion wahrnehme, das sei von Fall zu Fall sicher verschieden; keinesfalls müsse es eine Körperschaft oder auch nur eine bestimmte Behörde sein.

VIII.

Auch die Diskussion zum Referat über Rechtsschutzprobleme von Verwaltungsgerichtsrat Dr. *Stich* (Neustadt) diente zumeist der Klärung von Einzelfragen.

So meldete Senatspräsident *Meyer* (Lüneburg) Bedenken an hinsichtlich der Ausdeutung, die *Stich* dem Verhältnis der einzelnen Absätze des § 1 des Bundesbaugesetzes zueinander gegeben hatte. *Meyer* war der Ansicht, man solle § 1 Abs. 4 und 5 einerseits und Abs. 3 andererseits deutlich auseinanderhalten. Korrekturen des Verwaltungsgerichts könnten bei Absatz 4 und 5 nur im Rahmen der Ortsplanung angebracht werden; alles, was im höheren Raum Interessenabwägung bedeute, müsse in dem Absatz 3 eingefangen werden. Nur in diesem Umfang sei das, was sich im höheren Raum vollziehe, für die Ortsplanung verbindlich. *Stich* meinte hierzu allerdings, § 1 BBauG scheine ihm in seinen Absätzen 3 bis 5 doch nicht so klar zu sein, daß eine Berücksichtigung überörtlicher Belange bei den Absätzen 4 und 5 ausscheiden müsse.

Ministerialdirigent Dr. *Kölble* (Bonn) fragte sodann zu Punkt II 1 der Thesen, wie denn das hier behauptete Recht der Gemeinden auf Beteiligung verfassungsrechtlich zu belegen sei. *Stich* erwiderte mit einem Hinweis auf die eingehende Begründung, die er bereits gegeben habe, und verwies dann darauf, daß während der ganzen Tagung die große Mehrheit der Stimmen *für* ein solches Beteiligungsrecht gesprochen hätte.

Kölble fragte weiter, wie der Vortragende sich die Rahmensetzung des Gesetzgebers in Selbstverwaltungsangelegenheiten vorgestellt habe. Art. 28 GG sehe doch unstreitig vor, daß der Kreis freier Betätigung der Gemeinden vom Gesetzgeber nur durch das Bestimmen eines gewissen Rahmens eingegrenzt werden dürfe. Wenn der Gesetzgeber aber nur das dürfe, inwiefern dürfe er sich dann dieses Rechtes dadurch entäußern, daß er auf Pläne verweise, die gar nicht von ihm selbst aufgestellt und vielfach nicht einmal von ihm beeinflußt worden seien? Sicher gehe es nicht völlig ohne Verweisung, aber hier liege doch ein Problem, da den Gemeinden die Planvorstellungen der Exekutive gewissermaßen verbindlich vorgesetzt würden, obwohl sie nach dem Willen der Verfassung eigentlich nur den Planvorstellungen des Gesetzgebers unterworfen sein sollten. Hier fehle offenbar noch der verfassungsrechtliche Planbegriff. *Stich* glaubte, dies Problem lasse sich begrifflich über die Kommunalaufsicht lösen; wenn ein Landesplanungsgesetz bestimme, die Gemeinden müßten ihre Pläne an die Landes- und Regionalpläne, die in einem gesetzlich geordneten Verfahren zustande gekommen seien, anpassen, dann reiche dies seines Erachtens sowohl vom Standpunkt der Kommunalaufsicht als auch von der rechtsstaatlichen Bestimmbarkeit und dem Grundsatz der Gesetzmäßigkeit der Verwaltung her aus, die Gemeinden an diese Grundsätze, Pläne, Programme usw. zu binden.

Ministerialrat Dr. *Brenken* (Mainz) glaubte, gerade als ehemaliger Richter vor den Gefahren einer Überdehnung des Rechtsstaates warnen zu müssen. Wo käme ein Land hin, wenn es bei der Aufstellung eines Landesentwicklungsplans, der ja im Grunde sämtliche Gemeinden angehe, alle — in Rheinland-Pfalz 3000 — Gemeinden beteiligen müsse! Ebenso sei er nicht der Auffassung, daß nun alle rahmensetzenden Pläne der Landesplanung in der Form eines Gesetzes ergehen müßten, das schreibe Art. 28 GG nicht vor. Seines Erachtens sei es völlig ausreichend, wenn gesagt werde, daß das Landesentwicklungsprogramm in einem bestimmten Verfahren, etwa durch Beschluß der Landesregierung, wirksam werde und der Veröffentlichung bedürfe. *Stich* erklärte, auch er wolle den Rechtsstaat nicht zu Tode reiten, aber es müsse doch jetzt geprüft werden, ob unsere Verwaltungsvorschriften aus dem Bereich der Landes- und Regionalplanung überhaupt verwaltungsrechtlich realisierbar seien.

Zum Abschluß mahnte *Meyer* aus der Sicht des Richters zur Bescheidung. Er ging von der Inzidentprüfung aus und legte dar, die Möglichkeiten des Rechtsschutzes durch die Verwaltungsgerichte würden teilweise überzogen, wenn man immer inzidenter eine neue Vorstufe prüfen wolle, in der naturgemäß die Nachprüfung immer schwieriger und unergiebiger werde. *Meyer* fand schließlich den ganzen Beifall *Stichs*, wenn er aus dieser Selbstbescheidung des Richters heraus an die Verwaltungspraktiker den Appell richtete, daß der Rechtsstaat nicht nur in der Einrichtung der Verwaltungsgerichte bestehe, sondern daß gerade auch im Rahmen der Planung ein hohes Maß rechtsstaatlicher Grundeinstellung bei den damit befaßten Behörden vorhanden sein müsse.

Kolibri 360 GmbH
Ferdinand-Jühlke-Straße 7
99095 Erfurt, Deutschland
produktsicherheit@kolibri360.de

Druck:
CPI Druckdienstleistungen GmbH
im Auftrag der
Kolibri 360 GmbH
Ferdinand-Jühlke-Str. 7
99095 Erfurt